한국어로 내려온
New Bible

새로운
성 경

제151권 10부 | 총10부

하얀마음

하나님 말씀 중에서

1. 사랑의 하나님

- 세상을 창조하신 하나님은 모두를 사랑하신다. 인간만 특별히 더 사랑하지 않고, 우주 만물을 다 똑같이 사랑하신다. 그러니 하나님이 창조하신 천지 만물과 화친하고, 미물까지도 소중히 대하라.

- 하나님은 특정 종파나 민족만을 더 사랑하지 않으신다. 자기 자신만 구원받겠다는 욕심을 버리고, 자기 종파만 구원받는다는 편협한 교리에서 벗어나야 한다. 종파를 초월해서, 모두를 사랑하라.

- 원수까지 사랑하라 했으니, 이 세상에 사랑하지 못할 자가 누가 있겠는가? 종파가 다르다고 해서 부모 형제와 원수처럼 지내는 자는 인간의 근본을 모르는 자다. 가장 가까운 가족부터 사랑할 때 남도 진심으로 사랑할 수 있다.

- 한 사람을 원수같이 생각하던 마음에서 사랑하는 마음으로 돌리면, 자기 자신의 마음이 가장 기쁘고 행복하다. 하나님께서는 인간의 마음속에 무거움이 없이 기쁘고 행복한 삶을 살기를 바라신다.

- 이웃을 "내 몸처럼" 사랑하라 했으니, 마지막 한 장 남은 천국의 티켓도 이웃에게 양보하라. 자기 중심적인 신앙에서 벗어나서 남을 위해 살아야 한다.

- 독초도, 약초도, 이단도 사탄도 천사도 다 필요하기에 존재한다. 독초일지라도 극소량을 사용해서 생명을 살릴 수 있고, 약초라 하더라도 남용하면 생명을 잃을 수 있다.

- 세상 모든 것을 명약으로 활용하는 것은 인간의 지혜에 달렸다. 어떤 것이든 어떤 사람이든 적재적소에 꼭 필요한 명약으로 승화시키라.

- 사탄도 이단도 천사도 모두 하나님의 주관하에 존재한다. 진정한 하나님의 백성은 사탄과 마귀까지도 감화시켜서 천사로 거듭나게 한다.

2. 기도

- 하나님은 인간의 생각까지 모두를 다 알고 계신다. 우리의 소원도 이미 알고 계시기에, 소원의 기도를 할 필요가 없다. 우리가 받을 자격이 되면 내려 주신다.

- 죄를 짓고 아무리 회개를 해도 용서받지 못한다. 도둑질한 자는 용서해 달라고 기도하고, 도둑맞은 자는 도둑을 잡게 해 달라고 기도하면, 공의의 하나님은 누구의 편에 서시겠는가?

- 자기가 잘못한 것은 그 사람에게 직접 갚고 용서를 구하라. 그가 용서하면 하나님도 용서하신다. 땅에서 매면 하늘에서도 매이고, 땅에서 풀리면 하늘에서도 풀리는 이치다.

- "회당에서 기도하지 말고 골방에서 기도하라" 했다. 눈에 보이는 골방이 아니라, 골방과 같이 고요한 마음이다. 잡념을 버리고 하나님을 향해 마음을 집중하며, 사랑하고 용서하는 아름다운 생각만 나오도록 하라.

- "두드리면 열릴 것이다." 하는 것은 육의 소원을 위해 두드리라는 것이 아니라, 진리의 깨달음을 얻기 위해 두드리라는 것이다.

- 기도하는 방법: 생활 속에서 수시로 기도하는 삶을 살아야 한다.

- "저의 죄를 용서하여 주옵소서." 하는 회개의 기도를 하라.
- 범사에 "하나님! 감사합니다." 하라. 현재 가진 것에 감사하며, 과욕하지 말라. 자기 노력 이상의 것을 더 갖고자 기도하는 것은 도둑놈심보다. 공의의 하나님은 각자 노력한 만큼 주신다.
- "하나님 뜻대로 살아가겠나이다." 하며 마음의 각오를 다지라.

- 기도는 하나님의 말씀을 받아서 "행하는 것"이다. 하나님이 계심을 굳건히 믿고, 하늘을 향하여 한 점 부끄럼 없이 사는 삶 자체가 가장 위대한 기도이며, 삶이 곧 예배다.

3. 지도자

- 똑같이 사랑한다는 말을 해도, 순수하게 하는 말은 천사의 말이지만, 사기 쳐서 재산을 가로채려고 하는 말은 사탄의 말이다.

- 종교 지도자가 아무리 훌륭한 설교를 해도, 신도의 재물을 거둬서 더 큰 교회를 짓고 자기의 부귀영화를 바라며 설교하면 사탄의 가르침이 된다.

- "저희 교회는 만원사례요, 믿음은 다 같으니 이웃의 개척 교회에 가서 예배를 드리시오." 하며, 이웃 교회의 부흥을 먼저 생각하여 제 신도를 보내는 종교 지도자가 있다면 그를 따르라. 그가 하나님의 사랑을 실천하는 자다.

- "부자가 천국에 들어가는 것은 낙타가 바늘구멍을 통과하는 것보다 더 힘들다" 하였거늘, 지금의 교회에서는 부자가 되기만을 기도하고 소원하니, 이는 곧 천국을 포기하고 지옥 행 열차의 티켓을 사는 것과 같다.

- 예수는 빈손이었다. 종교 지도자가 예수보다 더 호화롭고 편안하게 살아간다면 잘못된 것이다. 부귀영화와 명예를 바라는 자는 절대로 갈 수 없는 좁고 협착한 길이 종교 지도자의 길이다.

- 종교 지도자는 유리로 비춰 봐 한 점의 부끄러움이 없이 살아야 한다. 의식주도 직접 일해서 해결하고, 예수의 가르침과 행함을 그대로 따라야 한다.

- 종말은 없다. 지금의 잘못 가는 종교 집단에게만 종말이 있다. 보이지 않는 하나님은 보이는 육의 종말은 관여하지 않으신다. 환경 파괴로 인간이 스스로 멸망을 자초하는 것이다. 종파끼리 싸우기 전에, 무너진 인성을 바로잡고 지구의 몸살을 해결하는 데 뜻을 모으는 게 급선무다.

4. 성전이란

- 이 세상 자체가 하나님께서 만드신 성전이다. 자연보다 더 아름다운 성전이 있는가? 보이는 건물이 성전이 아니라, 성스러운 마음가짐이 성전이다.

- 반석 위에 교회를 지으라 했다. 지상의 단단한 돌은 인간이 쪼갤 수 있으나, 마음속의 굳은 결의는 세상 무엇으로도 쪼갤 수 없다. 바르고 굳건한 믿음으로 성경의 가르침을 실천하는 것이 마음의 반석 위에 교회를 짓는 것이다.

- 손으로 지은 건물의 교회에 모여서 복음을 전하는 것이 아니라, 교회를 개인과 가정에 심어 주어야 한다. 무너지고 부서지는 건물을 짓지 말고, 마음속에 영원히 불변하는 참진리의 교회를 지으라.

5. 십계명

- 십계명은 인간이 죽어서 반드시 통과해야만 하는 열 개의 관문이다.
- 부모를 공경하지 아니한 자는 "네 부모를 공경하라." 하는 제5계명의 관문이 열리지 않으니 구원받을 수 없다.
- 살인, 간음, 거짓, 우상 등의 나머지 계명도 마찬가지다.

- 십계명은 하나님의 친필이다. 모기소리만 한 하나님의 음성이라도 들어 보겠다고 여기저기 찾아 헤매지 말고, 십계명부터 암송하고 지키라.

- 십계명은 영혼을 구원하는 양식이며, 십계명을 지키는 것이 구원을 받는 길이다. 인간이기에 지키고자 노력하고 또 노력한다면 지킬 수 있다.

- 십계명을 지키고 천사처럼 아름답게 살아가는 그 마음 하나면 세상에 이루어지지 않는 것이 없다.

6. 보물

- 하나님은 재물이 아니라 우리의 마음을 받으신다. 사랑을 실천하며 천사처럼 변하는 마음이 하나님께 바치는 보물이다.

- 보이지 않는 하나님께 재물을 바치려 하지 말고, 너희를 길러 준 부모에게 용돈드리고, 찾아뵙고, 효성을 다하라. 그것이 하나님께 효도하는 것이다.

- 하늘에는 선과 악의 창고가 있다. 자기 창고에 선이 많으면 천국으로 구원을 받고, 악이 많으면 심판받아 지옥으로 간다. 그것이 바로 "선한 일을 행한 자는 생명의 부활로, 악한 일을 행한 자는 심판의 부활로" 나오는 것이다.

- "선악과를 따먹지 말라"는 것은 양심을 지키라는 것이다. 선과 악을 구분할 수 있는 양심을 최초에 인간에게 주셨다. 선한 열매는 취하고, 악한 열매는 버리며, 양심에 비추어 부끄럼 없는 삶을 살아가라.

- 가장 작은 거짓말을 하지 않고, 가장 작은 죄를 짓지 않으며, 가장 작은 선행을 하고, 가장 작은 악행을 멀리하는 것이 율법의 일점 일획도 빠뜨리지 말고 다 지키는 삶을 사는 것이다.

7. 우상

- 박물관에 있는 불상은 하나의 예술품이다. 그 조각품에 대고 제 소원을 빌 때 우상숭배가 된다. 십자가라 하여도 그 앞에서 소원을 빈다면 우상숭배하는 것이며, 하나님께 소원을 빈다면 하나님을 우상으로 전락시키는 것이다.

- 지금 기복신앙에 젖어 있는 모든 사람이 우상 앞에 절을 하고 있다. 조각품을 우상이라며 파괴하지 말고, 네 마음속에 있는 욕심의 우상을 무너트리라.

- 생수를 약초가 먹으면 약을 만들고 독사가 먹으면 독을 만든다. 같은 성경을 봐도 선한 지도자는 신도를 천사로 만드는 데 활용한다. 그러나 욕심이 가득한 지도자는 재물을 거두어들여 제가 부귀영화를 누리는 데 악용한다. 그가 바로 성경을 우상숭배의 도구로 전락시키는 거짓 선지자다.

- 성경을 한 획도 빼거나 더하지 말라는 것은, 그 가르침을 빠트리지 말고 온전히 지키라는 것이다. 성경 속에서 자기에게 유리한 구절만 보는 것은, 자기에게 불리한 구절들을 빼 버리는 것이다. 믿음이 제일이요, 행함은 구원과는 관계없다는 것은 자신에게 유리한 쪽으로 성경을 악용하는 것이다.

- 진정한 종교 지도자는 종파에 관계없이 어떤 종파든 어떤 책이든 접하고 보고 깨우쳐 견문을 넓히도록 인도한다. 참진리를 모르고 자신이 없는 자가 남을 이단이라며 배척하고, 신도들의 눈과 귀를 가린다.

8. 예수

- 예수의 재림은 없다. 예수가 다시 온다 해도, 과연 누가 그를 예수라고 믿겠는가? 예수와 같은 삶의 행함이 곧 예수의 재림이다. 각자 모두가 “재림 예수”가 되는, 차원 높은 믿음으로 가야 한다.

- 예수는 “주여 주여 하지 말고, 아버지의 뜻대로 행하라”고 했다. 예수가 전한 하나님의 뜻이 곧 “길이요, 진리요, 생명”이며, 그 가르침이 예수의 보혈처럼 소중한 것이다. 예수를 믿는 것은, 예수의 가르침을 믿고 따르는 것이다.

- 예수는 낮은 자로서 만백성을 섬기고자 했다. 만나는 모든 사람을 다 하나님이라 생각하라. 돈을 벌수록 겸손하고, 높은 지위를 얻을수록 낮아지라.

▪ 예수는 종파를 만들지 않았다. 인간이 만든 종교와 인간의 교리를 따르지 말고, 예수를 통해 전한 하나님의 참진리를 연구하고 따르라.

▪ 예수가 2천 년 전에 만백성을 위해 죽었으니, 지금 이 땅에는 예수의 가르침대로 사는 천사만 존재해야 한다. 예수가 죽어 가면서 바란 것은 만백성이 천사가 되어 예수의 자리를 채워 주는 것이지, 지금과 같이 재물을 바치면서 중언부언 제 소원만을 비는 백성들을 바란 것이 아니다.

9. 구원

▪ 천사가 사는 천국에는 천사만 갈 수 있으니, 천사 같은 마음을 길러야 한다.

- "천국 열쇠를 네게 주리니 땅에서 무엇이든지 매면 하늘에서도 매일 것이라" 했다. 땅에서 천사같이 사는 자가 하늘에서도 천사가 되어 천국에 들어간다. 모든 사람에게 천사같다는 말을 듣는 삶을 살아야 한다.

▪ 천사의 곱고 아름다운 마음은 부모를 공경하고 어른을 어른으로 대접하는 데에서 출발한다. 효도하는 자는 형제와 화목하게 지내기에 가정이 화목해지고, 이웃과 화목해지고, 국가가 화목해지고, 온 인류가 화목해진다.

- 그러므로 지상의 아름다운 소왕국은 가정에서부터 이루어야 한다.

▪ 선택된 14만 명만 구원받는 것이 아니라, 천사처럼 변하고자 하는 14만 명을 기초로 온 인류가 천사처럼 거듭나는 영적인 개혁이 시작되는 것이다.

▪ 천 년에 걸쳐서 하늘에서 이루어진 것같이 이 세상을 낙원으로 만들어, 만백성이 지상의 천국에서 살다가 죽어서 그대로 하늘의 천국으로 들어가는, 영원한 지상 낙원을 건설하는 것이 하나님의 계획이다.

- **이것이 구약과 신약에 이어 "새로운 성경"으로 역사하시는 하나님의 창조의 완성이다.**

▪ 지금의 믿음으로 구원받을 수 있다면 그 길을 가라. 그러나 자신이 없다면 하나님께서 직접 내리신 160권의 "새로운 성경"을 읽고 구원의 길을 보라!

하나님 머리말씀

이 새로운 성경을 읽는 너희 모두는
이 율법에 따라 행하면 영원히 구원받을 것이니라.

너희 인간이 수년, 수십 년, 평생
성서를 공부하고 기도하는 것은
하늘나라 나의 곁으로 오고 싶은 소망일진대,

몇천 년 전의 너희 인성과 생각이
지금의 너희와는 판이하게 다르니,

꺾여 가고 병들어 가는 너희를 고칠 수 있는 길은,
오늘 내가 선지자에게 내리는 새로운 성경과 같이
너희가 변화되는 것뿐이니라.

나의 예수가 태어난 것처럼
내가 아들 선지자를 선택하여
나의 새로운 성경을 온 세계에 전하고자 하니,

묵은 것은 버리고 새로운 것은 취하여,
너희 모두는
'여호와 하나님! 저의 죄를 용서하여 주옵소서.'
하는 기도문으로 기도하고, 죄를 뉘우치라.

이 새로운 성경은
수천 년간 내려온 성서를 요약한 것이니,
너희는 이 책을 정독하여 쉽게 깨달음을 얻고,
이대로 실천하여 하늘에 오르라.

대역자 머리말

■ 하나님의 율법을 지키는 선지자로 선택을 받도다.

저는 남들처럼 그저 열심히 살아온 평범한 사람이었습니다. 그러나 50대 중반에 사업에 실패하여 많은 부채에 시달렸으며, 건강도 악화되어 눈이 잘 안 보이고, 걷기도 어렵고, 두통이 심해서 잠을 이룰 수 없는 고통의 나날을 보냈습니다. 그때 제가 선택할 수 있는 것은 육의 삶을 끝내는 길뿐이었습니다.

죽기 직전에 그동안에 죄를 지은 이들에게 용서를 빌고 인생을 끝내기로 작정하였습니다. 어려서부터 지은 죄를 빌고 빌다 보니 끝이 없었고, 죽음으로도 그 많은 죄를 용서받을 길이 없다는 생각에 하염없이 눈물이 흘렀습니다. 그 순간 '재래식 화장실의 구더기는 죄를 짓지 않는데, 나는 인간으로서 구더기만도 못한 삶을 살았구나.' 하는 생각이 들면서 괴로움에 몸부림칠 때, 갑자기 하나님의 음성이 들렸습니다.

"나는 여호와 하나님이니라. 너는 십계명을 암송하고 내가 내려 주는 메시지를 받아 책으로 만들어 만백성을 구하라." 하시며, 제 눈을 손으로 문지르게 하시고, 아픈 머리와 다리를 손으로 두드리게 하셨습니다. 그러고 나니 눈도 잘 보이고 걸을 수 있었으며 머리의 통증도 말끔히 낫게 되었습니다. 그때부터 십계명을 암송하고 나면 들려주시는 말씀을 기록하였고, 1999년 8월부터 2004년 7월까지 권당 288쪽, 총 160권을 받아서 "새로운 성경"이라는 책으로 펴내게 되었습니다.

그러한 저에게 죽기보다도 힘든 길이 시작되었습니다. 모든 교인들이 저에게 사탄이요, 이단이요, 악마요, 마지막 시대에 온 거짓 선지자라 하면서 공격하였고, 저를 짐승을 보듯이 대하는가 하면, 편협한 종교 지도자들의 선동으로 신도들이 이 책을 직접 읽어 보고 평가할 기회마저 막아 버렸습니다. 그래서 하나님의 말씀을 세상에 내는 데 많은 어려움을 겪으며, 피를 토하는 심정으로 책을 전하고 있습니다.

그러나 아무리 인간의 힘으로 막으려 해도, 하나님의 뜻이 세상에 전해지는 위대한 역사는 계속될 것입니다. 책으로 전해지는 "하나님의 말씀"은 세상 끝날까지 항상 우리와 함께하실 것입니다. 사람은 죽어도, 책에 기록된 말씀은 영원히 남으니까요.

■ 따뜻한 실천

하나님께서는 어려운 사람들에게 삶의 터전을 마련해 주고, 미래를 열어 주는 것을 기뻐하십니다. 어려운 이웃이 스스로 자립할 수 있도록 이끌어 주는 것이 진정으로 이웃을 돕는 것이라고 말씀하셨습니다. 그래서 일자리가 없는 제자들에게 작은 사업장을 만들어 주는 "달란트 사업"을 하고 있습니다. 식당, 반찬 가게 등을 차려 주고, 기존의 어려운 사업장이 자립할 수 있도록 돕고 있습니다(커피숍, 미용실, 의상실 등).

하나님께서는 교회에 나와서 모든 시간과 재물을 쏟기를 원하지 않으시고, 그 시간과 재물을 교육에 투자하여 스스로 미래를 열어 가기를 원하십니다. 그래서 제때 공부하지 못한 제자들에게 학업을 이어 가도록 하였습니다. 중화요리 주방장을 하며 초등학교 검정고시부터 공부하여 2012년에 방통대를 졸업한 36세 남성, 만학도들의 2년제 중학교에 입학해서 2007년에 명지대학을 졸업한 38세 여성, 중학교 검정고시를 시작으로 숭의여자대학을 졸업한 47세 여성 등이 있습니다. 그밖에도 많은 제자들에게 나이를 초월하여 배우고 깨우쳐서 사회 속의 당당한 일원이 되도록 인도하고 있습니다.

학자금 대출로 힘겨워하는 젊은이들을 위해 "따뜻한 바람 장학회"를 발족하여(2016년 12월) 대출받은 학자금 전액을 매월 갚아 주고 있습니다. 또한, 다문화 가정을 위해 "다문화 가족 랜드"를 조성하여, 각종 시설을 무료로 활용하도록 하고 있습니다.

이러한 따뜻한 실천이 아직은 미약합니다. 그러나 책의 수입이 늘고, 저와 뜻을 같이하는 분들이 늘어나면 계속 확대할 것입니다. 지도자로서 신도의 재물을 헌금으로 거둬들여 착복하는 것이 아니라, 하나님께서 기뻐하시는 일에 사용하도록 중매 역할만 하며 살아가고자 합니다. 이런 제가 과연 사탄이고 이단인가요? 하나님께서 기뻐하시는 일이라면, 저에게 사탄이라 하든 거짓 선지자라 하든 굽히지 않고 실천해 나갈 것입니다.

끝으로, 일상의 삶 속에서 "지금 내가 하는 행동이 과연 하나님께서 기뻐하실까, 슬퍼하실까?" 생각하고, 매사에 하나님께서 기뻐하시는 길을 택하기 바랍니다. 교회에 모여서 집단적으로 예배 드리는 것이 아니라, 개인이나 가정 단위로 새로운 성경을 읽어 스스로 깨우치고 그대로 행하면 충분합니다. 그것이 마음속에 성전을 짓고, 신령과 진정으로 예배 드리는 길입니다. 그러면 천국의 문에 들어서게 됩니다.

2017.2.1.

하나님 말씀 대역자 김용철

차 례

십 계 명

이 책은 십계명을 암송하고 나면 내려 주시는 "하나님의 음성"을 듣고 그대로 받아쓴 기록입니다. 하나님께서 십계명을 모세에게 내려 주셨지만, 그것은 만백성에게 내려 주신 것입니다. 마찬가지로 이 책의 모든 말씀도 저에게 내려 주셨지만, 만백성 각자에게 들려주시는 말씀입니다. 여러분도 이 책을 접할 때마다 십계명을 암송하고 나서 정독해 주시기 바랍니다.

제일은, 너는 나 외에는 다른 신들을 네게 있게 말지니라.
제이는, 너를 위하여 새긴 우상을 만들지 말고, 또 위로 하늘에 있는 것이나, 아래로 땅에 있는 것이나, 땅 아래 물 속에 있는 것의 아무 형상이든지 만들지 말며, 그것들에게 절하지 말며, 그것들을 섬기지 말라.
제삼은, 너는 너의 하나님 여호와의 이름을 망령되이 일컫지 말라.
제사는, 안식일을 기억하여 거룩히 지키라.
제오는, 네 부모를 공경하라.
제육은, 살인하지 말지니라.
제칠은, 간음하지 말지니라.
제팔은, 도적질하지 말지니라.
제구는, 네 이웃에 대하여 거짓 증거하지 말지니라.
제십은, 네 이웃의 집을 탐내지 말지니라.

나 여호와가 존재함을 믿는 그 자체가 구원의 길에 들어서는 기본이요, 근본이며, 나의 새로운 성경을 가슴에 안고 정독하는 자, 반석 위에 서서 하늘에 오르는 찬란한 빛을 보게 되는 영광을 얻게 됨이니라. 진정 나를 따르고 믿는 자는 감히 사탄이나 마귀도 근접하지 못하느니라.

〈하나님 말씀〉

2004년 5월

11,391 번째 하나님 말씀

2004년 5월 30일 09시 08분

1 사랑하는 나의 아들아!
2 "네, 아버님! 말씀하옵소서."
3 너희들이 교회라는 곳이 영원할 것이
라 생각하여 너희들은 교회를 크게
짓는 것, 그리고 더 많은 신도를 거느
리는 것,
4 어떤 방법과 수단을 가리지 아니하고
너희들이 거짓된 짓이든 사기를 치든
남의 것을 횡령하든 갈취를 하든, 너
희들이 더 큰 교회요, 많은 신도를 거
느리면 되는 것이라 그리 생각하고
지금 가지 않더냐?
5 너희들이 그리 가기 위해 너희 스스
로 어떠한 죄목을 더 붙였는지 알겠느
냐?
6 인간 세상에 너희들이 부모에게 잘못
하는 것, 그와 같은 것은 관계가 없다,
다만 너희들이 나 여호와를 기쁘게 하
는 행위로써 그 모두가 덮어진다 하고
있음이니,
7 너희들이 나 여호와가 가장 기뻐하는
것이며 나에게 기쁨을 줄 수 있는 것
은 큰 교회를 짓는 것, 많은 신도들을
거느리는 것, 그것이 나에게 가장 큰
기쁨을 주는 것이라 생각하는 것이 오
늘의 목사요, 종교 지도자이니,
8 그러니 수단과 방법을 가리지 아니하
고 너희들이 바로 나 여호와를 기쁘게
하며, 너희들이 스스로 죄를 면죄 받
으며, 너희들은 죄가 없는 것같이 하
여 사기극을 벌이며,
9 온갖 흉악한 짓을 다 하여 나의 백성
들로부터 재물을 갈취하여 더 큰 교회
를, 더 아름다운 교회를 짓는 것은 죄
가 되지 아니한다 너희 스스로 위안하
며,
10 그리하여 너희들이 그와 같이 지금 험
악한 행위를 하고 있는 것이 아니더냐?
11 그러니 나의 성서에 기록된 것처럼,
네 부모요, 너의 형제를 괄시하고 그
를 섭섭하게 한다 해도, 너희들이 나
를 기쁘게 하며 내가 기쁨을 얻을 수
있는 행위를 하면 그 모두는 접어 둔
다 하고 있음이니, 이것이 너희들이
내세우는 최종의 간판이 아니더냐?
12 바로 그 간판 아래 이리 같은 자가 도
사리고 앉아 나의 피조물 만백성을 고
통 속에 이끌어 가며 영혼까지도 구원
을 받지 못하게 하는 것이 너희들의
행위임을 알아야 될 것이니라.
13 바로 너희들이 그러한 자들이니라.
14 그러면서 너희들은 뭐라 말하느냐, 한
입 가지고 두말을 하는 자들이 아니더
냐?
15 너희들이 나 여호와를 기쁘게 하는 것
으로써 너희들의 모두가 다 덮어지며
죄가 되지 아니한다면서, 내가 성경에
기록한 내용을 너희들은 뭐라 읽느냐?
16 그것도 읽고 너희들이 또한 나의 백성
들에게 설교한다 떠들지 않느냐?
17 '형제에게 잘못하는 자, 형제가 지금

화나 있는 자, 그렇다면 나에게 재물
을 바치기 전에 가서 화합부터 하며,
너희들이 오해된 것을 풀고 오라, 그
렇지 않으면 내가 받아들이지 아니한
다.' 그것을 또 가르치고 전하니,
18 과연 너희들이 둘 중의 하나를 무엇인
가를 선택해야 될 것이니라.
19 그러나 너희들은 후자를 선택하지 아
니하느니라.
20 전자의 너희들이 거둬들이는 것도 죄
가 되지 아니하며 갈취하는 것도 죄가
되지 아니하며, 가족과 가족 간을 이
간시켜 너희들이 재물을 거둬들이는
그와 같은 짓을 해도 그것은 죄가 안
되며, 나 여호와를 기쁘게 하는 것이
요, 나를 위하여 하는 일이라 착각하
고 행동하는 것이 오늘의 종교 집단
지도자들이니,
21 그를 보는 내 마음이 얼마나 안타깝고
가슴이 아픈 줄 알겠느냐?
22 그들이 존재하는 한 나의 백성들이
거듭날 수 없기 때문이니라.
23 그러면서 너희들은 뭐라 하느냐?
24 믿지 않는 백성들이 얼마나 가련하고
불쌍한 것인가, 그 믿지 않는 백성들
은 나의 아들 예수가 이 세상에 재림
했을 때 절대 그들을 구원하지 아니하
며 그를 찾지 못할 것이라,
25 그러니 그들이야말로 지옥으로 가는
것이니 불쌍한 백성이요, 가련한 백성
이라 하여 너희들이 길거리로 뛰어나
가 전파한다고 지금 떠들어 대고 있지
않으냐?
26 그러나 너희들은 알아야 될 것이니라.
27 나는 너희들이 오늘에 하는 그와 같은
수법으로써 나의 복음을 전파하지 아
니하며 내 뜻을 전파하지도 아니하며,
28 나의 아들 예수가 재림이 없다는 것을
너희들에게 명확하게 이야기를 했음
이니, 너희들은 알아서 선택하도록 그
리하라.
29 재림은 없음이니라.
30 그러니 예수의 재림이 없거늘, 너희들
이 그 재림은 있다, 그리하여 구원받
을 자와 구원받지 아니할 자를 구분함
이니, 너희들은 믿음의 길을 가기만
하면 구원받는다 하니,
31 이것이 나를 기만하는 것이요, 이 세
상에 가장 잘못된 가르침이요, 믿음이
라는 것을 알라.
32 성령을 기만하는 죄이니라.
33 그리고 그것이 얼마나 성령을 기만하
는 것인가?
34 나의 뜻을 거역하며, 내 참진리요, 나
의 바른 성령이 전해지지 못하도록 그
리 장막을 치고 있는 것이 너희들의
오늘이니, 그 죄는 너희들이 정녕 감
당키 어려울 것이니 그리 알라.

11,392 번째 하나님 말씀

2004년 5월 30일 09시 12분

1 사랑하는 나의 아들아!
2 "네, 아버님! 말씀하옵소서."
3 너희들이 세상에 나가 지금의 믿음의
길을 가는 그 백성들, 너희들의 믿음
이 잘못되었으며 믿음의 길을 잘못 가
고 있는 백성들이니,
4 새로 나온 이 새로운 성경을 읽고 깨
우침을 보도록 하며, 너희들이 진정한

믿음이요, 나 여호와의 뜻이 무엇인가
그를 깨우쳐 구원을 받으라 그리 말한
다면,
5 그들은 너희들을 죽기 아니면 살기로
적으로 생각하여 너희들에게 대들 것
이니라.
6 '네가 무엇이기에 내 믿음을 잘못되었
다 하며 잘못 가고 있다 하느냐? 나는
밤을 새워 울고불고하며 금식 기도 하
기를 철저히 하며, 수시로 금식 기도
를 한다.' 그리 말하느니라.
7 그리고 저희들은 기도원에 가서 기도
를 하고 열성을 다함이니, '과연 나보
다 더 위대한 믿음의 길을 가는 자, 나
보다 더 성실한 믿음으로 가는 자가
있느냐?' 너희들은 그와 같이 반문할
것이니라.
8 '나보다 더 모든 것을 깨우치며 앞에
가는 자, 그리고 진정한 기도를 드리
는 자가 없을 것이다.' 그리 말할 것이
니라.
9 그러면서 또한 너희들은 더 그리 자랑
할 것이니라.
10 '나는 십일조를 누구보다도 착실히 내
고 있으며, 모든 헌금을 착실히 내고
있으며,
11 교회를 지으며 하나님의 교회요, 하나
님이 역사하고 가장 기뻐하는 교회를
더 크게 늘리고 다시 지을 때, 나는 거
기에 건축 헌금을 가장 많이 내는 자
요,
12 그러니 나의 믿음이 약할 수 있느냐,
그리고 나보다 더 강한 믿음이 있느
냐?'
13 그를 깨우치는 나의 아들딸 너희들에
게 '그러면, 과연 네가 무엇을 믿었으
며 네가 얼마나 헌금을 냈으며 얼마나
네가 교회라는 곳에 봉사했느냐?' 그
리 너희들에게 그를 제시하라 할 것이
니라.
14 그러니 너희들이 잘못된 자요, 사탄이
라 그리 말하는 것이 오늘의 믿음의
길을 가는 그 백성들이 하는 생각이
요, 그들이 말하는 한계라는 것을 잊
지 말라.
15 그리고 충실한 믿음의 길을 가는 백성
이 지금까지 없다 함을 알아야 될 것
이니, 이 무서운 말을 너희들은 알아
야 될 것이니라.
16 너희들에게 나 여호와가 뭐라 말하였
느냐?
17 너희들이 짜깁기하여 만든 그 기도라
는 것을 중언부언하지 말라 내가 그리
말하지 아니하였더냐?
18 그것은 내가 듣지도 아니하며, 나와
관계없는 사탄들이 하는 짓이라 내가
그리 말하였음이니라.
19 그러니 너희들은 또한 무엇이더냐?
20 내가 너희들에게 모두를 다 주었음이
니, 더 내려 줄 것도 없으며, 또한 하
늘의 법도가 내릴 수도 없으며 줄 수
도 없는 것이거늘,
21 나 여호와에게 무엇을 달라, 더 이루
어 달라 울고불고하여 나를 고통 속에
몰고 가는 그와 같은 너희들이 바로
나의 뜻과는 관계없는 자들임을 알아
야 될 것이니라.
22 내가 너희들에게 내려 준 그 재물 모
두를 가지고 너희들이 그와 같이 함부
로 씀이니, 너희들이 사탄에게 힘을

실어 주는 그와 같은 행위를 함이니,
23 너희가 나와는 아무런 관계도 없으며,
너희들이 나와는 아무런 인연이 없는,
그와 같은 나를 욕되게 하는 짓만을
하고 있는 것이 오늘의 신도요, 구원
을 받았다는 백성들이 하고 있는 짓이
니 그리 전하라.

11,393 번째 하나님 말씀

2004년 5월 30일 09시 16분

1 사랑하는 나의 아들아!
2 "네, 아버님! 말씀하옵소서."
3 내가 부족함이 없이 모두를 내려 주며
그 영광의 축복 속에 모두를 살아갈
수 있도록 한 아담과 하와, 그들이 과
연 어찌했던가?
4 내가 아무것도 부족함이 없으며 너희
들이 천국에 살 수 있도록 그들에게
모두를 주었거늘,
5 그들은 내가 따먹지 말며 취하지 말라
는 선악과를 따먹었으니, 그것이 무엇
이더냐?
6 나로부터 받은 큰 영광이요, 그 은혜
보다 너희들이 더 위대한 것이요, 더
높고자 하는 그와 같은 욕심을 버리지
못하여 그를 따먹은 것이 아니더냐?
7 그러니 지금 나의 아들 예수를 믿으며
나를 믿으며 믿음의 길을 가는 종교
집단의 지도자 너희들이 무엇인 줄 알
겠느냐?
8 오늘의 내가 너희들에게 내려 준 그
모두에 감사함을 기쁜 마음으로 살아
가는 백성이 되면 될 것이거늘,
9 나의 아들 예수로써 너희들이 지은 죄
의 그 모두가 다 씻어졌으며 구원을
받았다 하는 백성은,
10 선악과를 따 먹고 영광을 얻고자 했던
아담과 하와같이 되어 버리는 그와 같
은 짓을 하고 있음을 너희들은 알아야
될 것이니라.
11 오늘에 내가 너희들에게 내려 준 은혜
요, 그 모두에 범사에 감사하며 나의
계명대로 살면 되는 것이 너희들의 삶
이거늘,
12 어찌하여 예수의 보혈로써 너희들의
대대손손 죄를 다 용서받으며 너희들
이 표백되는 것이며, 그를 찾기만 하
면 구원을 받는다 그리 말함이니,
13 그게 아담과 하와가 더 얻고자, 누리
고자 했던 그 욕심의 근원이요, 그 잘
못된 것으로써 그들이 그 모두를 다
잃었듯이,
14 오늘의 너희들이 그와 같은 믿음이요,
그와 같은 생각을 가진 자들이 더 갖
고자, 더 높고자 하는 생각을 가지고
가는 자이기에,
15 너희들이 모두를 다 잃으며, 하늘의
뜻을 알지 못하며, 내 뜻을 모르는 자
들이 되었음이니 그리 알라.
16 지금의 너희들이 죄의 온상인 교회에
나가면 구원이라는 것, 바로 선악과를
따 먹고 모두를 다 잃어버리는 것 같
은 그와 같은 행위를 하고 있음이니
그리 알라.
17 그와 같이 너희들이 어리석은 행위를
이제 중단하라, 그리고 그 착각 속에
서 깨어나라.
18 이것이 너희들이 오늘의 해야 할 일이
니라.

19 그리고 너희들이 선악과를 따 먹는 아
담과 하와의 더 영광을 얻고자, 더 높
은 걸 얻고자 하는 그와 같은 욕심을
버리지 못하는 자,
20 나의 아들 예수로써 무조건 구원을 받
았다는 그 백성들과 똑같은 우를 범하
고 있다 함을 잊지 말라.

11,394 번째 하나님 말씀

2004년 5월 30일 11시 39분

1 사랑하는 나의 아들아!
2 "네, 아버님! 말씀하옵소서."
3 나 여호와의 본체가 사랑이라 그리하
지 아니하였더냐?
4 그러니 너희들이 사랑을 행하고 사는
것이 나와 더불어 가는 백성이라는 것
을 잊어서는 아니 될 것이니라.
5 또한, 나의 아들을 따르는 백성들이
요, 그 제자들이요, 너희들과 내가 항
상 같이한다 하였음이니,
6 너희들은 나 여호와가 같이한다는 그
와 같은 생각이요, 그와 같은 마음 자
세를 갖기 전에,
7 나 여호와가 정녕 기쁜 마음으로써 너
희들과 같이할 수 있는 사랑을 행하는
그와 같은 마음으로써 살아가야 될 것
이니라.
8 너희들이 그와 같은 마음으로 살 때,
내가 너희들과 같이함이 얼마나 기쁘
고 영광이요, 축복인지 알겠느냐?
9 사랑하는 나의 아들딸들아!
10 사랑은 무엇이더냐?
11 너희들이 베푸는 것이요, 손해 보는
것이요, 너희들이 항상 물질이요, 모
든 면에서 다 손해 보는 것이니라.
12 그러면서 사랑은 또한 물질적으로 손
해를 보나 많은 백성을 살리는 것이
사랑임이니라.
13 너희들이 도둑질하고자 하는 자 사랑
함으로 그 마음을 다스릴 수 있으며,
14 포악한 자 사랑함으로써 그 포악한 마
음을 다스릴 수 있으며,
15 너희들이 그저 비뚤어진 마음으로 세
상을 보며 생명을 포기하고자 하는 그
와 같은 사람, 그 백성들도 너희들이
그를 살릴 수 있음이요,
16 그리고 믿음의 길을 잘못 가는 백성들
이 바른 믿음의 길을 갈 수 있는 것,
그와 같은 백성들을 일깨워 주는 것이
너희들의 사랑이니라.
17 사랑은 너희들이 말하는 그 물질을 손
해 보는 것만이 아니라, 모든 백성들
을 감화시키며 모든 백성들이 거듭날
수 있는 선물이 또 얼마나 크고 귀한
것인 줄 알겠느냐?
18 사랑하는 나의 아들딸들아!
19 그리하여 사랑이 나의 본체이니라.
20 나는 오늘 나의 아들을 통하여 너희들
에게 내렸음이니, 너희들이 낮은 자세
로 살아가고자 하며, 너희들이 인간으
로서 내려올 만큼 내려왔음이니라.
21 나는 너희들을 알기에 내가 그 상을
내린다 함이니라.
22 이제는 내가 너희들의 마음을 잡아 줄
수 있는 데까지 내려왔으니, 그 기쁨
이요, 그 영광을 내가 나의 아들을 통
하여 너희들에게 전함이니,
23 여기서 무너지고 쓰러지는 자가 되어
서는 아니 되느니라.

24 사탄이라는 것은 작은 것을 가지고 너
희들의 마음을 유혹하며, 그리하여 작
은 것을 너희들이 소홀히 생각함으로
무너지는 그와 같은 형국이 되었음이
니,
25 이 세상 어떠한 백성도 나로부터 너희
들이 낮은 자가 될 수 있는 데까지 낮
은 자가 된 너희들의 그 위대한 마음
이라는 것을 가져 본 사람이 없으며,
26 그곳까지 내려간 자가 없으며, 나로부
터 이와 같은 명을 들은 자가 없음이
니라.
27 그러니 내가 너희들에게 내리는 상만
이 남았음이니라.
28 여기서 너희들이 흔들리지 말고 바로
서도록 그리하라.
29 항상 너희들을 유혹하는 그 작은 유혹
에 넘어지면 아니 됨이니라, 사랑하는
나의 아들딸들아!
30 그러니 이제 너희들은 내가 기뻐하는,
그리고 내가 너희들과 항상 같이함을
기뻐하는 사랑을 진심으로 행하고 실
천하는 너희들이 되라.
31 물질적으로 베푸는 것도 중요하나, 내
가 나의 아들을 통하여 내렸듯이, 잘
못된 자, 비뚤어진 자, 인생을 포기하
는 자, 너희들이 구원의 길을 잘못 가
는 자, 그 백성들에게 무한한 사랑을
베풀도록 그리하라.
32 너희들이 그와 같이 베푼다 해서 닳는
것이 없느니라.
33 그리고 손해 보지 않는 그 베푸는 사
랑도 있음이니,
34 너희들은 이와 같은 나 여호와의 뜻을
깨달았다면 한 점의 부끄러움이 없는
최선의 노력을 다하여 사랑을 나눠 주
고 사랑을 베푸는 너희들이 할 수 있
는 한 모두를 다하라.
35 재물이 없어서 베풀지 못하거든 너희
들이 마음으로 사랑을 하며, 어렵고
불쌍한 자 가슴으로 안아 주는 그와
같은 사랑을 하라.
36 그것이 닳더냐, 그것이 지워지더냐,
그것이 없어지더냐?
37 지워지지도 아니하고 닳지도 않는 그
사랑으로써 만백성을 감싸도록 그리
하라.
38 그리하면 내가 너희들과 같이하니, 가
장 큰 기쁨이요, 영광된 나 여호와의
마음이요, 나에게 너희들이 영광된 너
희들의 모두를 바치는 것이라는 걸 나
여호와가 너희들에게 명함이니 그리
알도록 하라.

11,395 번째 하나님 말씀

2004년 5월 31일 06시 01분

1 사랑하는 나의 아들아!
2 "네, 아버님! 말씀하옵소서."
3 '하늘은 스스로 돕는 자를 돕는다.' 하
지 아니하였더냐?
4 그러니 너희들이 얼마만큼 노력하며,
네 마음 자세를 어찌 가지고 살아가느
냐에, 그 모든 답은 거기에 있음이니
라.
5 너희들이 노력하지 아니하고 변화되
는 삶을 살지 아니하고는 결코 어떠한
것도 얻을 수 없음이니라.
6 나의 새로운 성경을 만들어 만백성에
게 전하는 너희들이 하얀 눈이 내려

세상을 덮듯이 이것으로 세상을 덮는
다 하면, 이는 너희들의 노력 여하에
달렸음이니라.
7 너희들이 얼마만큼 진실된 마음을 가
지고 노력을 하느냐, 그 속에 모든 정
답은 있음이니라.
8 그러니 너희들은 최선의 노력을 다하
는 그와 같은 삶을 살아야만 모든 답
을 얻을 수 있음이니라.
9 노력하지 아니하는 자, 그리고 최선을
다하지 않는 자, 아무것도 얻을 수 없
으며 구할 수 없는 것이 인간 세상에
살아가는 법도이니라.
10 더욱이 하늘에 오르는 길이요, 너희들
이 구원을 얻음이요, 새로운 생명으로
서 영원히 사는 세상에 거듭나는 그
은혜요, 그를 얻기 원한다면, 너희들
은 얼마나 최선의 노력을 다해야 되는
가?
11 너희들은 나의 계명이요, 그리고 지금
내가 새로 내리는 새로운 성경을 가지
고 너희들이 정독하고 또 정독하고 깨
우치고 또 깨우쳐 최선의 노력을 다하
지 아니하면 아니 됨이니라, 사랑하는
나의 아들딸들아!
12 최선을 다하는 자만이 모두를 얻을 수
있으며 최선을 다하는 자만이 목적을
달성할 수 있듯이,
13 하늘에 오르는 길이요, 거듭나는 그와
같은 삶의 길을 가는 것, 그 역사를 이
루는 것은 최선을 다하지 아니하면 아
니 됨이니라, 사랑하는 나의 아들딸들
아,

11,396 번째 하나님 말씀

2004년 5월 31일 06시 06분

1 사랑하는 나의 아들아!
2 "네, 아버님! 말씀하옵소서."
3 아담과 하와가 왜 그와 같은 낙원의
세상에 사는 그 모두를 다 잃어야 했
던가?
4 그들은 저희들이 처해 있는 그와 같은
것을 은혜요, 영광이라 생각하지 아니
하며, 더 큰 영광이요, 더 큰 은혜요,
더 무엇인가를 얻고자 하는 그 욕심
때문에 저희들이 선악과라는 것을 따
먹고 모두를 잃지 아니하였더냐?
5 그러니 지금의 종교 집단의 지도자 너
희들이 가는 그 형태가 무엇이던가?
6 너희들도 지금 오늘의 너희들에게 내
려 준 환경이요, 그 생활에 나 여호와
에게 감사하며 은혜로움을 깨닫고 살
아가면 되는 것을,
7 너희들은 지금 나의 아들 예수의 보혈
로써 너희들이 지은 죄를 다 씻었으며
구원을 받았다 그리하며, 대대손손 너
희들은 죄가 없는 그와 같은 백성이라
지금 말하고 있음이니,
8 그게 바로 선악과를 따 먹고 영광을
잃었던 아담과 하와와 같이 너희들이
지금 되어 버린 것이니라.
9 그러니 지금의 나의 백성들이요, 사랑
하는 나의 아들딸 너희들이 어찌하여
그 욕심에 의하여 그와 같은 모두를
다 잃는 삶을 산단 말이더냐?
10 너희들이 나의 계명대로 살면 되는 것
을, 예수의 보혈로써 구원을 받았다
그리 말하느니라.

11 그리고 죄의 온상인 교회에 나오면 구
원이라 말하는 것이, 선악과를 따 먹
으면 더 큰 은혜요, 영광을 얻는 것처
럼, 너희들의 교회라는 곳에 나오기만
하면 모두가 구원을 받으며 하늘에 오
르는 길이라 그와 같이 가르치고 있음
이니,
12 그와 같은 너희들의 어리석은 행위를
이제는 중단해야 될 것이니라.
13 바로 너희들의 그 어리석은 생활이
무엇이더냐?
14 더 바랄 것 없고 더 얻을 것 없는 아담
과 하와가 더 큰 영광을 구하기 위하
여 선악과를 따먹은 것처럼,
15 너희들이 구원이라는 것, 그리고 나의
아들 예수의 보혈로써 구원을 받았다
는 것, 너희들의 손으로 지은 교회에
나오기만 하면 구원을 받는다는 것,
그 모두가 다 그와 같은 욕심의 형국
으로써 지금 살아간다는 것을 잊어서
는 아니 될 것이니,
16 너희들이 살아 있는 마음이요, 너희들
의 행함이요, 오늘의 너희의 믿음이
요, 그 모두도 너희들이 더 바라고 원
하는 것이 무엇인가, 그리할 자격이
있는가,
17 그리고 더 바랄 필요가 있으며, 더 큰
것을 얻기 위하여 기도하고 경배하며
나에게 무엇을 달라 원하는 그와 같
은 삶을 살 수 있는가, 그리고 그러한
삶은 과연 무엇인가를 한번 깨우치지
아니하면 아니 될 것이니라.

2004년 6월

11,397 번째 하나님 말씀

2004년 6월 1일 06시 32분

1 "너는 나 외에는 다른 신들을 네게 있
게 말지니라.
2 너를 위하여 새긴 우상을 만들지 말
고, 또 위로 하늘에 있는 것이나 아래
로 땅에 있는 것이나 땅 아래 물속에
있는 것의 아무 형상이든지 만들지 말
며, 그것들에게 절하지 말며 그것들을
섬기지 말라.
3 너는 너의 하나님 여호와의 이름을 망
령되이 일컫지 말라.
4 안식일을 기억하여 거룩히 지키라.
5 네 부모를 공경하라.
6 살인하지 말지니라.
7 간음하지 말지니라.
8 도적질하지 말지니라.
9 네 이웃에 대하여 거짓 증거하지 말지
니라.
10 네 이웃의 집을 탐내지 말지니라.
11 나 여호와가 존재함을 믿는 그 자체가
구원의 길에 들어서는 기본이요 근본
이며, 나의 법전을 가슴에 안고 정독
하는 자, 반석 위에 서서 하늘에 오르
는 찬란한 빛을 보게 되는 영광을 얻
게 됨이니라."
12 사랑하는 나의 아들아!
13 "네, 아버님! 말씀하옵소서."

14 작든 크든 그 모두는 다 나 여호와의
뜻이요, 내가 역사하는 대로 나의 새
로운 성경은 기록하여 전해지며 세상
에 나가 만백성을 구하는 대혁명을 이
루어 갈 것이니라.
15 내가 너에게 십계명을 암송하여 나의
새로운 성경에 기록하도록 하였으나,
네가 어찌하여 그를 기록하지 아니할
때가 있으며 네 임의대로 하려 하는가?
16 절대 너는 그리해서는 아니 되느니라,
사랑하는 나의 아들아!
17 아무리 나의 새로운 성경에 십계명이
기록되고 또 기록된다 해도 너는 그대
로 완성하여 기록하면 되느니라.
18 그 이유가 있으며 그 뜻이 있음이니라.
19 그 십계명을 암송하고 또 암송함으로
써 나의 백성들이 깨닫고 또 느끼는
것이 있음이니라.
20 지금 나의 피조물 만백성이 160권의
새로운 성경을 다 정독하며 공부한다
하는 것보다도, 그가 어느 한 권을 선
택하여 그를 암송하고 또 읽고 읽어서
그가 바로 암송할 때까지 그 모든 노
력을 하여 그가 변화되는 것은 그 160
권 중에 한 권을 읽고 깨우치는 자가
있을 것이며, 두 권을 읽고 깨우치는
자가 있듯이,
21 거기에 내가 그 백성에게 십계명을 암
송시키고 그를 봐야 되기 때문에 내가
너에게 암송하라 함이거늘,
22 어찌하여 네가 십계명을 암송하여 책
에 기록하지 아니하고 그냥 가려 하는
가?
23 그와 같은 것이 있어서는 아니 됨이니
라, 사랑하는 나의 아들아!
24 모두는 네 뜻이 아니요, 나 여호와의
뜻이요, 내가 역사하는 것이니, 너는
그대로 가기만 하면 될 것이니라.
25 절대 그와 같은 오류를 범하지 말도록
그리하라.
26 필요하여 내리는 것이며 꼭 있어야만
되는 것이요, 그러기에 내가 너에게
내림이니,
27 네가 열 번 백 번이 아니라 천 번 만
번이라도 새로운 성경 속에 십계명을
암송하여 기록하라 하면 그를 기록하
여야 될 것이니라.
28 그것을 네가 기록하지 아니하면 아니
됨이니라.
29 그걸 보고 깨우칠 수 있는 백성들이
깨우침을 얻지 못하며 구원의 길을 볼
수 없기 때문이니라.
30 사랑하는 나의 아들아!
31 인간 세상에 네 마음이요, 네 생각으
로써 무엇이든지 해서는 아니 됨이니
라.
32 그리되면 무너지고 너희들은 그 나약
함에 한계가 있느니라.
33 인간의 노력이요, 인간의 생각은 한계
가 있다 하지 않더냐?
34 그 모두를 뛰어넘는 것이 하늘의 뜻이
요, 나 여호와의 뜻이니라, 사랑하는
나의 아들아!
35 내가 너에게 십계명을 암송하여 기록
하라 하나, 네가 그를 기록하지 아니
하려는 그와 같은 생각을 두 번 다시
하지 말도록 그리하라.
36 그리하면 모두가 다 틀려 나가는 것이
아니더냐?
37 성서에 너희들이 말하기를 한 자, 한

획을 고치고 더해도 아니 된다 그리 말하지 않느냐?
38 그와 같은 것으로써 만백성을 구하는 마지막 시대에 나의 새로운 제3의 시대가 열어질 것이며,
39 나의 새로운 성경이, 나의 성령이 그와 같은 방법으로 나가야 됨이니 그리 알라, 사랑하는 나의 아들아!

11,398 번째 하나님 말씀

2004년 6월 1일 08시 29분

1 사랑하는 나의 아들아!
2 "네, 아버님! 말씀하옵소서."
3 너희들이 인간 세상에 전쟁이요, 그리고 어떠한 뜻을 이루기 위해 집단에서 하는 일이 무엇이더냐?
4 너희들은 그를 정면으로 공격하는 것보다 우회적으로 모두를 공격하는 것이 성공하기가 쉬우니라.
5 그리고 너희들은 정면으로 공격하여 정면으로 부딪치는 것보다는 우회적으로 모두를 서서히 조금씩 잠식하는 것, 그와 같은 것으로써 너희들이 그 본체를 무너뜨릴 수 있는 것이니라.
6 너희들이 모든 것이 다 그러니라.
7 나의 새로운 성경을 가지고 만백성을 구하는 것, 그것도 너희들이 지금 아주 붉게 물든, 죽기 아니면 살기로 그 길을 가며, 제 가는 길이 구원을 받았으며 저는 하늘에 오르는 백성이라 똘똘 뭉쳐져 있는 그들을 정면으로 공격하는 것은 너희들이 고달프며 부서짐이니라.
8 완벽한 방어 태세요, 성곽을 이룬 그와 같은 곳에 너희들이 무방비한 상태로 공격한다면, 과연 너희들이 어찌 되겠느냐?
9 그러니 지금의 믿음의 길을 가는 백성들이요, 너희들이 수천 년 동안 그 믿음의 전통을 따르며 거기서 한 발짝도 움직이려 하지 아니하는 자, 조금도 양보를 하지 못하는 그와 같은 백성들을 정면으로 공격하는 것은 절대 아니 됨이니라.
10 그러니 우회적으로 모든 것을 서서히 무너뜨려야 됨이니,
11 그 백성들을 직접 상대하는 것이 아니요, 이방인이라는 백성, 그리고 다른 길을 가는 백성들, 그와 같은 백성들로 하여금 너희들이 나의 새로운 성경을 전하며, 또한 그들로부터 읽히는 그와 같은 방법으로써 할 때,
12 그 붉게 물들어 있는 그들도 무너지게 되며 서서히 전의를 상실하게 될 것이니라.
13 그러니 지금 너희들이 교회요, 그와 같은 곳에 가 믿는 사람들을 상대로 나의 새로운 성경을 전하며 그들을 깨우치려 하는 그 제자가 있으나, 그와 같은 방법으로써 해서는 아니 됨이니라.
14 절대 너희들은 거기서 성과를 얻을 수 없으며, 본인만 상처만 받으며 그 상처로 하여 본인이 무너질 수도 있다는 것을 알아야 될 것이니라.
15 그러니 너희들이 종교요, 그 믿음에서 저희들이 한 획도 한 자도 고치지 말며 성경을 가지고 가야 된다는 그 백성들,

16 거기에 세뇌되어 좌우를 볼 수 없는 그와 같은 백성들을 공격하며 그를 대상으로 너희들이 나의 새로운 성경을 전하는 것은 너희들 스스로 상처를 입게 되어 있음이니,

17 우회적으로 서서히 그 주변부터 한 사람 한 사람씩 깨우쳐 가는 그와 같은 방법으로 했을 때, 많은 백성을 구할 수 있으며,

18 그 종교 집단에서 맹종 맹신하는 그 백성들이 깨우침을 얻을 수 있으며 그들을 구원할 수 있음이니라.

19 정면으로 너희들이 해서는 아니 될 것이니 그리 알라 전하라.

11,399 번째 하나님 말씀

2004년 6월 2일 08시 34분

1 사랑하는 나의 아들아!

2 "네, 아버님! 말씀하옵소서."

3 나 여호와가 너희들에게 모두가 하나가 되라, 그리고 하나가 되지 아니하면 아니 된다 그리 강조함이니라.

4 그러니 너희들은 이 뜻을 얼마나 깊이 받아들이는가?

5 너희들이 하나가 되는 것이란 무엇이더냐?

6 이는 곧 서로의 뜻이 전달되기 때문이며, 서로 아래위로 좌우로 너희들의 모든 뜻이 전해지는 그와 같은 것이 되기 때문이니라.

7 그리고 하나가 된다는 것은 또한 무엇이더냐?

8 너희들이 말할 수 없는 것, 그리고 감춰 놓고자 하는 것, 그 모두를 다 털어놓고 말할 수 있는 사이요, 모두를 다 의논할 수 있는 사이가 되는 것이 아니더냐?

9 그러한 세상의 풍토가 되지 아니하고는 너희들은 하나로 갈 수 없으며 하나로 이루어질 수가 없기 때문이니라.

10 너희들이 만나면 반가우며, 언제나 반가우면 귀한 손님과 같은 사이가 되는 것이니, 이것이 곧 하나가 되는 것이니라.

11 이렇게 너희가 만들어 가지 아니하면 결코 너희들은 하나가 될 수 없다는 것을 알아야 될 것이니라.

12 그러기에 나 여호와가 너희들에게 하나가 되라 그리함이니라.

13 나의 새로운 성경이 세상을 덮을 수 있는 것은, 결코 너희들이 하나가 되지 아니하면 아니 되며, 그리고 세상을 덮는다 해도 너희들이 여러 가지 마음으로 간다면, 가르치는 자 전하는 방법이 각자가 다를 것이니, 너희들은 하나가 되지 아니하면 절대 아니 되며,

14 그리고 너희들이 나의 새로운 성경을 만백성을 위하여 전하는 길도 역사할 수 없음이니라.

15 오늘의 너희들이 서로의 종교의 갈등이요, 그 수 때문에 이 지구상에 얼마나 무서운 일이 일어나는가?

16 너희들의 크나큰 전쟁이요, 그 모두의 근본은 그 바닥에 종교라는 것이 깔려 있음을 알아야 될 것이니라.

17 그러니 이 지구상에 그와 같이 무서운 갈등이 이루어지고 있음이니, 이래서는 너희들이 하나가 결코 될 수가 없는 것임을 알라.

18 그러니 나 여호와 창조주, 너희들이
말하는 아버지는 단 한 분이요, 나의
뜻은 다 하나거늘,
19 너희들이 서로 싸운다면 그들 중에 누
군가는 잘못되었으며 서로 또한 잘못
되었기에 싸우는 것이라면, 너희들은
한번 그 속을 들여다보도록 그리하라.
20 그러니 모든 백성이 하나가 되어야 하
는 것은, 지금의 종교요, 지금의 신앙
으로써 너희들이 하나가 될 수 있는가?
21 이는 불가능함이니라.
22 그리하여 내가 새로운 성경을 세상에
내려보낸 그 이치를 안다면, 내가 왜
이를 역사하는 것인가 너희들은 알아
야 될 것이니라.
23 그러니 너희들이 지금같이 무서운 일
들이 일어나는 이 세상에는 하나가 될
수 없으며, 이를 막을 수 있는 것이 하
나가 되지 않고는 아니 됨이니라.
24 즉, 하나가 되지 아니하면 이 지상의
영원한 평화요, 너희들이 새로운 천국
이요, 하늘에서 이루어진 것같이 지상
의 낙원이 결코 이루어질 수 없다는
것이니라.
25 그래서 내가 너희들에게 하나가 되라
하는 그 의미를 알겠느냐?
26 하나가 되는 서로의 뜻이 전달되며,
그 뜻은 너희들이 동서남북으로 할 것
없이 똑같은 마음으로 전달되며,
27 속에 있는 말을 털어놓을 수 있는 것
이요, 그리고 항상 만나면 너희들이
귀한 손님처럼 반가운 마음, 그와 같
은 마음으로 되기 때문이니, 그리 알
라 전하라.

11,400 번째 하나님 말씀

2004년 6월 2일 08시 45분

1 사랑하는 나의 아들아!
2 "네, 아버님! 말씀하옵소서."
3 너는 한 장의 그림을 무엇을 보았느냐?
4 "네, 아버님! 제가 거짓말을 하면 만
백성이 거짓말하는 입을 여는 백성이
늘어나며, 제가 간음을 하면 세상에
만백성이 간음하는 자가 세상을 덮으
며, 제가 도둑질을 하면 만백성이 도
둑질하는 사람으로서 세상을 덮으며,
제가 시기 질투를 하면 세상의 모든
백성들이 시기 질투를 하며,
5 제가 잘못하는 것, 그 모두는 다 저를
따르는 백성, 그와 같은 행위를 하는
백성이 세상을 덮고 있사옵나이다.
6 부모에게 효도하지 아니하면 효도하
지 않는 사람들이 세상을 덮을 것이
요, 형제지간에 반목하면 모든 사람들
이 다 형제지간에 반목하는 사람들만
이 나올 것이며, 제가 간음하면 간음
하는 자가 늘 것이며, 제가 노름이라
는 것을 하면 만백성이 노름하는 자들
로 세상을 덮어 가고자 할 것이며,
7 제가 그와 같은 것을 하지 아니하면
그와 같은 것이 줄어드는 것이요,
8 제가 하는 것은 너무나 많은 백성들에
게 피해를 주는 그와 같은 것이라는
것을, 이제야 그를 보았으며, 아버님
께서 보여 주신 그 그림이 그러하옵나
이다."
9 사랑하는 나의 아들아!
10 너는 나의 아들이요, 만백성을 구하는
네가 어찌하여 그것을 이제 깨달았으

며, 내가 너에게 보여 줘야만 너는 깨
닫고 간단 말이더냐?
11 네가 나의 아들이요, 만백성을 구하는
자로서 그저 평범한 삶을 살면서도 네
가 나의 아들이요, 그리고 네가 살아
가는 것이 똑같이 이 세상을 남들과
살아가는 그와 같은 삶을 살면서,
12 네가 나의 아들이요, 나의 명을 받는
자요, 새로운 성경을 받아 세상의 만
백성에게 전하는 자라 생각하느냐?
13 네가 남에게 거짓 하면 거짓 하는 자
들이 수없이 늘어날 것이요, 네가 남
에게 약속을 지키지 못하면 약속을 지
키지 못하는 자가 세상을 덮을 것이요,
14 이게 나로부터 명을 받은 나의 아들이
요, 내 뜻을 따라 만백성을 구하는 네
가 그러한 것을, 어찌하여 내가 그림
으로 보여 줘야만 그를 이제 깨닫는가?
15 이것이 하늘의 법도니라.
16 이는 나도 어찌할 수 없으며 누구도
어찌할 수 없음이니라.
17 너는 무엇을 또 보았느냐?
18 "네, 아버님! 제가 잘못하는 것을 모
든 사탄들이 즐겨 아버님께 상고하는
것을 보았사옵나이다.
19 제가 잘못할 때, 그 상고함으로 아버
님 앞에 그 사탄들이요, 마귀들이 대
드는 것, 그리고 그 상고하는 것을 보
여 드리는 것, 그리고 그들이 모두를
다 고발하는 것, 그리고 그들이 아버
님께 그를 보라 하는 것,
20 제가 잘못했을 때는 사탄이요, 마귀가
아버님께 상고하는 것을 보았사옵나
이다."
21 이것이 하늘의 법도이니라, 아들아!
22 나는 너에게 더 이상 뭐라 할 말이 없
음이니라.
23 네가 하는 것은 모든 백성들이 그를
보고 그와 같은 자가 세상에 늘어나게
되어 있음이니라.
24 이것이 나의 아들 네가 가야 할 길이
고 네가 다른 사람과 다른 점임을 너
는 알아야 될 것이니라.
25 나를 대신하여 만백성을 구하는 길을
역사함이니, 네가 잘못하는 것은 모든
백성들이 그리 이루어지느니라.
26 네가 아름다운 말을 하면 아름다운 일
이 역사하는 것이요, 아름답고 고운
행동을 하며 진심으로 네가 진실된 마
음으로 산다면 모든 백성들은 진실된
자가 늘어난다 하지 않았더냐?
27 내가 너에게 말하기를, 지금 너희들의
'한국어'요, 이 동양의 작은 나라의 언
어가 공통어가 된다면, 그 공통어가
되도록 너희들이 지금 부르짖는 사람
들이 있다 하지 아니하였더냐?
28 그러니 네가 나의 아들이요, 나를 대
신하여 모두를 역사함이니, 네가 하는
짓을 그 모두가 닮느니라.
29 네가 알코올을 그저 시도 때도 없이
마신다면 모든 백성들은 알코올을 시
도 때도 없이 마심이니, 그들은 알지
도 못하며 몸을 상하며 그들이 폐인이
되어 감이니라.
30 이것이 네가 가야 할 길이요, 네가 역
사할 길이니, 스스로 네가 알아서 하
도록 하라.
31 너의 제자들도 또한 그렇다 전하라.
32 너의 제자들이 그리할 때, 그 파괴력
이야 너를 따라오지 못하지만, 나의

새로운 성경을 읽고 깨우친 제자들이
어찌 사느냐에 따라서 이 세상의 많은
백성들이 그와 같은 자가 생긴다는
것, 이것을 명심해서 가도록 그리하라.
33 내가 너에게 보여 준 그 그림, 내가 너
에게 심어 준 것, 네가 답답하고 깨우
치지 못하기에 내가 보여 준 것,
34 꼭 내가 수고스러움을 너에게 전해야
만 네가 바로 서고 갈 수 있단 말이더
냐?
35 이를 명심하여 행하도록 그리하라.

11,401 번째 하나님 말씀

2004년 6월 2일 20시 43분

1 사랑하는 나의 아들아!
2 "네, 아버님! 말씀하옵소서."
3 너를 따르는 그 제자들에게 네가 그리
이르라.
4 너희들이 이 세상에 태어난 것, 1분이
요, 10분이요, 한 시간이요, 너희들이
1년을 사는 것, 그것을 짧고 길다 생
각하지 말며,
5 생명을 가지고 세상에 태어난 것을 감
사하며, 그리하여 그 모두에, 범사에
감사하는 마음이 바로 거기에 있음이
라 내가 그리 전했느니라.
6 너희들은 지금에 살고 있는 것, 이 자
연의 아름다운 속에서 한 일원으로서
살아가며, 그리고 너희들이 이 자연을
볼 수 있으며, 이 아름다움을 느끼고
살아갈 수 있는 것,
7 너희들이 더 갖고 안 가진 것을 생각
하지 말며, 그것으로써 나에게 감사하
는 마음을 가지고 살아가는 그와 같은
백성이 되어야 할 것이니라.
8 너희들이 갖지 못하고 이루지 못한다
고 해서 나를 원망하며 하늘을 원망하
며, 네 주변이요, 네 생활이요, 너희
자신을 원망한다고 해서 그것이 바뀌
는 것이 아니요, 얻어지는 것이 없음
이니라.
9 그러니 너희들이 얻고자 하는 마음이
정녕 있다면, 너희들은 모두를 나에게
감사하는 마음부터 먼저 갖도록 그리
하라.
10 오늘의 환경이요, 오늘의 생활에 너희
들이 감사하는 마음을 갖다 보면 감사
한 만큼 이룰 것이요, 그것을 얻게 될
것이니라.
11 내가 너희들에게 뭐라 일렀느냐?
12 내가 이룰 수 있는 것은, 너희들이 모
두를 행했을 때 내가 거기에 상으로
내려 줄 수 있으나, 너희들이 행하기
전에는 내가 상을 내릴 수 없다 하지
않았더냐?
13 너희들이 정녕 끊지 못하는 악습을 끊
겠다 나에게 기도하며 용기와 힘을 달
라고 해도, 나는 너희들에게 용기와
힘을 주지 아니한다 했음이니라.
14 기도하는 자에게 내가 용기와 희망을
주며 다른 사람에게는 주지 않는다면,
내가 어찌 공의의 하나님이라 하겠느
냐?
15 그리하여 너희들이 노력하여 그 악습
을 끊었을 때, 내가 너희들에게 상을
준다 하지 아니하였더냐?
16 그와 마찬가지니라.
17 너희들이 그와 같은 이치를 안다면,
오늘의 생활에 너희들이 나에게 감사

하며 기쁜 마음으로 살아갈 때, 내가
너희들에게 그 상을 줄 것이요,
18 너희들이 불평불만이요, 욕구불만의
그와 같은 마음으로 산다 하면, 너희
들은 욕심을 비우지 못한 자이니, 그
뜻을 이룰 수 없는 것이요,
19 그 뜻을 이룰 수 없는 것은 나로부터
상을 받을 것이 없다 함을 너희들은
알라.
20 나의 아들을 통하여 내가 너희들에게
이 하늘의 뜻이요, 내 뜻을 가르침이
니, 이제 너희들이 이와 같은 이치를
알았다면 오늘부터 나에게 감사하는
생각을 하며, 범사에 감사하며, 모두
를 다 감사하는 마음으로 살라.
21 내가 너희들에게 뭐라 말하였느냐?
22 가난한 자를 돕는 것이 나를 돕는 것
이라 했으니, 너희들이 나에게 감사하
며 나에게 기쁨을 돌린다 하면,
23 그와 같은 마음으로써 이웃과 네 형제
들에게 그와 같은 감사한 마음으로 살
며 그들에게 베푸는 그와 같은 마음으
로 돌리리라.
24 그러면 그게 나에게 기쁨이요, 나에게
너희들이 모두를 다 바침이요, 나를
사랑함이니,
25 이와 같은 이치를 알았다면 너희들은
그대로 행하라.
26 내가 나의 아들을 통하여 내리는 것은
창조주 나 여호와의 뜻이요, 너희들이
그리 행하지 아니하면 나를 볼 수 없
으며 나에게 올 수 없기에,
27 너희들이 나에게 오를 수 있는 길이
요, 나를 볼 수 있는 그 길을 내가 너
희들에게 깨우쳐 줌이니, 이를 행하는
것이 중요함이니라.
28 아무리 너희들이 진주 보석보다 귀하
고 귀한 것을 듣고 듣는다 해도, 그것
을 네 것으로 만들어 행하지 아니하면
아무런 가치가 없는 것이니,
29 모든 듣는 것을 하나도 버리지 말며
너희들이 그리 행하는 삶을 살도록 그
리하라.
30 그리하여 나에게 오르는 길이 좁고 협
착한 길이요, 넓고 큰 길이 아니라 하
였음을 너희들은 알아야 될 것이니라.

11,402 번째 하나님 말씀

2004년 6월 3일 05시 48분

1 사랑하는 나의 아들아!
2 "네, 아버님! 말씀하옵소서."
3 모든 것은 순리가 있으며 정해져 있음
이니라.
4 너희들이 그 순리를 거역하며 정해진
것을 거역할 수는 없는 것이니라.
5 그러니 모든 것을 순리대로 행하는 그
와 같은 마음으로 살아가면, 너희들이
실패함이요, 그와 같이 어렵고 힘든
길은 가지 아니함이니라.
6 순리를 거역하며 뜻을 거역하며, 너희
들이 인간의 욕심을 앞세워서 모두를
행하려다 보니, 너희들이 실패라는 것
을 알며 고통이라는 길을 가게 됨이니
라.
7 너희들이 남에게 사기를 당했다, 남에
게 도둑을 맞았다 하는 것, 다 그 모두
는 너희들의 잘못됨이니라.
8 너희들이 단속을 잘못했기에 도둑을
맞은 것이며, 너희들이 욕심이요, 과

욕을 부렸기 때문에 남으로부터 눈이 어두워 사기를 당함이니, 그와 같은 것이 너희들이 순리를 어기는 것이니라.
9 그러니 순리대로 살아가며 순리대로 행동한다면, 너희들은 결코 그와 같이 패자의 길을 걷지는 아니하느니라.
10 순리는 무엇이더냐?
11 자연의 뜻이요, 자연의 뜻대로 살아가는 것은 무엇이던가?
12 하늘의 뜻을 거역하지 아니함이니라.
13 하늘의 뜻을 거역하는 자가 자연의 순리를 거역하는 자요, 저 자신을 거역하는 그와 같은 삶을 살기 때문이라는 것을 잊어서는 아니 될 것이니라.
14 그러니 이제 너를 따르는 제자들이요, 그리고 나의 새로운 성경을 읽고 깨우친 백성, 너희들은 자연의 순리를 거역하는 그와 같은 삶을 살지 말라.
15 자연의 순리를 거역하고 산다면 너희들이 하늘의 뜻을 거역하는 것이기에, 결코 승자가 될 수 없으며 너희들이 얻을 것을 얻지 못함이니, 그를 명심하도록 그리하라.

11,403 번째 하나님 말씀

2004년 6월 3일 05시 52분

1 사랑하는 나의 아들아!
2 "네, 아버님! 말씀하옵소서."
3 지금의 나의 백성이라며 선택된 백성이라 하는 자, 그리고 저희들은 구원의 길에 들어설 수 있는 모두를 얻은 자라는 그 백성들,
4 또한 너희들이 잡신이라는 것을 그저 섬기는 자, 그리고 평범하게 그냥 살아가는 백성들,
5 너희들이 모든 믿음의 길을 가는 그와 같은 백성이든 믿음의 길을 가지 않는 백성이든, 이 세상에 살아가면서 불안한 상태로써 너희들 자신을 다스리지 못하고 있는 것이 오늘의 나의 백성 너희들임을 알아야 될 것이니라.
6 그러니 그 불안한 것이 무엇이더냐?
7 완전한 그와 같은 오늘의 삶에 대한 것을 모르기 때문이니라.
8 어찌 살아야 되는 것이며, 어찌 사는 것이 너희들이 말하는 하늘에 오르는 길이요, 구원의 길을 얻는 것인가를 알지 못하기 때문이니라.
9 확실한 가르침이요, 참진리를 가르치며 그것을 너희들이 깨닫고 배운다면, 불안한 마음을 가질 필요가 없음이니라.
10 그러니 지금 나의 피조물 만백성 모두가 불안한 상태에서 살아감이니라.
11 구원을 받았다 말하는 백성도 저희들 자신이 불안한 것이요, 그리고 지금 잡신을 믿고 춤추고 따르는 백성도 불안한 것이요, 그리고 너희들이 그저 아무 관심 없이 살아간다 말하는 불신자요, 그리고 믿지 않는 백성들도 그와 같은 모두가 다 너희들이 오늘의 불안한 마음을 가지고 사느니라.
12 그러니 그와 같은 불안한 마음을 해소하는 것, 불안한 마음을 해소하여 너희들이 안정을 찾아야 하는 그와 같은 대안이 절실히 필요함을 느끼고 있을 것이니라.
13 이대로 불안한 마음으로 살아간다는

것은 너희들이 죽을 때까지 불안 속에
삶이니, 불안은 곧 공포이니라.
14 그러니 너희들이 지금 아무리 삶을
육의 세상에서 부귀영화를 누린다 해
도 결국 죽음이라는 것, 종착역을 놓
고 생각할 때 마음이 불안하지 않은
백성이 없음이니라.
15 그리하여 너희들에게 그 대안이 절실
히 필요한 이 시대이기에, 내가 그 대
안을 나의 아들을 통하여 너희들에게
내려 주고 있음을 알아야 할 것이니
라.
16 확실한 답을 줄 수 있어야 하거늘, 너
희들 종교 집단이 지금 뭐라 해도 거
기에는 답이 없음이니라.
17 그리고 그 속에서 답을 찾을 수 없음
을 너희들은 알아야 될 것이니라.
18 그를 자신 있게 가르치는 자, 그를 투
명하게 보여 주는 지도자가 없음이니
라.
19 그들이 알지 못하기 때문이니라.
20 그리하여 그 모든 불완전한 상태의
삶을 내가 너희들에게 확실한 삶으로
살 수 있도록 하기 위하여 새로운 성
경을 내려보냄이니라.
21 그러니 지금의 모든 백성들이 확실한
신념과 결핍된 것을 채워 줄 수 있는
것은 아무것도 없다 하지 않더냐?
22 그리하여 너희들이 읽고 깨우치면 그
모두를 다 벗어날 수 있는 것, 불안과
초조와 너희들이 결핍된 것을 채워
줄 수 있는 것, 이것은 160권의 새로
운 성경밖에 없다 함을 너희들은 알라.
23 160권의 새로운 성경을 가슴에 안고
정독하고 읽고 또 읽고 깨우쳐 깨달
음을 얻는 백성만이 하늘에 오를 수
있는 은혜요, 영광을 얻을 수 있다는
것을 절대 저버리지 말라.

11,404 번째 하나님 말씀

2004년 6월 3일 05시 55분

1 사랑하는 나의 아들아!
2 "네, 아버님! 말씀하옵소서."
3 네가 나의 성령을 받을 때 네 마음 자
세가 어떠하더냐?
4 너는 천사와 같은 자세요, 아무런 생
각도 없는 네가 아니더냐?
5 그러니 네가 나로부터 성령을 받을
때, 내가 너에게 내리는 기도를 네가
기록하여 만들고 갈 때, 네 음성이요,
네 행동이요, 네 마음이 곧 천사와 같
지 아니하더냐?
6 그리고 너는 그 모두를 잊어버리고 있
음이니라.
7 사랑하는 나의 아들아!
8 네가 생활을 하면서 나에게 성령을 받
아 기록하고 전하는 그와 같은 마음이
요, 그와 같은 음성이요, 행동으로써
모두를 네가 행하고 살아가면 되는 것
이거늘,
9 어찌하여 너는 내가 내리는 그와 같은
성령을 받는 그 순간의 고고한 마음을
잊어버리고 생활을 한단 말이더냐?
10 내가 너에게 내리는 성령을 받는 그
음성이요, 그리고 고고한 마음이요,
그 깨끗한 마음으로 세상을 살아가면
될 것을,
11 어찌하여 인간 세상에 살아가는 것을
네가 아직 그리워하며 그를 버리지 못

하며, 인간 세상에 했던 그 생활의 태
도로 뛰어드는가?
12 나의 아들아, 네가 그리 가서는 아니
되니 그를 버려야 됨이니라.
13 이제 사랑하는 나의 아들아!
14 네가 지금 나로부터 성령을 받아 만백
성을 구하는 160권의 새 성경을 받아
기록할 때, 너는 아무런 생각도 없으
며 천사와 같은 마음으로써 오로지
나의 성령을 받으며, 네 음성이요, 네
말이요, 네 행동이요, 그 모두가 변화
됨이니, 그를 생각하고 네가 살아가면
될 것을,
15 어찌하여 그는 저버려 두고 네가 지금
까지 살아온 인간 세상에 살았던 성품
이요, 그 말이요, 그 행동으로써 네가
돌아가는가?
16 사랑하는 나의 아들아! 이제 모두를
지울 때가 되지 않았는가?
17 네가 그를 이끌고 가며 네가 그를 지
우지 못하며 그를 생각하고 산다면,
너는 결코 거듭나는 나의 아들이 될
수 없을 것이니라.
18 나의 아들로서 거듭난다는 것이 바로
그러한 것이니라, 사랑하는 나의 아들
아!
19 그리고 그를 네가 지금 생각하지 말고
네가 모두를 지금 바로 가야 될 것이
니라.
20 네가 나에게 기도를 받을 때, 새로운
성경의 명을 받을 때의 그 모두를 버
리지 말라.
21 그리고 너는 그와 같은 틀 속에서 살
라.
22 그리하여 네가 육의 세상에서 지금까
지 살았던 그 모든 삶을 지워 버리고
접어 버리라.
23 그를 접어 버리지 아니하며 네가 그
를 지우지 아니한다면, 결국 너는 나
에게 오를 수 없는 백성이요, 모든 백
성을 이끌 자격이 없는 자요, 너 자신
도 구원을 받을 수 있는 나의 아들이
되지 못함이니라.
24 그러니 네가 그와 같은 길을 가지 못
하면 나의 아들딸들을 다 구원할 수
없으며 내 뜻을 역사할 수 없음을 너
는 깊이 깨우쳐야 될 것이니라.

11,405 번째 하나님 말씀

2004년 6월 3일 05시 57분

1 사랑하는 나의 아들아!
2 "네, 아버님! 말씀하옵소서."
3 내가 너에게 성령을 내릴 때, 네가 그
를 받아 기록하는 그와 같은 마음으로
네 삶을 바꾸며 네 생활을 바꾸며 모
두가 바뀌어야 되느니라.
4 그러면 곧 천사와 같은 네 형태가 될
것이며, 네가 모든 백성의 본보기가
될 수 있는 그와 같은 삶을 살 수 있음
을 너는 잊어서는 아니 되느니라.
5 너를 따르는 제자들은 또한 어떠하던
가?
6 나의 성전에 와 내가 너를 통하여 내
리는 강론을 듣는 그 순간의 마음이
요, 강론을 듣고 깨우쳐 변화되고자
하는 그 마음의 순간처럼,
7 너희들이 생활할 때 그 모두를 잊어버
리지 말며 그와 같은 마음으로 생활하
도록 그리 전하라.

8 그리되면 너희들이 실수가 없을 것이
니라.
9 그것이 곧 순리대로 사는 것이니라.
10 사랑하는 나의 아들 너는 내가 너와
만나는 그 순간처럼 살면 되는 것이요,
11 너의 제자들은 또한 나의 성전에 와
너를 통하여 내리는 나의 강론을 들으
며 내 성령의 뜻을 들으며, 거기서 깨
우쳐 변화되는 그와 같은 마음을 가지
고 세상에 나가 살면 되느니라.
12 그걸 잊어버리고 그를 거역하는 삶을
사는 것은 순리를 거역하는 것이요,
나 여호와의 뜻을 거역하는 것이기에,
13 너희가 아무것도 얻고 이룰 수 없다는
것을 명심하고 또 명심하도록 그리 전
하라, 사랑하는 나의 아들아!

11,406 번째 하나님 말씀

2004년 6월 3일 06시 05분

1 사랑하는 나의 아들아!
2 "네, 아버님! 말씀하옵소서."
3 너희들이 살아가면서 너희들에게 부
족함이 없이 내가 모두를 다 주었느니
라.
4 그리고 너희들이 그를 얻어 취하고 살
아갈 수 있도록 내가 모두를 다 그리
내려 주었다 하지 않더냐?
5 그러나 너는 여기서 알아야 될 것이며
많은 백성들에게 내 뜻을 전해야 될
것이니라.
6 너희들이 구원을 받아 하늘에 오르는
길은 자유의사며 너희들에게 달렸다
했느니라.
7 그러니 그것을 예를 들어 내가 가르치
기를, 너희들이 낙타라는 동물이 바늘
구멍이라는 작은 구멍을 통과하기보
다 어렵고 힘든 것이라 하지 않았더냐?
8 그러니 나는 너희들에게 그 모두를 다
내려 주었으나, 그를 지키고 살아가는
것, 너희들이 얻을 수 있고 구원을 하
는 것은 피나는 노력 없이는 아무것도
얻을 수 없도록 그리되어 있음을 알라
그리 전하라.
9 너희들이 인간 세상에서 부를 누리며
재산을 축적하고 사는 백성들, 그들은
어떠한 삶을 살았겠는가?
10 그 나름대로 피나는 노력을 했음이니
라.
11 너희들이 목표를 정해 놓고 그 목표에
도달하지 아니할 때, 끼니를 거르며
허기진 배를 움켜쥐고 살아간 자, 그
리고 목표를 달성했을 때만이 저희들
이 그 한 끼의 끼니라도 먹는 자,
12 그와 같은 마음 자세로 살아가는 자,
젊은 시절에 일할 수 있을 때 그와 같
이 노력하고 산 백성, 그는 반드시 부
를 누리며 가난을 모름이니라.
13 그와 같이 너희들이 인간 세상에서 피
나는 노력을 했을 때, 나 여호와가 내
린 것을 얻을 수 있으며 구할 수 있다
는 것을 알아야 될 것이니라.
14 너희들이 그와 같이 재산을 관리하며
재산을 모으고자 노력하는 자가 반드
시 재산을 모으며, 너희들이 말하는
부를 누리고 살 수 있는 자들이요, 그
러니 너희들이 얼마나 노력을 해야 되
는 것인 줄 알겠느냐?
15 나의 아들을 따르는 제자 너희들은 그
가 노력하는 것은 배우되, 그가 가지

고 재물을 쓰며 그가 재물을 가지고
있음으로써 어떠한 행동을 하는지 그
것은 배우고 따를 필요가 없느니라.
16 다만, 그들이 재산을 모으기 위하여
얼마만큼 노력을 했는가, 너희들이 취
하고 살 수 있도록 내가 내린 그와 같
은 것을 얻기 위하여 그들이 얼마나
노력하고 살아가는가,
17 그와 같은 노력을 하고 산 그것을 본
보기로 삼으며, 그와 같은 정신으로써
살아가는 자세를 교훈으로 삼아야 될
것이니라.
18 너희들이 말하는 권력을 얻은 자요,
부귀영화를 누릴 수 있는 그와 같은
모든 길을 가는 백성, 권좌에 있다는
백성들, 남을 지배하고 지도하는 자의
위치에 있는 자,
19 육의 세상에서 지도자의 자리에 있는
백성이 그 자리에 가기까지 얼마나 피
나는 노력을 했겠는가?
20 너희들은 감당키 어려운 그와 같은 노
력이 있으며 숨은 노력의 삶이 있었기
에, 그는 그 모두를 얻었음을 알아야
될 것이니라.
21 어려서부터 학문을 충실히 하며 게을
리하지 아니한 백성 그가 바로 무엇이
더냐?
22 인간 세상에 시험이라는 관문을 통과
할 수 있었으며, 그를 통과했기에 그
자격을 얻었음이니,
23 너희들은 그와 같은 백성이 이룬 것
이, 젊은 시절에 잘못 살아가고 방탕
한 삶을 살면서 그저 말로써 그를 얻
었다 생각하는가?
24 그 모든 부귀영화요, 명예를 얻는 것
은, 그들의 보이지 않는 피나는 노력
의 결과라는 것을 알아야 될 것이니라.
25 사랑하는 나의 아들딸들아!
26 너희들은 육의 세상에서 최선의 아름
다움을 위하여 최선의 노력을 다해야
될 것이니라.
27 최선의 노력을 다하면 너희들이 그를
얻을 것이며, 다만 최선의 노력을 하
는 것을 이웃에게 피해를 주며 남에게
불쾌감이요, 상처를 주면서 그리 이루
는 것이 아니요,
28 너희들이 남들에게 즐거움을 주며, 남
들과 더불어 행복한 마음을 가지며,
남을 사랑하는 마음으로써 그리 살아
갈 수 있음이니라.
29 다만, 너희들이 어떤 생각을 가지고
노력했느냐 하는 것, 그 노력하는 것
이 중요함이니,
30 너희들은 최선의 노력을 다하는 그와
같은 삶을 살도록 하면 이 세상에서
못 얻을 것이 없음이니라.
31 내가 너희들에게 그 뜻을 왜 전하고
전하는지 알겠느냐?
32 육의 세상에서 너희들이 부를 누리는
자, 하루의 목표를 설정해 놓고 그를
달성하지 못했을 때는 허기진 배를
움켜쥐고 사는 그와 같은 삶을 사는
자, 재물을 모을 수 있으며,
33 남들이 잠들고 방탕한 생활을 할 때,
잠자지 아니하며 노력하는 자, 남을
지도하는 지도자로 서며 명예를 얻을
수 있는 그와 같은 삶을 산다는 것, 너
희들은 이를 잊지 말라.
34 이제 내가 너희들에게 이를 가르치는
뜻이 무엇이더냐?

35 하늘에 오르는 길이 얼마나 어렵고 힘
든 길이라 했느냐?
36 그러니 그 길을 위해서는 인간 세상에
살아가는 것보다 열배 백배 더 너희들
이 노력해야 하늘에 오를 수 있음이니,
37 과연 인간 세상에 살아가는 삶에서 제
자리를 지키지 못하는 자, 그리고 남
으로부터 당당한 모습으로 살아가지
못하는 그와 같은 백성은 육에서도 실
패한 자이니,
38 그와 같이 노력하지 않고 피나는 노력
을 하지 않는 자, 그와 같은 마음으로
써 생활하는 자, 너희들의 믿음도 어
떠하더냐?
39 정녕 너희들은 무엇인가를 이루고 성
공한 백성처럼 철저하게 믿음의 길을
갈 수 있는 백성은 없음이니라.
40 철저하게 믿음의 길을 갈 수 있는 그
백성들은 바로 인간 세상에서 성공했
던 백성이요, 부를 누리며 명예를 얻
은 자들일 것이니라.
41 그들이 늦게 믿음을 시작한다 해도,
인간 세상에서 제대로 다스리지 못하
며 가꿔 놓지 못하고 사는 백성, 너희
들은 아무리 몇십 년의 믿음의 길을
간다 해도,
42 인간 세상에서 성공했다는 그 백성들
만큼 너희들이 그들의 믿음을 따라갈
수 없으며 믿음의 자세가 다름이니,
43 이 무서운 사실도 너희들이 오늘 아침
에 깨우치지 아니하면 아니 될 것이니
라.

11,407 번째 하나님 말씀

2004년 6월 3일 06시 18분

1 사랑하는 나의 아들아!
2 "네, 아버님! 말씀하옵소서."
3 네가 한 사람의 자서전이라 하여, 한
인간이 살아온 그와 같은 삶을 기록하
여 책으로 엮어 주도록 내가 했음이니
라.
4 그러니 너는 무엇을 보았는가?
5 "네, 아버님! 아버님께서 보여 주시는
그 명령을 보아 뜻을 알고 있으며, 아
버님께서 보여 주시는 그 모두를 보았
사옵나이다."
6 과연 어떠한 형태로 내가 너에게 보여
주었는가?
7 "네, 아버님! 자서전이라는 것을 부탁
한 그 사람, 그리고 그 사람에게 모두
를 준비시켰다는 것, 준비되어 있음을
저는 알고 있으며 그를 보았사옵나이
다."
8 너에게 자서전을 맡기도록 한 그 사람
에게 네가 거기서 그 대가를 받음이
니, 그것은 과연 어찌하여 네가 그 대
가를 받을 수 있게 되어 있는지 아느
냐?
9 "네, 아버님! 알고 있사옵나이다.
10 그는 모두 아버님께서 미리 준비시켜
놓았으며, 제가 그로부터 그 자서전을
써 주며 그 대가를 받을 수 있도록 아
버님께서 그를 통하여 그 모두를 보
관을 시켰음을 알고 있사옵나이다."
11 그러니 내가 왜 그와 같은 역사를 이
룬 것인가를 네가 알겠느냐?
12 "네, 알고 있사옵나이다.

13 그 사람이 머지않아 쓰러지는 그와 같
은 운명을 갖고 있사옵나이다.
14 그를 지켜 주며, 그에게 아버님께서
은혜를 내리시는 그 영광이요, 모두를
다 아버님께서 미리 다 만들어 놓은
것이며, 아버님께서 모두를 다 그리
계획해 놓은 것이며,
15 그 부부를 구원하여 깨우치도록 하기
위하여 아버님께서 모두를 다 역사하
신 것이옵나이다.
16 다만, 아버님께서 하나를 역사하되 그
하나의 뜻이 아니라 그 많은 것들이
거기에 있으며 그 뜻이 숨어 있음을
저는 오늘에야 또 깊이 깨달았사옵나
이다.
17 저는 모두를 보았사옵나이다.
18 제가 자서전이라는 것을 써서는 아니
되며 지금 쓸 수 없는 이와 같은 시간
에 왜 그를 쓰고 다듬도록 하셨으며,
그가 왜 저에게 그 대가를 지불하도록
하셨는가,
19 그것은 아버님께서 그 사람의 재물이
아니요, 미리 그 사람으로 하여금 그
재물을 보관토록 하셨으며,
20 그 재물은 저에게 넘겨주는 것이며,
주인을 찾아주는 것이며,
21 아낌없이 주인을 찾아주는 그가 또한
그로 인하여 받는 상이 있으며,
22 남의 것을 보관하고 있으며 그를 움켜
쥐고 주지 아니하는 자는 잘못된 자
요, 욕심에 그득 찬 자이나,
23 그는 보관하고 있으면서 주저 없이 그
보관함을 저에게 줌이니, 그것이 바로
그가 받는 상이 있사옵나이다.
24 이것이 모두 아버님께서 얽히고설키
도록 만들어 놓으신 뜻이요, 역사하신
것을 저는 알고 있사옵나이다, 아버
님!"
25 그러니라, 사랑하는 나의 아들아!
26 네가 그 모두를 보았으면 그대로 행하
도록 하라.
27 그 부부를 구원해 주도록 그리하라.
28 그리하여 그들이 지금까지 살아온 삶
에서 저희들이 반대의 삶을 살며, 그
것으로써 너를 만남으로 그 자서전이
라는 걸 하나 씀으로 인하여 그가 모
든 삶이 바뀌며, 그를 알고 있는 모든
사람들에게 그 모습이 변화되는 것을
알게 될 것이요,
29 그것이 바로 너를 만난 위대함을 알게
될 것이며, 너를 친구로 맞이하며 너
와 더불어 네 이름 석 자를 알며,
30 그와 같이 사람을 만남으로 얼마나 무
섭게 변화되며, 한 사람을 만나 또한
그가 변화됨이니,
31 그가 누구를 만나 그리 변화되었으며
사람이 완벽한 삶으로 살아가는 그 모
습으로 변했는가, 그를 알고 있는 모
두에게 그를 알려 줄 것이며 전할 것
이니,
32 그것이 바로 내가 그 뜻을 이루고자
하는 것이요, 계획해 놓은 것임을 너
는 알고 있지 않은가?
33 "네, 아버님! 제가 오늘에야 그것을
알았사옵나이다.
34 그를 아는 모든 사람들이 그가 변하
는 삶을 살며, 그리하여 그를 존경하
는 사람들이 저희 성전을 찾을 것이며
저를 찾을 것이라는 것,
35 그 모두를 계획해서 아버님께서 미리

재물을 그에게 보관시켰으며 그가 관
리하도록 하신 것,
36 그것은 보관하고 있다가 남의 것을 탐
내지 아니하며 욕심내지 아니하며 그
는 돌려주는 충실한 임무를 다하였다
는 것,
37 그 모든 그림을 보았으며 보여 주신
것을 알고 저는 깨달았사옵나이다, 아
버님!"
38 남의 재산을 보호하고 관리하는 것,
그것을 관리하다 그대로 그 주인에게
주는 것도 착함이니라.
39 그리고 그것도 또한 선함이니라.
40 그걸 저희들이 제 것으로 만들며 남의
재물을 떼먹으며 남의 재물을 그저 공
짜로 챙기려는 자, 그리고 남의 재물
을 갖다 손실 내고 갚지 않는 자,
41 그것이 다 남의 재물을 관리하는 자,
관리하면서 그것을 제 것으로 만들며,
그것을 제 재산으로 만들고 주지 아니
함이니,
42 그게 모두가 도둑이요, 잘못된 자요,
잘못된 삶을 사는 백성들이니라.
43 그러니 그 모두를 돌려주는 것은 바로
너희들이 보관을 맡았던 것을 보관하
여 가지고 있던 재산을 탐내지 아니하
고 그들에게 돌려주는 그와 같은 것이
며 그 순리이니, 이와 같은 사실을 너
의 제자들에게 깨우쳐 주라.
44 모든 자기가 보관하고 있던 것을 남의
재산을 보관을 맡은 자, 그를 제대로
바로 돌려주지 아니하면 아니 되는 것
이요, 하늘의 뜻이요, 삶의 이치라는
것을 그를 알도록 그리 전하라.

11,408 번째 하나님 말씀

2004년 6월 3일 06시 27분

1 사랑하는 나의 아들아!
2 "네, 아버님! 말씀하옵소서."
3 네가 자서전을 써 주는 그 사람으로
하여금 내가 너에게 재물을 줄 수 있
도록 내 재물을 그에게 보관시켜 놓았
음이니,
4 그는 바로 그를 보관하고 있다가 그
주인에게 돌려주는 그와 같은 일을 충
실히 했음이니라.
5 그러니 이제 너는 여기서 무엇을 깨닫
고 무엇을 아느냐?
6 "네, 아버님! 그렇사옵나이다.
7 모든 부자들이요, 그리고 그들이 가지
고 있는 것, 그 모두는 다 아버님의 재
산을 보관하며 관리하라 아버님께서
명하신 그 뜻을 저는 처음에는 몰랐사
오나, 이제는 그 뜻을 알고 있사옵나
이다.
8 아버님의 재물을 보관시킬 때는, 찾아
갈 자가 있으며 받아 갈 자가 있다는
것을 저는 그것을 깨닫지 못하였사옵
나이다.
9 재물을 가지고 있는 자가 하늘에 올라
가 구원을 받는다는 것은 얼마나 어렵
고 힘든 길인지 아버님께서 말씀하신
그 의미를, 이제야 이 어리석은 자식
이 그를 깨닫고 있사옵나이다.
10 어찌 이와 같이 미련한 자가 아버님의
아들이요, 자식이라 그리할 수 있겠사
옵나이까?
11 저의 죄를 용서하여 주옵소서, 아버님!
12 아버님의 재산을 관리하는 것은, 한

사람이 재산을 많이 가지고 있다 하
면, 그는 그걸 나눠 주고 돌려줄 사람
이 많이 있사옵나이다.
13 아버님의 재산을 관리하는 것이며 아
버님의 재산을 잘 보관하고 있는 것이
라면, 그것은 반드시 돌려줌을 받을
자요, 그 주인이 있다는 것을 저는 이
제야 깨달았사옵나이다.
14 재물을 가지고 쌓아 놓은 자가 그것을
돌려주지 아니하며 그것을 베풀지 아
니하는 것은,
15 그가 바로 남의 것을 가지고 착취한
자요, 남의 것을 가지고 도둑질하는
자와 같은 광경이요, 그와 같은 이치
이니, 남들이 보관한 재산을 돌려주지
아니하는 것이니,
16 그러니 남의 재물을 빌려 쓴 자도 그
러한 재물을 남의 것을 보관을 맡긴
것을 주지 않는 자가 되는 것도 마찬
가지지만,
17 많이 가지고 있는 자는 아버님께서 누
구누구에게 주라 하여 '누구누구의 재
물을 내가 너희들에게 보관시키느니
라' 하여 그에게 그 재물을 보관시킨
것이옵나이다.
18 그러니 그 주인에게 주지 아니하며 그
를 나누어 주지 아니하고 제가 가지
고 유용하는 것이요, 제가 착취하는
그와 같은 죄가 있음을,
19 그러니 그 임자에게 돌려주어야 되는
것이 도리요, 그를 돌려주지 아니하는
그 죄가 얼마나 무서운지,
20 그리고 그 재산은 나눠서 쓰며 나눠
서 갈 그 주인이 따로 있다는 것, 그러
니 그 주인에게 돌려주지 않는 그와
같은 죄를 범하고 산다는 것을, 그를
이제 깨달았사옵나이다.
21 그리고 아버님께서 사람을 통하여 보
관하며 관리하게 한 것은 인간을 통해
서 그를 나눠 주며 그 사람에게 분배
하도록 아버님께서 다만 보관시킨 것
이며 아버님께서 맡긴 것인데,
22 그 맡긴 것을 주인에게 줘야 될 때, 주
인이 찾으러 왔을 때 그에게 주지 않
는 것은 바로 그는 남의 것을 탐한 자
요, 남의 것을 나눠 주지 아니하고 제
것으로 만드는 그 죄를 범한다는 것,
모두가 다 주인이 있다는 것을 깨달았
사옵나이다.
23 그 주인은 아버님이 아니라는 것을 깨
달았사옵나이다.
24 저희들 어리석은 백성이 생각하기에
는 아버님께서 보관을 시켰으며 아버
님께서 맡겼기 때문에, 그는 오로지
아버님의 마음대로 쓰시는 것이며, 아
버님의 뜻대로 갖다 쓰며 그리고 회
수하여 쓰시는 것이라 저는 그리 생각
했사옵나이다.
25 그러나 이미 내릴 때 주인을 정해 주
었으며 쓸 사람을 정해 놓고 아버님이
그에게 보관시켰다는 것, 주인이 있는
재산을 보관시켰다는 아버님의 그 깊
은 뜻이요, 아버님의 한 치의 오차 없
는 그와 같이 역사한 그 깊은 뜻을 이
제야 저는 조금 깨달았사옵나이다.
26 그 모두는 다 주인이 있는 것이라 생
각하옵나이다.
27 그렇다고 해서 또한 저희들이 남의 것
을 쓰고 갚지 아니하며, 제가 주인이
라 하여 남의 재산을 그와 같이 하는

것도 아니며, 그와 같은 행위를 해서
는 아니 된다는 것,
28 모든 백성들이 믿음이라는 것을 제가
유리한 대로 생각하기에 오늘에 또한
새로운 성경이 세상에 나감이니,
29 남의 것을 빌려 쓴 자가 그를 갚지 아
니하는 것, 그와 같은 생각을 하고 저
희들이 갚지 않아도 되는 그와 같은
풍토의 역사가 이루어져서는 아니 될
것이라 생각하옵나이다.
30 반드시 육의 세상에서 빌려 쓴 것은
갚아야 되며, 그 임자는 임자대로 아
버님께서 갚지 않도록 그 모두를 조
치하실 것이며, 그 모두는 아버님께서
역사하신다는 것,
31 그리고 아버님이 명한 자가 찾아가지
아니했을 때, 그는 그와 같이 모두가
다 그 대가를 치르며 그와 같은 역사
를 이루는 것,
32 그 계산된 속에서 이루어진다는 것을
저는 알고 있으며, 만백성들이 또한
그를 그리 깨달아야 될 것이며,
33 제가 유리한 쪽으로 생각해서는 아니
되는 것을 아버님께서 기록하여 전하
시는 그 뜻을 알고 있사옵나이다."

11,409 번째 하나님 말씀

2004년 6월 3일 06시 30분

1 사랑하는 나의 아들아!
2 "네, 아버님! 말씀하옵소서."
3 모든 재물을 가지고 있는 백성들에게
전하라.
4 너희들이 그저 남에게 주며 남에게 베
풀었을 때, 돌려받지 아니하고 베푸는
것, 그것이 바로 내가 그 재물을 보관
한 자이니라.
5 그러니 너희들이 그저 거저 주는 것,
너희들이 회수하지 아니하며 조건 없
이 주고자 하는 것, 주고 싶은 자, 그
리고 그리 도와주는 것, 그 모두는 너
희들이 생색낼 일이 아니니라.
6 너희들이 그 임자에게 돌려주는 것이
라는 것을 잊지 말라.
7 너희들이 되돌려받고 싶지 아니한 자,
되돌려받지 아니하고 베푸는 것, 그와
같은 것은 주인을 찾아 일일이 너희들
이 그 주인에게 돌려줌이니, 그 상이
얼마나 크며,
8 네가 그 아름다운 행위를 했으면 나의
뜻을 거역하지 아니한 것이요, 내 뜻
을 네가 욕되게 하지 아니하여 내 뜻
을 대신 행하는 자이니라.
9 그러니 너희들이 주고 돌려받지 않는
것, 그리고 너희들이 주고서 거둬들이
지 아니하는 것은 바로 너희들이 가지
고 있는 재물이요, 내가 너희에게 보
관시킨 그와 같은 자니, 너희가 그 주
인을 찾아 주는 그와 같은 행위를 하
는 것이니라.
10 이 세상에 가진 백성 너희들은 들으라.
11 모두를 너희들이 무상으로 돌려주도
록 그리하라, 그리고 그것을 베풀도록
그리하라.
12 너희들이 그 주인의 것을 나눠 주지
아니함으로 그 주인이 고통이요, 시련
을 겪고 있음을 너희들은 알아야 될
것이니라.
13 그리고 내가 재산을 잘 관리할 수 있
는 너에게 맡겼음이니, 그와 같이 내

가 맡길 때에는 내 뜻을 알고 받았으
나, 네가 그리 행하지 아니한다면 그
죄의 대가를 너 스스로 치러야 될 것
이니,
14 그것이 얼마나 무서운지는 네가 머지
않아 그 모두를 알게 될 것이니, 그때
가서 후회하지 말도록 그리 전하라.

11,410 번째 하나님 말씀

2004년 6월 3일 06시 37분

1 사랑하는 나의 아들아!
2 "네, 아버님! 말씀하옵소서."
3 넓고 넓은 너희들 이 동양의 작은 나
라에, 내가 바로 이곳 만리동이라 하
는 곳, 이 건물에 내가 성전을 준비하
도록 하며 너를 여기에 있게 한 것을
알겠느냐?
4 "네, 아버님! 저는 그것을 정녕 몰랐
사옵나이다.
5 그리고 아버님의 그 깊은 뜻이요, 아
버님이 역사하고자 하시는 것도 아무
것도 몰랐사옵나이다.
6 다만, 제가 인간 세상에 살면서 지금
까지 이끌어 오는 그 삶에 저의 제자
들이 고달팠으며, 저 자신이 고달픈
그와 같은 삶을 살았사옵나이다.
7 그리하여 아버님의 뜻이 있으며 의미
가 있을 것이라는 것은 믿고 믿었으
나, 때로는 힘들고 어려울 때는 왜 이
곳을 선택하셨는가, 그리고 왜 명하셨
는가, 그 뜻에 제가 의문을 가진 것은
사실이옵나이다."
8 그러나 지금도 네가 그 의문을 갖고
있는가?
9 "아버님! 결코 그것은 아니옵나이다.
10 아버님께서 이곳에 명하신 그 의미가
있으며 그 깊은 뜻이 있사옵나이다.
11 저와 더불어서 이 새로운 성경을 가지
고 만백성에게 전하며 모든 역사를 이
루는 데 이곳에 아버님께서 이미 사
람들을 준비시켜 놓았으며 그 사람들
을 숨겨 놓았음을 제가 알고 있사옵나
이다.
12 아버님께서 비밀리에 이곳에 아버님
의 뜻을 역사하며 저와 더불어 갈 수
있는 그와 같은 백성들을 다 아버님께
서 성서의 비밀을 인봉해 놓으신 것처
럼 그 모두를 숨겨 놓으셨으며, 그 사
람들을 대비시켜 놓으셨으며, 그들이
지금 준비하고 있사옵나이다.
13 저는 그것을 알고 있사오며 이제 그것
을 느끼고 있사옵나이다.
14 머지않아 여기 있는 사람들로 하여금
새로운 성경이요, 아버님 말씀이 이
동양의 작은 나라를 덮을 것이며, 온
세상을 다 덮는 그와 같은 역사를 이
루는 것,
15 바로 아버님께서 이 주소요, 이 장소
에 명하신 것을 제가 3년이 지난 오늘
에야 그 뜻을 알았으며 그와 같은 것
을 이제 깨달았으며 그를 보고 있사옵
나이다.
16 저는 이미 그를 보고 있었으며 그 의
미를 알고 있었사옵나이다.
17 아버님께서 이곳에 역사하는 것은 완
벽한 아버님의 계획이요, 아버님께서
하나의 오차도 없는 그와 같은 준비
를 모두 다 해놓으셨기에 여기에 임하
도록 한 것을,

18 이제 3년이 지나 그를 깨닫는 이 가련
하고 불쌍하고 미련한 저를 용서하여
주옵소서, 아버님!
19 그리고 그동안에 저 자신이 괴로웠으
며 고통스러웠으며, 그리고 제자들이
어렵고 힘든 그 삶에 의하여, 제가 아
버님께서 어찌하여 이와 같은 훈련을
시키며 이와 같은 장소에 있게 하셨는
가, 그 모두를 생각하며 때로는 원망
도 했으며, 때로는 너무나 고통스러워
제가 이 길을 갈 수 있는 것인가 또는
의혹도 했사옵나이다.
20 그와 같은 저의 죄를 용서하여 주옵소
서.
21 이제야 제가 그 모두를 알았사옵나이
다.
22 성서를 아무나 읽고 깨달을 수 없도록
아버님께서 비밀리에 인봉하여 감춰
두신 것처럼, 아무나 이 일을 역사할
수 없으며 이 길을 갈 수 없기에,
23 할 수 있는 사람들을 아버님께서 여기
에 다 비밀리에 숨겨 놓으셨으며 그리
고 심어 놓으신 그 은혜를 저는 지금
에야 깨닫기 시작하옵나이다."
24 사랑하는 나의 아들아!
25 네가 어찌하여 지금까지 오면서 그 많
은 기적이요, 그 많은 역사를 내가 너
에게 이루어 주었거늘, 네가 그와 같
은 마음을 가지고 있어서는 아니 되거
늘, 어찌 그리하던가?
26 오늘 이 순간부터 네 제자들이 아무리
고통스러우며 너희들의 생활이 어렵
고 힘들다 하여도, 너 자신이 마음이
흔들리며 네가 다른 마음이 잠시라도
있어서는 아니 됨이니, 그리 알도록
하라.
27 그것이 바로 육의 생각이요, 육의 삶
을 버리지 못했기 때문이니라.
28 네가 나의 성령을 받는 것, 새로운 성
경을 만들어 내는 것, 내가 너에게 명
을 내릴 때 네가 경건한 마음으로써
그 모두를 받아들이듯이, 네가 그와
같은 마음이요, 언행으로써 거듭나도
록 그리하라.
29 그리하면 모두를 네가 더 일찍이 깨달
으며 일찍이 볼 수 있을 것이니라.
30 아직도 네가 인간의 생활이요, 인간의
삶이요, 그를 버리지 못하며, 네가 그
쪽으로 무너지고 기울어지는 그와 같
은 자가 되어 있음이니라.
31 내가 너를 시소 가운데다 올려놓고 섬
이니, 네가 오른발은 인간 세상에 사
는 그 삶의 흐름이요, 왼발은 네가 내
뜻을 따라 나의 성령을 받아 새로운
성경을 만들 때,
32 네가 곱고 아름답고 순박한 천사와 같
은 마음이 왼발이니, 너는 왼발 쪽으
로 기울어지면 될 것을, 어찌하여 오
른발 쪽으로 네가 몸을 기울여 네가
그쪽으로 흘러가고자 하며 그를 생각
하며,
33 그로 인하여 네가 쌓은 그 모두가 다
무너지며, 모든 사람들이 너를 의혹하
며, 너를 따르려 하는 자가 주춤하는
그와 같은 행위를 하느냐?
34 이제 너는 오른발 쪽으로 흘러가는 지
금의 삶을 완전히 지워 버리고, 왼쪽
의 발로써 힘을 주어 네가 왼쪽으로
흘러내리는 시소와 같이 그와 같은 형
국이 되도록 그리하라.

35 그때 왼쪽만을 생각하라.
36 왼쪽으로 흘러내리는 네가 그곳을 가
는 것만을 생각하라.
37 오른쪽의 인간의 고리 속에 또 네가
타락하며 떨어지는 그와 같은 삶을 살
지 않도록 그리하거라, 사랑하는 나의
아들아!
38 "네, 아버님! 명심, 또 명심하겠사옵
나이다."

11,411 번째 하나님 말씀

2004년 6월 3일 06시 39분

1 사랑하는 나의 아들아!
2 "네, 아버님! 말씀하옵소서."
3 이제 너 혼자만이 시소를 타는 것은
아니니라.
4 너 혼자만이 시소에 서 있는 그와 같
은 형국이요, 네가 오른발은 인간 세
상으로 다시 내려가는 것이요,
5 왼발은 내가 너에게 성령을 내리며 내
뜻을 전할 때, 네가 천사와 같은 무아
지경에서 나를 보고 내 뜻을 받듯이
그와 같은 삶으로 살라 그리했으며,
6 그것만을 생각하고 산다면 네가 바로
곧 천사요, 네가 의인의 길을 가게 되
어 있다는 것, 너만이 그러함이 아니
니라.
7 너를 따르는 제자 그들도 모두가 지금
시소 위에 서 있느니라.
8 그들도 아직 오른발은 인간 세상의 삶
이요, 왼발은 너희들이 하늘의 뜻을
위하여 나의 새로운 성경을 읽고 깨우
치는 그 길이니, 그들이 아직도 오른
발의 미련을 놓지 못하며 그를 버리지
못함이니라.
9 오른발을 놓기만 하면 너희들이 그저
왼발 쪽으로 기울어져 너희들이 참진
리요, 하늘의 뜻을 알며 내 음성을 들
을 수 있는 그와 같은 무서운 속도로
변화될 수 있거늘,
10 그들은 아직도 오른발을 놓지 못하며
그곳에 더 힘을 주고 비중을 싣고 있
으니, 그쪽으로 기울어져 있는 것이
너의 제자들이라 그리 가르치라.
11 그러니 그들이 과감히 오른발을 들고
왼발의 흘러내리는 방향으로 시소가
기울 수 있도록 그리하라 전하라.
12 그리되면 무서운 속도로 너희들이 모
두가 변화될 것이라는 것, 그리고 모
두가 이루어질 수 있다는 것이 거기에
있음이니,
13 그 제자들이요, 나의 새로운 성경을
읽고 깨우친 백성, 너희들도 다 시소
위에 서 있으니, 너희들이 오른발은
인간의 세상이요, 왼발은 하늘의 뜻에
사는 길이니,
14 너희들이 인간의 세상에 그 인연을 끊
지 못하며 너희들이 그곳에다 비중을
두지 말며 그 발을 들라 그리 전하라.

11,412 번째 하나님 말씀

2004년 6월 3일 06시 47분

1 사랑하는 나의 아들아!
2 "네, 아버님! 말씀하옵소서."
3 작은 것에 연연하는 자, 작은 것을 취
하기를 좋아하는 자, 그리고 작은 것
들을 양손에 들고 있는 백성, 그는 너
희들이 현명하고 똑똑한 자인 줄 아

나, 그와 같이 어리석고 불쌍한 백성
이 없음이니라.
4 크고 훌륭하고 더 아름다운 것으로 왔
을 때 그는 그를 취할 수가 없으며 구
할 수가 없으며, 작은 것들을 들고 있
는 그 손으로써는 그를 저희들이 얻을
수 없기 때문이니라.
5 사랑하는 나의 아들아! 모든 백성들
에게 전하라.
6 너희들이 소위 말하는 잔머리요, 잔꾀
를 부리지 말라 그리 전하라.
7 너희들이 잔수요, 잔꾀를 부리는 것이
승자요, 이기는 자 같으나, 너희들이
결국 제 꾀에 넘어가는 자들이니라.
8 그러니 그와 같은 백성들이 정녕 더
크고 위대한 것을 얻지 못하는 백성들
이니,
9 이제 나의 새로운 성경을 읽고 가는
백성들이요, 그리고 나의 아들을 따르
는 제자, 너희들은 모두가 정도요, 진
심에서 모두를 행하도록 그리하라.
10 잔수요, 잔꾀를 부리는 것은 제가 제
꾀에 넘어가는 자요, 그는 진정한 것
을 볼 수 없는 백성이라는 것을 너희
들은 알도록 그리하라.
11 사랑하는 나의 아들과 너희들은 기다
릴 줄 알며, 그리고 너희들이 정도에
서 벗어나는 그와 같은 삶을 살아서는
아니 됨이니라.
12 그것이 너희들이 이제는 지키고 가야
할 길이라는 것을 잊지 말도록 그리하
라.
13 묵묵히 기다릴 때 기다려 주며, 인내
할 때 인내할 수 있는 것, 너희들은 더
큰 것을 이루기 위하여 그와 같은 노
력하는 마음으로 가도록 그리하라.
14 지금의 모든 믿음의 길을 가는 백성들
이 왜 그리되었는 줄 알겠느냐?
15 나의 아들 예수의 보혈로써 구원을 받
으며, 저희들의 손으로 지은 죄의 온
상에 그저 오기만 하면 구원을 받으며,
16 재물 몇 푼을 바치면 저희들이 하늘에
와 상을 받을 수 있다는 사악한 자들
의 잔꾀요, 그들의 잔수에 제가 넘어
간 자들이니라.
17 그러니 또한 그를 믿고 가는 자들이
다 잔꾀를 부리는 자요, 잔수를 부리
는 자들이니라.
18 그러하니 제 꾀에 제가 넘어가, 나에
게 오르는 길이 아니요, 죽음의 길이
요, 영원히 거듭나지 못하는 지옥의
길로 달려가니,
19 저희들이 계산이 얄팍한 자요, 잔꾀를
부리는 자들이기 때문이니라.
20 그저 몇 푼 재물을 바치기만 하면 되
며, 그리고 나의 아들 예수의 보혈로
써 구원을 받았다 하며, 그 죄의 온상
에 와 울고불고 찬송하는 것으로써 너
희들의 그 모두를 면할 수 있다 생각
하는 그 어리석고 간교한 자들이니라.
21 그것이 아니라는 것을 알고 있는 백성
너희들이 그들과 차별화가 거기 있음
이니라.
22 그들은 노력하지 아니하며, 선행을 베
풀지 아니하며, 악습을 하나하나 버리
는 고통스럽고 힘든 길을 가고자 하는
너희들을 지금 어리석고 바보 같은 백
성들이라 그리 말할 것이니라.
23 그러나 너희들은 잔수를 부리지 않는
자요, 기다릴 줄 알며 너희들이 진리

의 뜻을 듣는 귀가 열렸으며 보는 눈
이 열렸기 때문이니라.
24 그러니 지금 다 잔꾀요, 잔수를 부리
는 자들이 울고불고하며 구원을 받았
다 함이니,
25 그들이 바로 어렵고 힘든 길을 갈 필
요가 없으며, 내가 친필로 써 내린 그
십계명을 저희들이 지킬 필요가 없으
며, 그리고 너희들처럼 어렵고 힘든
길을 갈 필요도 없으며,
26 너희들이 믿음이라는 것은 남을 위해
기도하는 것이며, 너희들이 믿음의 그
훈련이라는 것은 하늘에 오르는 길을,
너희들이 거듭나는 생명의 그 영광도
양보할 수 있는 것,
27 그리고 그를 양보하는 그와 같은 마음
의 길을 가는 것이 믿음이요, 오늘의
신앙의 길을 가는 대표이거늘,
28 그 길을 가고자 하는 것, 그 길을 따라
오고자 몸부림치는 너희들은 바보 천
치요, 저희들이 그 간단한 방법으로
믿기만 하면 구원을 받는 그 길을 따
르지 않는 자를 어리석고 불쌍하다 하
나,
29 그들이 바로 어리석고 불쌍하고 가련
한 백성이라는 걸 그들에게 알려 주도
록 그리하라.
30 잔머리요, 잔수요, 잔꾀를 부리지 말
라.
31 그리해서는 너희들이 하늘에 오를 수
없으며 하늘의 뜻을 알 수 없다는 것
을 전하라.

11,413 번째 하나님 말씀

2004년 6월 3일 06시 53분

1 사랑하는 나의 아들아!
2 "네, 아버님! 말씀하옵소서."
3 내가 '하늘에 오르는 길'이요, '하나
님! 말씀하옵소서.'요, 새로운 성경에
네가 기도하는 초라한 모습을 거기에
넣으라 하였으며 그리하라 하였느니
라.
4 너는 과연 내가 너에게 왜 그와 같은
네 그 기도하는 모습을 그리 넣으라
한 줄 알겠느냐?
5 "아버님! 저는 처음에는 아무것도 몰
랐사옵나이다.
6 처음에는 그저 아버님께서 저를 사랑
하시기에, 그냥 저를 자랑할 수 있도
록 제 모습을 그려 그와 같이 거기에
넣으라 하신 것으로 그리 알았사옵나
이다."
7 그러나 지금은 네가 무엇을 깨닫고 무
엇을 느끼고 있느냐?
8 "네, 아버님! 그렇사옵나이다.
9 아버님께서 일찍이 말씀하시기를, 제
가 천사와 같은 사람이 되었을 때, 그
책의 표지에 있는 제가 기도하는 모습
의 그 눈에서 광채가 날 것이며 그 빛
을 느낀다 그리하셨사옵나이다."
10 과연 그 뜻을 너는 지금에 와서 깨닫
고 알고 있는가?
11 "네, 아버님! 그와 같은 의미를 이제
야 알았사옵나이다.
12 사람들이 누구나 다 아버님을 향하여
기도하는 그 순간만큼은 어떠한 생각
도 없으며 순수한 마음이라 그리 생각

하옵나이다.
13 무엇을 얻고자 갈구하는 것도 저희들
이 가장 소원하는 마음이요, 애틋한
마음에 애절한 마음으로 기도를 할 것
이며,
14 또한 아버님께 기쁨을 드리는 것도 또
한 그 순간만큼은 순진한 마음이요,
아름다운 마음이요, 그리고 모두에 감
사하는 뜻으로 하여 기도한다 해도 그
순간만큼은 진실하며 가장 소망하는
것이라 생각하옵나이다.
15 바로 아버님의 '하늘에 오르는 길'이
요, '하나님! 말씀하옵소서.'라는 그
새로운 성경에 제가 기도하는 모습의
사진을 넣으라 그리 명하신 것은
16 제가 그 기도하는 모습과 같이 그리
변해야 되며, 모든 사람들이 보는 기
도하는 마음 자세가 순수하며 아름답
게 보여야 하니,
17 그와 같이 제가 아름답고 순수한 마음
으로 살라 하여 아버님이 그리 명하
신 걸로 알고 있사옵나이다.
18 기도하는 모습, 기도하는 마음, 그 마
음으로써 제가 거듭나야 되며, 거듭나
지 아니하면 아니 되는 것,
19 그리해서 그 기도하는 모습에서 광채
가 나며 빛이 날 수 있는 것은, 기도하
는 그 마음처럼 제가 변하지 아니하면
아니 되기 때문에,
20 그와 같이 변하는 자식으로 만들고
그와 같이 제가 변한 모습으로써 살아
가도록 하시기 위하여
21 그리하여 아버님께서는 제가 변했을
때, 그 그림의 제 눈에서 광채가 날 수
있도록 제가 가야 하는 것을, 아버님
께서 제가 갈 길이며 그를 행해야 되
는 길이기에 그리 가라 그리하여 명하
신 것이며,
22 그 기도하는 아름다운 모습이요, 모든
백성들이 아버님의 새로운 성경 앞에
있는 제 그림을 보고 그들이 저를 사
랑하며 저를 느끼게 될 것이며,
23 기도하는 순수한 그 모습을 그대로 저
를 인상에 심을 것이며 그 머리에 기
억할 것이옵나이다.
24 그와 같은 백성들이 그를 보고 저를
찾아왔을 때, 제가 기도하는 모습처럼
인자하며 아름다운 모습으로 변해 있
지 아니하면 아니 되기에 아버님께서
그와 같이 저에게 벌을 내리신 것이라
그리 생각되옵나이다."
25 사랑하는 나의 아들아!
26 기도하는 마음이요, 그 순간의 마음은
무엇을 하든 그들이 가장 애절하며 진
실한 마음이 아니겠느냐?
27 거기에 다른 생각을 갖지 아니하고 있
을 것이니라.
28 그러니 네가 나에게 기도하는 그 순간
에 아무것도 생각하지 아니하며 욕심
내지 아니하며 부귀와 영화를 생각하
지도 아니하며,
29 그저 순수하고 아름답고 고운 마음을
갖고자 하며, 네가 나에게 경배하는
그 기도의 모습 그대로 네가 변하도록
해야 하는 그 뜻을 네가 알았으면,
30 그것이 너의 책무요, 네가 가야 하는
길이라면, 그 기도하는 모습처럼 아름
다운 네가 되도록 그리하라.
31 그것만이 네가 내 뜻을 이루는 것이
요, 내 뜻을 역사하는 것이요, 나의 아

들로서 네가 네 직분을 다 하는 것이
니라.
32 사랑하는 나의 아들아!
33 너의 제자들도 그와 같이 기도할 때
너희들이 아름다운 마음을 갖는 것처
럼,
34 내가 그려 놓은 나의 새로운 성경의
네 모습을 보며 그들이 마음을 다스리
며, 그들도 너와 똑같이 기도하는 마
음으로써 평생을 살아가도록 그리하
기 위함이니 그리 알라.

11,414 번째 하나님 말씀

2004년 6월 3일 06시 59분

1 사랑하는 나의 아들아!
2 "네, 아버님! 말씀하옵소서."
3 안식일의 천 년이요, 그 천 년이라는
것은 하늘에서 이루어진 것같이 이 땅
에서 이루어져, 모든 백성 너희들이
육의 세상에 살다 나에게 바로 올 수
있는 그와 같은 세상을 내가 만들고자
하는 것이라 하지 아니하였느냐?
4 그리하여 나의 새로운 성경이 천 년
동안에 모든 백성을 다스려 역사한다
했음이니, 너는 그 천 년이라는 세월
을 어찌 생각하는가?
5 "네, 아버님! 제가 느끼는 이 두렵고
무서움은, 감히 아버님의 이 새로운
성경에 그를 기록할 수 없으며 전할
수 없어, 감히 말씀을 올릴 수는 없사
오며 두렵고 무섭사옵나이다."
6 사랑하는 나의 아들아!
7 내가 천 년이라는 그 기간을 기다려서
모든 백성 너희들이 하얀 마음이 될
수 있는 새로운 세상을 열고자 하는
그 의미요, 그 뜻을 알고 있느냐?
8 "네, 아버님! 그 뜻도 알고 있사오며,
아버님께서 역사하시는 그 뜻도 알고
있사옵나이다.
9 그러나 그 이면에 무섭고 두려움이 있
사옵나이다.
10 이를 저는 감히 전하고 기록할 용기가
없사옵나이다."
11 사랑하는 나의 아들아! 너는 무엇을
느끼고 있느냐?
12 "네, 아버님!
13 감히 이를 말씀을 드려야 될지 모르
겠사옵나이다.
14 아버님께서 지금 새로운 성경을 내려
천 년에 걸쳐서 모두를 변하게 하고
역사하며, 하늘에서 이루어진 것같이
이 지상을 이루려고 하시옵나이다.
15 그러니 이 백성들의 고집이요, 아집이
요, 그들이 변하지 아니하면 절대 아
니 되는 것이 있사옵나이다."
16 그것이 무엇이더냐?
17 "네, 아버님! 지금 아버님께서 새로운
성경을 내려보내 백성이 깨우칠 때,
아버님께서는 그 계획함을 바꾸실 것
이며 수정하실 것이라 저는 그리 생각
되옵나이다.
18 지금의 새로운 성경이 천 년 동안 우
리 백성들이요, 아버님의 아들딸들이
어찌 서느냐에 따라서 모두를 구하고
얻는 그와 같은 것이 될 것이며,
19 그리하여 천 년 후에도 저희가 바로
서지 못하고 바로 저희들이 임하는 백
성이 되지 아니할 때는 아니 되기에,
지금 아버님은 이 지상의 모든 세상

것의 변화를 시작하셨사옵나이다.
20 아버님께서 지금 버튼을 누르셨사옵
나이다.
21 그리하여 이 세상은 지금 서서히 변해
가고 있사옵나이다.
22 그 변함이 저희들이 천 년에 걸쳐서
아버님의 뜻대로 새로운 성경이 세상
을 덮어 천사와 같은 자들이 된다면,
그것은 지금보다도 더 아름다운 세상
으로 아버님께서 역사해 주실 것이며,
23 그렇지 아니하면 그때서부터는 그 모
든 세상이 다 무너짐이니, 그때는 이
세상에 미생물이요, 모든 생명체가 존
재하지 못하는 그와 같은 것으로써 변
화되는 험악한 세상이 될 것이옵나이
다.
24 이미 무너지기 시작하였으며 변화도
서서히 이루어지고 있으니, 새로운 성
경이 세상에 내려가는 만큼 서서히 이
아름다운 지상도 무너져 가고 있사옵
니다.
25 아버님께서는 천 년이라는 그 세월에
두 가지를 지금 같이 보고 있으며, 두
가지를 역사하고 계시는 이 무서운
사실 앞에 저희들이 존재한다는 것,
26 저희들이 천 년에 걸쳐서 새로운 성
경을 세상에 덮어 아버님의 뜻을 역사
하면 이 아름다운 세상은 더 아름다운
세상으로 될 것이며,
27 그렇지 못할 때 그때는 이미 모두가
다 무너지며 생태계가 파괴되며 이
지구가 존재하지 못하는 무서운 그와
같은 벌이 같이 진행되고 있다는 것을
느끼고 있사옵나이다.
28 새로운 성경으로써 선한 백성만이 천
년 후에 이 세상에 존재하지 아니하
고 사악한 백성들이 천 년 후에도 이
세상에 존재하고 지배할 때,
29 그때는 이미 모두가 일순간에 무너지
도록 아버님께서 이 지구의 버튼을 눌
러서 지금 가동이 되고 있사옵나이다.
30 기계를 가동하듯이 아버님의 이 방대
한 우주가 지금 천 년에 걸쳐서 바로
서지 않으려 하는 백성이 있을 때는
그들이 존재하지 못하도록 이미 시동
을 거셨으며 이미 그것은 가동되었사
옵나이다.
31 그리하여 그것이 무섭고 두려워 그 뜻
을 새로운 성경에 기록하지 못하며,
그 처참한 광경을 상상할 수 없기에,
제가 감히 그를 기록하지 못하며 전하
지 못하는 그것이 여기 있사옵나이
다."
32 사랑하는 나의 아들아!
33 너는 그 뜻을 알고 있으며 그를 행하
는 것을 알고 있음이니, 이미 너희들
의 이 지상이 변하는 것이 시작되었음
이니라.
34 모두는 너희들에게 불리한 쪽이요, 너
희가 인내할 수 없는 쪽으로 지금 서
서히 모두가 다 변해 가며 생태계가
변해 가는 것을 너는 알고 있을 것이
니라.
35 그것이 천 년의 기간에 너희들이 아름
다운 세상으로 재정비하여 모든 백성
들이 누리고 살 수 있는 천국을 이루
느냐,
36 그렇지 않으면 너희들이 모두가 견딜
수 없는 그와 같은 황폐한 세상으로
되느냐, 이것은 바로 천 년 후의 그 결

과이니라.
37 그래서 같이 가는 것을 알고 있으면
그 뜻을 만백성에게 전하여 깨우치도
록 그리하라.

11,415 번째 하나님 말씀

2004년 6월 3일 07시 06분

1 사랑하는 나의 아들아!
2 "네, 아버님! 말씀하옵소서."
3 네가 무엇을 깨달았느냐?
4 "네, 아버님! 모든 인간이요, 저희들이
살아가는 것은 불행과 행복의 두 길을
가고 있다는 것을 깨달았사옵나이다.
5 항상 저희는 불행과 행복이 동행하며
동반하고 있다는 것, 다만 저희들이
그중에 어떠한 길을 선택하는가는 저
희의 자유의사며 저희들에게 달렸다
생각되옵나이다, 아버님!
6 저희들은 불행과 행복의 두 길이 같
이 감이니, 거기서 행복한 길을 선택
한 자는 행복함을 얻고 살아갈 것이
요, 스스로 불행한 길을 선택하는 백
성은 불행한 삶을 살 수밖에 없다는
것을 깨달았사옵나이다.
7 지금 바로 아버님께서 천 년에 걸쳐서
역사하시는 것도 그렇사옵나이다.
8 모두가 다 지금 천 년에 걸쳐 이루는
그 역사에는 저희들이 행복과 불행의
그 두 길이 같이 가고 있는 것이며, 아
버님께서는 반드시 그를 지금 역사하
시며 그리 세상을 돌리고 계시다는
것, 아버님께서 모두를 관장하시는 것
을 알고 있사옵나이다.
9 그러니 천 년에 걸쳐서 저희들이 어떤
아름다움만을 향해서 가는 것이 아니
요, 새로운 세상에 역사하는 것이 아
니라,
10 저희들이 영원히 지상에서 존재하지
못하는 그와 같은 길과 그리고 영광과
축복된 삶을 살 수 있는 그 두 길을 지
금 아버님께서는 항상 같이 내리신다
는 것, 그러니 그 선택의 자유는 모든
백성들에게 달렸으며,
11 이 새로운 성경을 읽고 거듭나는 백성
이 되었을 때는 이 지상은 더 아름다
운 그것으로써 승화될 것이요, 그렇지
못할 때는 모든 불행만이 남는다는 것,
12 그리하여 아버님께서 지금 보이지 않
는 길이요, 모든 백성들이 모르며 종
교 지도자요, 그를 따르는 백성 그들
도 아무도 모르는 두 길이 가고 있다
는 것, 두 길이 똑같이 이 세상에 지금
흐르고 있다는 것을,
13 하나는 이 지상을 아름답게 만드는 낙
원의 그 힘줄이요, 하나는 또 지옥으
로 모두가 돌변해 버리는 그 강한 힘
줄이 같이 지금 흘러가고 있으며, 그
가 지금 가고 있다는 것을,
14 같은 동반자로서 그들은 가고 있다는
것,
15 그리고 선과 악이 서로 시기하고 질
투하면서 서로를 경계하면서 지금 이
지구의 역사는 흐르고 있다는 것을
저는 이제야 깨달았사옵나이다.
16 악한 마음이요, 선한 마음이 둘이 서
로 경쟁하며 가고 있음이니, 그 모두
는 다 악에게 힘을 실어 주느냐, 선에
게 힘을 실어 주느냐, 그것이 바로 저
희들에게 달렸사옵나이다.

17 지금까지 2천 년 동안은 악의 씨를 뿌
렸으며 악에 힘을 실어 주는 그와 같
은 삶을 살아 이 세상은 악이 다스리
며 선은 찾아볼 수 없는 그와 같은 형
국이 되었사옵나이다.
18 그리하여 그 백성들에게 처방전을 내
리는 것이 160권이요, 이 160권이 세
상에 내려가 백성을 깨우쳐 선한 길
을 선택하도록 아버님께서 은혜와 영
광의 축복을 내리셨사옵나이다.
19 그러하거늘 이것을 이단이요, 사탄이
요, 마귀라 말하여 모든 백성들이 이
를 버리고 이를 받아들이지 아니한다
면,
20 천 년 후에 두 줄기의 힘찬 그 힘줄이
흐르며 그 산맥이 흐르고 그 물줄기가
흐르는 것처럼 둘이 같이 지금 가고
있사오니,
21 결국 그것은 저희들이 어떠한 길을 선
택하느냐에 따라 어떠한 결과가 나오
는가는 스스로 뻔한 것이옵나이다.
22 그러니 스스로 저희들이 어찌 가야 되
는 것인가를 이제는 깨달아야 되며,
그와 같은 것을 알았다면,
23 그와 같은 삶을 선한 쪽에 모두를 바
치는 그와 같은 것으로써 살지 아니하
면, 그 불행을 저희는 스스로 자초하
며,
24 그 불행은 저희들이 감당할 수 없는
이와 같은 두 줄기요, 양대 산맥이 계
속 흐르고 있다는 것을 모든 백성에게
전하며 깨우쳐야 되는 것이 저희들의
대명이라는 것을 또 이 아침 깊이 깨
달았사옵나이다."
25 사랑하는 나의 아들아! 그러하니라.
26 하나만 내가 흘러내리는 것은 공의의
하나님, 창조주 나 여호와가 아니지
않더냐?
27 그러니 너희들이 두 줄기가 흐르듯이,
두 양대 산맥이 흐르듯이, 두 개의 굳
건한 그 힘줄이 지금 서로 팽팽하게
달려가고 있느니라.
28 하나는 악을 위하여 악의 세상을 만들
기 위하여, 하나는 선의 세상을 만들
기 위하여 이 지상을 아름다운 곳으로
꾸리기 위하여 지금 둘이 지금 힘차게
서로 경계하며 서로 시기 질투하며 서
로 힘을 겨루며 가고 있으니,
29 나의 백성들이 어느 쪽에 많이 서서
힘을 실어 주느냐 하는 것은 너희들의
선택에 달렸음을 알라 그리 전하라.

11,416 번째 하나님 말씀

2004년 6월 3일 07시 25분

1 사랑하는 나의 아들아!
2 "네, 아버님! 말씀하옵소서."
3 지금의 너희들이 천 년에 걸쳐서 선과
악의 두 양대 산맥은 흐른다 하였음이
니라.
4 그러니 너희들이 그 둘의 싸움이요,
그 둘의 서로의 힘겨루기는 이루 말할
수 없는 그와 같은 역사가 흐르며, 그
속에서 너희들이 어떤 것을 선택하느
냐 하는 것은 스스로 너희들이 선택해
야 된다 하였음이니라.
5 이제 악의 무리의 그 맥과 너희들이
나의 새로운 성경이요, 만백성을 깨우
쳐 전하는 이 맥의 두 줄이 바로 선과
악의 그 둘이니, 그 싸움이라는 것을

알라.
6 그러니 이 세상의 교회요, 그 모든 것
이 영원하다는 것, 그리고 너희들은
영원히 존재한다는 것, 지금의 믿음의
길을 가는 백성 너희들은 그 착각 속
에서 깨어나도록 그리하라.
7 오로지 선과 악의 두 싸움이니, 선과
악의 그 싸움은, 악은 사탄의 싸움이
요, 그리고 선한 것은 나의 160권의
새로운 성경만이 너희들이 선의 그 대
표로서 모두를 다 악과 싸우며 가는
그와 같은 형국이 이루어짐이니,
8 그러니 그 모두는 다 부질없는 것이
며, 그 모두는 다 너희들이 영원히 존
재할 수 있는 것이 없음을 알아야 될
것이니라.
9 결국 나의 아들을 따르는 백성들이 있
으며, 나의 새로운 성경을 읽고 깨우
치는 백성들이 하나둘 늘어남으로 인
하여, 결국 천 년에 걸쳐 선은 승자가
될 것이며, 이 세상은 더 아름다운 지
상의 낙원으로 이루어질 것이니라.
10 그러니 너희들이 바로 악을 따르는
것, 악 앞에서 일하는 모든 것, 너희들
이 오늘에 그 재물을 거둬들이며, 부
귀영화를 위하여 명성을 위하여 장난
치며, 나의 피조물 만백성의 재물을
갈취하며 우롱해 왔던 너희들의 그 삶
이라는 것, 그리고 종교 집단이라는
것,
11 그것이 영원하며 그 교회라는 것이 영
원히 존재한다는 그 착각에서 깨어나
지 아니하면 아니 됨을 알라.
12 너희들이 지금까지 악의 앞잡이가 되
어, 악의 자식이 되어, 나 여호와의 몸
에 상처를 내며 모두가 나를 지탱하지
못하도록 하는 사탄의 장난에 앞잡이
가 되어 너희들이 일했던 그 모두를
지금 중단하여 새로 거듭나는 그와 같
은 삶으로 가지 아니하면 아니 됨을
나는 너희들에게 전했느니라.
13 영원하지 못하다는 것을 너희들은 알
아야 될 것이니라.
14 모든 백성들은 그를 다 아느니라.
15 다만, 그 신도들이요, 종교 집단의 지
도자들이요, 그리고 맹종 맹신하는 광
분하는 너희들만 그것을 모르고 있느
니라.
16 너희들이 말하는 그 이방인들을 너희
들이 뭐라 평하느냐?
17 그들은 너희들이 가는 그 종교의 믿음
의 길을 가지 아니하기 때문에 이들은
결국 지옥으로 가는 것은 자명한 사실
이며, 그리고 너희들은 그를 확고히
믿으며 그리될 것이라 그리 말하느니
라.
18 그러나 너희들은 여기서 들어야 될 것
이니라.
19 그 이방인이라는 많은 나의 백성들이
너희들 뒤에서 뭐라 말하느냐?
20 그 백성들은 교회는 반드시 멸망할 것
이며, 그리고 그 교회는 망해야 된다
는 것, 그 교회가 망하지 아니하면 이
세상이 사랑으로 이루어질 수 없으며,
21 나의 아들 예수의 그 고통의 삶이요,
그가 역사하고자 했던 것, 나 여호와
의 뜻이요, 그 뜻은 이루어질 수 없으
며 이루어지지 못한다,
22 교회가 문을 닫고 그가 망해야만 만백
성들이 구원을 받으며 하늘에 오르는

길에 오를 수 있다 하며,
23 그 많은 백성들이 그때를 기다리고 있
으며, 너희들이 신성하다는 그 교회가
망하기를 바라며,
24 저주의 대상이요, 저주의 건물이며 저
주의 백성이라는 것을, 어찌하여 너희
들이 그 무서운 사실을 모른단 말이더
냐?
25 모든 백성들이 너희들을 존경하며 경
배하며 따르는 것이 아니요, 이 세상
에 그 교회라는 신성시하는 그곳, 그
리고 구원의 전당이라는 곳을 모든 백
성들은 저주하고 있으며,
26 그곳은 반드시 망해야 될 것이며, 멸
망할 날이 반드시 오지 아니하면 나
여호와의 뜻이 아니라 그리 믿고 있는
그 많은 백성들이 너희들을 조롱하고
비웃고 있다는 그 엄연한 사실을 어찌
하여 너희들만 깨우치지 못한단 말이
더냐?
27 이제 너희들이 깨우쳐야 될 때가 되었
음을 잊지 말라 그리 전하라.

11,417 번째 하나님 말씀

2004년 6월 3일 07시 29분

1 사랑하는 나의 아들아!
2 "네, 아버님! 말씀하옵소서."
3 수천 년 동안 믿음의 역사를 온 그 백
성들 앞에 너희들이 청천벽력 같은 그
와 같은 나의 말을 전함이니,
4 그들이 그 충격을 감내하기는 어려울
것이며, 지금 그들이 정신을 차리지
못하고 있을 것이니라.
5 수천 년 동안 구원을 받았으며, 하늘
에 오르는 그 믿음이요, 한 획도 고치
고 빼고 더하지도 말라는 그 성경을
가지고 저희들이 밤낮으로 공부했으
며, 밤낮으로 기도하며 나에게 영광을
돌리며, 아버지 창조주가 있기에 모두
를 돌리며, 그 축복과 영광을 다 바친
다 기도하는 자,
6 그와 같은 믿음의 길을 오는 백성 너
희들이 왜 축복을 받지 못하며 구원을
받지 못하는지,
7 하늘에 오르는 길에 너희들이 제일 우
선이요, 너희들이 오르지 아니하면 어
느 백성도 오를 수 없다는 그 오만과
자만에 차 있는 너희들은,
8 그 모두를 다 들여다보지 아니하면 아
니 되며, 다시 생각하지 아니하면 아
니 되며, 거듭나고자 노력하지 아니하
면 아니 됨을 너희들은 알아야 될 것
이니라.
9 지금 나 여호와의 뜻이요, 내가 역사
하는 뜻으로 너희들이 왔다면 축복이
요, 구원은 당연한 것일 것이니라.
10 그러나 너희들은 내 뜻에 의한 것이
아니요, 너희들이 만든 인간의 교리
앞에 너희들이 모두를 바치며 모두를
그리 행하고 가는 것이 아니더냐?
11 그러니 너희들은 그와 같이 아무리 반
문을 하며 너희들이 지금 아무리 뭐
라 해도 그는 이루어질 수 없음이니라.
12 오로지 내가 나의 아들을 통하여 내리
는 새로운 성경을 너희들이 정독하고
깨우치지 아니하면 다른 길이 없음을
알아야 될 것이니라.
13 지금 악과 선의 양대 산맥이 서로가
힘을 겨루며 불꽃 튀기는 그와 같은

싸움을 하고 있는 것이 바로 나의 새
로운 성경이요, 160권의 법전이 그들
과 싸워 나가는 것이요, 그 누구도 사
탄과 견주어 싸울 수 없음이니라.
14 오로지 너희들은 모두가 사탄의 노예
요, 사탄의 부하로서 전락되었기 때문
에, 오늘의 믿음의 길을 가는 그것으
로써는 절대 너희들이 나에게 구원을
받을 수 없음이니,
15 너희들이 밤낮으로 기도하고 울고불
고하는 것이 너희들의 이해관계요, 무
엇인가를 이루고자 하는 그와 같은 마
음에서 역사하는 것이지,
16 진정한 나 여호와의 뜻이요, 내 기쁨
을 위하여 경배하는 백성이 없음을 너
희들은 알아야 될 것이니라.
17 그러니 그 모두는 나의 뜻을 거역하는
것이며 내 뜻을 거역하는 행동만을 하
고 있는 것이 너희들이니라.
18 이제 너희만이 모르느니라.
19 믿음의 길을 가는 백성이요, 구원을
받았다는 백성들이 세상의 이치를 모
르며 하늘의 뜻을 모르고 살아감이니,
이제 너희들이 깨우칠 때가 되었으며
거듭날 때가 되었음을 알아야 될 것이
니라.
20 이 방법이요, 이 형태에서는 이방인들
은 모두가 너희들의 모든 문을 닫아야
되며 그곳에는 구원이 없다 하며,
21 너희들이 무너져야 나 여호와의 뜻이
요, 고통 속에 죽어 간 예수의 그 삶이
헛되지 아니하며 그 빛을 볼 것이라
말하는 이방인들의 그 말을 너희들만
듣지 못하며 너희들만 알지 못하는 가
련하고 불쌍한 백성이라는 것을 잊지
말라.

11,418 번째 하나님 말씀

2004년 6월 3일 07시 33분

1 사랑하는 나의 아들아!
2 "네, 아버님! 말씀하옵소서."
3 내가 나의 아들을 따르는 제자 너희들
이 만백성을 구하는 선생으로서 세상
에 나가, 나의 피조물 만백성을 참진
리요, 진정한 길로 너희들이 인도하는
그 역사가 시작되니,
4 그와 같은 지도자의 자리에 서 있는
백성 너희들이 모든 것을 받지 아니하
며 거둬들이지 아니한다면서, 너희들
이 받아들이고 거둬들인다면,
5 이는 곧 나를 기만하는 것이요, 너희
들이 추한 모습이라는 것을 이제 너의
제자들은 깨달아야 될 것이며, 그와
같은 마음 자세를 바로 해야 될 것이
니라.
6 너희들이 그는 배로 갚아야 된다는 것
을, 그리고 그와 같은 것으로써 너희
들이 갚으며, 또한 너희들이 잘못했을
때 그 모두는 다 지워지지 아니하며
용서받지 못한다는 것,
7 그것이 너희들 몸 주변에 붙어 있다가
너희들이 심판을 받을 때 그들이 큰
목소리를 낸다는 것,
8 그리고 그 무게가 얼마나 무거운 것인
지를 너희들은 알고 이와 같은 나의
뜻을 너희들이 명심하고 명심하도록
그리하고 살아가지 아니하면 아니 됨
이니라.
9 이 점을 너의 제자들은 명심하도록 그

리하라.
10 너희들이 지금 나의 아들 예수의 길을
가며 나의 아들 예수와 같은 그 삶을
사는 것, 그리고 너희들이 나의 새로
운 성경에 따라 그와 같은 삶을 사는
것, 그 길을 간다는 것은 얼마나 힘들
고 어려운 길이더냐?
11 너희들은 고통스러운 길을 가야 하는
것이니라.
12 그리고 거둬들이는 즐거움이요, 거둬
들이는 행복을 느끼는 것이 아니라,
너희들은 고통스러운 그 길을 가는 것
이며, 너희들보다도 더 가난하고 어려
운 자들의 그 삶을 이해하며, 그들의
삶과 같이 살아가야 되는 것이니라.
13 그러니 그 삶이 얼마나 고달프고 외롭
고 슬픈 길이며 쓸쓸한 길인 줄 알겠
느냐?
14 사랑하는 나의 아들딸들아!
15 그 길을 너희들이 가지 아니하면 나에
게 오를 수 있는 길을 오는 자가 아니
요, 나의 새로운 성경대로 너희들이
모두를 역사하는 백성이 아님을 알라.
16 나를 따르는 길, 나의 아들을 따라와
너희들이 나에게 오르는 길은 모독과
모욕을 참고 가야 하는 길임을 알라,
사랑하는 나의 아들딸들아!
17 모두를 받아들이고 거둬들이는 그와
같은 것에 모두를 다 바치는 마음 자
세로써는 아무것도 이룰 수 없음이니
라.
18 다만, 그와 같은 행위를 하고 산다는
것은 사탄에게 조롱을 당하며, 너희들
이 나에게 와 심판대에 서지도 못하며,
19 너희들이 지금까지 지은 죄의 사슬에
묶여 던져질 때, 그 끈을 질질 끌고 지
옥으로 끌고 가는 사탄들이 지금 기다
리는 것이요,
20 그와 같이 너희들이 오는 것을 보고
그와 같은 삶을 사는 것을 보고 조롱
하고 비웃으며 그대로 기다리는 것,
변화되지 못하도록 훼방하는 것이 사
탄이니라.
21 저희들의 소굴로 끌어가기 위한 것이
니, 너희들이 이를 잊지 말라.

11,419 번째 하나님 말씀

2004년 6월 3일 22시 56분

1 사랑하는 나의 아들아!
2 "네, 아버님! 말씀하옵소서."
3 너희들이 사랑하는 것이 나 여호와의
본체요, 그리고 내가 너희들 모든 백
성은 다 동등하며 똑같이 사랑하는 백
성으로 살라 하였음이니라.
4 그리고 나의 이름을 찾으며 나를 부르
며 그리고 나 여호와를 아버지라 부르
는 백성 너희들은 뭐라 하였느냐?
5 모두를 양보하는 백성이요, 그리고 앞
에 가는 삶을 사는 백성들이요, 지도
자로서 인도하는 그와 같은 백성이 되
어야 한다 하였음이니라.
6 그러니 너희들이 처음부터 지금까지
내가 뭐라 말하였느냐?
7 오늘의 너희들이 나 여호와의 뜻에 의
해 역사하는 것이 아니요, 너희들이
첫 단추부터 잘못 끼운 자라 하였느니
라.
8 사랑을 베풀며 만백성을 위하여 살아
간다는 종교 집단의 지도자들이 2천

년 전에 어떠한 행태로써 유지해 왔던
가?
9 너희들 종교 지도자가 그 시대를 다스
렸으며, 인간을 심판하였으며, 너희들
이 재물을 받고 인간의 죄를 사해 주
고 면죄부를 주는 그와 같은 방법으로
써 군림하는 자들이 아니었더냐?
10 그러니 그 자체부터 잘못된 것이니라.
11 사랑을 베풀며 나 여호와의 뜻에 의해
역사한다는 종교 지도자들이 죄지은
백성들에게 재물을 받고 그 죄를 사해
주며 용서해 주는 그와 같은 면죄부를
파는 행위를 했음이니,
12 그것이 지금의 종교 집단의 뿌리요,
너희들 그 우두머리들이 하고 온 그
역사이니라.
13 그러니 그와 같은 피를 받아 그 후손
너희들이 지금 하고 있는 것이 무엇이
더냐?
14 재물과 금화와 은화를 많이 바치는 것
으로 구원을 받는다 하니, 다만 너희
들이 인간이 재물을 받고 죄를 용서해
주는 그와 같은 형식에서 나의 아들
예수의 보혈로써 그 죽음으로써 너희
들의 모든 죄를 대속했으니,
15 너희들의 손으로 지은 죄의 온상에 와
나의 아들을 찾으며 울고불고하는 것,
재물을 많이 갖다 바치는 것, 그것으
로써 너희들의 죄를 용서받으며 구원
의 길을 갈 수 있다 그리 가르치니,
16 고압적인 그 조상들이, 그리고 너희의
뿌리들이 행패를 부렸던 죄를 면죄한
다면서 면죄부의 그 대가를 거둬들이
는 그 포악한 행위를 너희들이 그대로
지금 답습하는 자요, 그대로 흘러오고
있지 않더냐?
17 다만, 시대요, 너희들의 삶의 변화에
따라서 그 방법을 교묘하게 변질시키
고 변화시키니, 너희들이 재물을 거둬
들이고 갈취하는 것은 예나 지금이나
똑같이 그와 같은 행위를 하고 있음이
니라.
18 사랑하는 나의 아들아!
19 모든 종교 집단의 지도자들이 그와 같
은 행위를 하고 있음이니, 이 세상은
첫 단추부터 잘못 끼워져, 너희들이
바로 선 것이 아니요, 썩고 썩을 대로
썩은 이 세상이니라.
20 그러니 모든 백성들이 교회 앞에 지나
갈 때 경건한 마음으로 존경하는 마음
으로 고개를 숙여 지나가며,
21 너희들이 잘잘못을 시비할 때 종교 지
도자가 한마디 말함으로써 그것이 바
로 법이요, 진리요, 정의라 그와 같은
신뢰를 가지고 사는 것이 종교 지도자
가 가야 할 길이거늘,
22 지금 모든 백성들이 과연 그 교회라는
곳을, 그리고 나 여호와의 뜻에 대하
여 공부하며 깨우치며 하늘에 오르는
길을 인도한다는 신성한 곳이라는 그
곳에서 과연 나의 백성들이 어찌하는
가?
23 그들이 고개를 돌리며 침을 뱉고 가
는 자요, 너희들이 문을 닫고 쓰러져
야만 이 세상이요, 너희들이 부모를
사랑하며 형제를 사랑하며 인간의 도
리를 다하고 사는 세상이 올 것이라
하며, 그들이 너희들을 한탄하고 저주
한다는 것을 알지 못하는가?
24 너희들만이 모르고 있느니라.

25 그러니 그와 같은 백성들을 바로잡고
바로 세우지 아니하면 아니 되기 때문
에 그리하여 오늘의 어려운 이 길을
감이니라, 사랑하는 나의 아들아!
26 그 모두를 너의 제자들과 만백성에게
깨우쳐 주도록 그리하라.

11,420 번째 하나님 말씀

2004년 6월 4일 05시 01분

1 "너는 나 외에는 다른 신들을 네게 있
게 말지니라.
2 너를 위하여 새긴 우상을 만들지 말
고, 또 위로 하늘에 있는 것이나 아래
로 땅에 있는 것이나 땅 아래 물속에
있는 것의 아무 형상이든지 만들지 말
며, 그것들에게 절하지 말며 그것들을
섬기지 말라.
3 너는 너의 하나님 여호와의 이름을 망
령되이 일컫지 말라.
4 안식일을 기억하여 거룩히 지키라.
5 네 부모를 공경하라.
6 살인하지 말지니라.
7 간음하지 말지니라.
8 도적질하지 말지니라.
9 네 이웃에 대하여 거짓 증거하지 말지
니라.
10 네 이웃의 집을 탐내지 말지니라.
11 나 여호와가 존재함을 믿는 그 자체가
구원의 길에 들어서는 기본이요 근본
이며, 나의 법전을 가슴에 안고 정독
하는 자, 반석 위에 서서 하늘에 오르
는 찬란한 빛을 보게 되는 영광을 얻
게 됨이니라."
12 사랑하는 나의 아들아!
13 "네, 아버님! 말씀하옵소서."
14 네가 지금 무엇을 역사하느냐?
15 창조주 나 여호와의 뜻을 받아 만백성
을 구하는 새로운 성경을 만듦이니,
새로운 성경이 무엇이더냐?
16 하늘의 창조주 나 여호와의 뜻을 기록
하여 만드는 책이니라.
17 그러니 이를 만드는 것보다, 이 책보
다 더 위대하고 소중한 것은 이 세상
에 어떠한 것도 있을 수가 없음이니라.
18 그 귀하고 소중한 나의 뜻을 책으로
만들어 만백성을 구하는 그 역사를 함
이니,
19 너의 제자들과 모든 백성들과 네가 하
루에 얼마만큼 나의 성령을 받아 책으
로 만들겠다 그 약속을 한 것, 그것은
네가 반드시 지키고 행해야 됨을 어찌
모른단 말이던가?
20 너는 굶는 한이 있더라도, 잠을 자지
못하는 한이 있더라도, 네 몸이 부서
지는 한이 있더라도 너는 그 목표량을
달성하는 그와 같은 굳은 의지의 마음
으로써 네가 가지 아니하면 아니 됨이
니라.
21 지금 모든 백성들이 혀를 내두를 만큼
네가 5일에 한 권씩 나의 새로운 성경
을 받아 세상에 전함이니,
22 네가 그 목표량을 행하지 못했을 때는
너는 자지도 말아야 될 것이며, 먹지
도 말아야 될 것이며,
23 네 몸이 부서지는 한이 있어도 그 목
표 달성은 하고 네가 하루를 사는 그
와 같은 삶을 살아야 될 것이니라.
24 네가 아무리 귀하고 소중한 것이 있다
해도 네가 나의 성령을 받아 세상에

만드는 것보다 더 귀하고 소중한 일이
어디에 있기에, 네가 그 약속한 양을
행하지 못하고 지금 흔들릴 때가 더러
있는가?
25 그러니 그만큼 아직도 네가 어떠한 것
이 무엇을 위하여 존재하며, 어떠한
것이 우선순위인가를 네가 어찌하여
그를 깨닫지 못한단 말이더냐?
26 사랑하는 나의 아들아!
27 어떠한 일이 있어도 너는 하루에 네가
할 수 있는 양의 나의 새로운 성령을
받아 만백성을 구하는 그 책을 5일에
한 권씩 만든다 했으면, 네가 그를 목
숨을 걸고라도 지키도록 그리해야 되
는 것이 그 본분이 아니더냐?
28 그것을 네가 행하지 못한다면 아니 됨
이니, 세상에 나의 성령을 받아 책으
로 새로운 성경을 만들어 만백성을 구
하는 그 약속보다 더 귀하고 소중한
것이 어디 있으며, 그 일보다 더 귀하
고 소중한 것이 어디에 있기에 네가
마음이 흔들린단 말이더냐?
29 내가 너에게 먹을 것을 주지 아니하였
던가, 내가 잠자리를 주지 아니하였더
냐?
30 네가 마음이 흔들리는 그와 같은 삶을
살아서는 절대 아니 됨이니라, 사랑하
는 나의 아들아!
31 어떠한 일이 있어도 목표 달성을 하라.
32 내가 지금은 네가 목표 달성을 할 수
있도록 모두를 이루어 주었으나, 이제
는 네가 스스로 그를 이루도록 그리하
라.
33 지금은 네가 목표 달성할 수 있도록
나 여호와가 때에 맞춰서 시간에 맞춰
서 너를 이끌어 주었음이니라.
34 그리고 네가 기도하는 그 마음 자세도
내가 이끌어 주었으나, 네가 할 수 있
는 만큼 노력하지 아니하면 이제는 내
가 앞으로 지금처럼 너를 이끌어 깨우
치지 아니할 것이며, 네가 할 수 있도
록 나의 성령을 내리지 아니할 것이니,
35 네 노력으로써 마지막의 모두를 이루
도록 하라.
36 그렇지 아니하면 사탄이요, 마귀들이
너를 흔들 것이며, 160권이 머지않아
세상에 나오는 그 대역사를 네가 가지
못하고 중단하게 된다는 것을 잊지 말
라, 사랑하는 나의 아들아!

11,421 번째 하나님 말씀

2004년 6월 4일 05시 06분

1 사랑하는 나의 아들아!
2 "네, 아버님! 말씀하옵소서."
3 지금 나의 피조물 만백성 너희들이 아
무런 생각이 없이, 지각이 없이, 그저
분별없이 지금 지옥으로 이끌려 가는
그와 같은 백성들이니라.
4 너희들이 믿음의 길을 간다는 것, 구
원의 길에 들어섰다는 그 백성들, 그
들 자체가 지금 저 자신이 어찌 흘러
가는 것인지 그를 분별하지 못하며,
지금 잘못된 지도자들이요, 잘못 가르
치는 자들이요, 잘못된 종교 집단 그
들에 의하여 너희들이 지금 지옥으로
이끌려 가고 있다는 것을 어찌하여 모
른단 말이더냐?
5 그러니 자신도 모르고 지옥으로 이끌
려 가는 그와 같은 길을 가는 백성들

을 누가 구원하며 그들을 살려야 된단
말이더냐?
6 너희들은 누가 구원할 수 있다 생각한
단 말이더냐?
7 이제 사랑하는 나의 아들을 따르는 제
자들이요, 나의 새로운 성경을 읽고
따르는 백성, 너희들이 그들을 살리지
아니하면 그 누구도 그들을 살릴 수
있는 백성이 없음을 알아야 될 것이니
라.
8 누구도 그들을 구원할 수 없느니라.
9 그러니 사랑하는 나의 아들딸이요, 너
희들의 그 형제가 구원의 길이 아니
요, 지금 지옥의 길의 벼랑으로 떨어
지고 있다면, 과연 그들을 어찌해야
구원할 수 있단 말이더냐?
10 지금의 모든 종파요, 모든 집단에 속
해 있는 지도자들, 하늘로 이끈다는
그 백성들, 그들이 바로 지옥으로 이
끌고 가는 사탄이 되어 버렸음이니,
11 누구도 그들과 싸워 이길 자가 없으
며, 그들 손에 의하여 지옥으로 이끌
려 가는 사랑하는 나의 아들딸들을 구
원할 수 있는 것이 아무것도 없음이니
라.
12 오로지 그를 구원하는 것은 내가 내리
는 새로운 성경이요, 그리고 나의 아
들을 따르는 백성, 나의 새로운 성경
을 읽고 깨우친 백성, 너희들만이 그
들을 구할 수 있는 것이니, 이를 어찌
한단 말이더냐?
13 그러니 너희들이 160권이 세상에 나
오는 것을 게을리하며, 너희들이 깨우
치고 바로 서 선생으로서 자격을 갖춰
만백성을 구하는 데 역사할 수 있는
그 시간을 계속 끌고 늦추고 그러한
세월로 살아갈 수 있다 하더냐?
14 이미 너희들에게는 그와 같은 시간이
없음이니라.
15 그러니 너희들은 나의 새로운 성경을
읽고 깨우쳐 너희 것으로 만들어, 너
희들이 어떠한 백성들과 대화하며 시
시비비를 한다 해도, 내 뜻대로 행하
고 내 뜻대로 전할 수 있는 그와 같은
너희들이 실력 있는 선생으로서 거듭
나지 아니하면 아니 됨이니라.
16 그러니 너희들은 나의 새로운 성경을
읽고 또 읽어 바로 살아가는 그와 같
은 삶을 엮어 가도록 그리하라.

11,422 번째 하나님 말씀

2004년 6월 4일 05시 09분

1 사랑하는 나의 아들아!
2 "네, 아버님! 말씀하옵소서."
3 2천 년 전 나의 아들 예수가 만백성을
구하기 위하여, 그리고 어리석은 백성
들을 깨우치기 위하여, 그리고 저희들
이 가는 믿음이 하늘에 오르는 길이라
굳고 굳어져 있는 그 벽돌을, 그 암벽
을 깨는 그와 같은 역사를 하였으나,
4 예수를 보좌하여 그를 따랐던 그 제자
들이 과연 어떠했더냐?
5 그가 세상에 왕으로 와 저희가 부귀와
영화를 누릴 것이라 생각했던 그 제자
들이 나의 아들 예수를 팔았으며 그로
부터 등을 돌리는 그와 같은 슬픈 과
거가 있지 않더냐?
6 지금의 너를 따르는 제자들이요, 그리
고 나의 새로운 성경을 읽고 깨우쳐

너를 따르고자 하는 백성, 그들도 다
그러하니라.
7 그들 자신도 어렵고 힘들 때 너로부터
등을 돌리며, 내가 기적과 역사를 너
에게 이루기를 바라며, 저희들이 무엇
인가를 얻고자 하는 자들이 그를 얻지
못하고 취하지 못할 때, 그들은 등을
돌리게 될 것이니라.
8 그러니 그와 같은 백성들이 다 떠나고
또 떠나야 됨을 너희들은 알라.
9 나의 아들 예수가 마지막에 그 고통스
러움 속에 죽어 갈 때, 목숨을 다하여
충성을 다하여 따르겠다던 그 제자들
이 제 목숨 때문에 모두가 등돌리는
그와 같은 슬픈 과거가 있었으니,
10 지금의 네가 어렵고 힘든 그와 같은
환경에 처했다 하여 마음이 흔들리며,
그리고 공부하기를 게을리하며, 나의
새로운 성경을 의혹하는 자,
11 그와 같은 백성들이 네가 죽어 가며
네가 무엇인가를 이루지 못했을 때,
그들은 나의 아들 예수를 따랐던 제자
들이 등을 돌렸던 것보다도 더 무섭게
등을 돌릴 것이요,
12 그리 떠날 자들, 그와 같은 자들을 내
가 용납하지 아니하니,
13 그와 같은 자들이 떠나고 또 떠나도
록, 떠나보내도록 그리해야 될 것이니
라.
14 가고자 하는 자 갈 것이며, 떠나고자
하는 자 떠날 것이며, 의혹하는 자 스
스로 제가 떠나면 될 것이니라.
15 이것이 인간의 마음이요, 너희들이 지
금도 가지고 있는 생각이니,
16 2천 년 전에 나의 아들 예수의 가슴에
못을 박았던 그보다도 더한 제자들이
오늘의 너를 따르는 제자들이요,
17 흔들리는 마음이요, 자세가 굳어지지
아니한 자요, 굳건히 서 있는 제자가
하나도 없음이니, 이를 어찌한단 말이
더냐, 나의 아들아!
18 그저 그들이 떠나고자 할 때, 가고자
할 때, 네 마음 아파하지 말며 그대로
보내며,
19 진정 너를 따르며 나의 새로운 성경을
따라 같이 갈 수 있는 그 제자들이 있
을 것이니,
20 모두는 단계적으로 자기 직무를 다하
고 가고자 하는 자, 떠나는 자, 그들을
붙잡지 말라.

11,423 번째 하나님 말씀

2004년 6월 4일 05시 14분

1 사랑하는 나의 아들아!
2 "네, 아버님! 말씀하옵소서."
3 나 여호와의 마음을 너는 알지 않느냐?
4 정녕 네가 내 마음을 알지 못한단 말
이더냐?
5 "네, 아버님! 저는 그렇사옵나이다.
6 지금 아버님께서 모든 종교 집단의 지
도자들이요, 잘못 가는 자를 아버님께
서 꾸중하시며 그를 나무라시나,
7 아버지의 깊은 본마음은 잘못된 백성
이 아무리 험악한 짓을 한다 해도 아
버지께서는 지금의 모든 백성을 버리
지 아니하시고자 하는 것임을, 정녕
버리기를 원하지 아니하시는 아버님
의 마음이라는 것을,
8 저는 아버님께서 아무리 그들을 혼내

며 그들을 꾸중하셔도 그리고 용서받
지 못할 자요, 돌이킬 수 없는 자요,
받아들일 수 없는 그와 같은 지금에
사탄의 하수인이 되어 가는 그 백성들
이라 해도, 그 집단이라 해도,
9 아버님의 그 깊고 깊은 마음은 절대로
그를 버리지 아니하며 그를 구원하도
록 하고자 하시는 것이 아버님의 뜻
이라는 것을 저는 알고 있사옵나이다.
10 그들이 아버님의 법전을 읽고 깨우치
도록 저의 제자들과 이를 깨우친 백
성 저희들이 충성을 다하며 목숨을 다
하여 그들을 구원하도록 해야 되는
것, 구원하도록 하는 것을 아버님께서
바라신다는 것을 저는 그리 알고 있
사옵나이다, 아버님!"
11 사랑하는 나의 아들아!
12 예수의 그 아픈 죽음이요, 그 고통스
러운 죽음이요, 제가 스스로 지고 가
는 그 십자가를 지고 가며 만인의 왕
이라 하여 그 백성들에게 그 병사들에
게 희롱을 당하며,
13 머리에는 움직일 때마다 찔리는 가시
관을 쓰고 가 그 모든 피가 마를 때까
지, 물 한 방울이 마를 때까지 창으로
찔리며 그 고통스러운 죽음이요,
14 정녕 그 고통의 시련에도 저를 구해
줄 수 있는 사람은 없는가 하는 그 애
절한 마음까지 가진 것이 나의 아들
예수의 참기 어려운 것이었으며,
15 목에서 물 한 모금, 침 한 방울이 나오
지 아니하며 넘길 수 없는 때까지 그
갈증이요, 얼마나 고통스러운 죽음을
갔던가?
16 그러니 나의 아들 예수의 그 모든 고
통을 바라보는 나 여호와의 마음은 어
떠했는가?
17 내 마음에서는 피눈물이 흘렀음을 너
희들은 알아야 될 것이니라.
18 그러니 이제 나의 아들을 따르는 제자
너희들은, 새로운 성경으로써 만백성
을 구하는 대명을 받은 너희들은 예수
의 죽음이요, 나의 피눈물로 쏟는 이
모두가 다 헛되게 해서는 아니 되는
것이 너희들이 가야 할 길임을 알라,
사랑하는 나의 아들딸들아!
19 너희들이 잘못 가며 바로 서지 못한
다면 나의 160권의 법전까지도 헛되
게 되는 것이며, 만백성을 구하지 못
하고 너희들이 잘못됨을 알아야 될 것
이니라.
20 지금 나의 피조물 만백성들을 구하며
하늘로 가는 길을 인도한다는 그 지도
자들이 사탄의 지도자가 되었으며 그
들이 곧 사탄이니라.
21 그러니 나의 백성들을 수시로 노리고
있으며, 수시로 저희들에게 그 사악한
종교 집단 속에 끌어들여 그 사탄의
집이요, 너희들이 나의 몸에 상처를
내는 그 두꺼비집 같은 죄의 온상에
수시로 나의 사랑하는 백성들을 이끌
어 가며 유혹해 가는, 그리고 그들을
끌어가기 위해 노력하고 있는 그와 같
은 또 노리고 있는 그 백성들,
22 선택할 수 있는 자를 찾아 헤매는 그
와 같은 사탄들이 존재하는 이 세상에
서 그 모두를 차단하지 아니하며, 그
모두를 다 너희들이 막지 아니하면,
나의 백성들을 구원할 수 없음이니라.
23 그러니 네가 정녕 내가 그 누구도 버

리고자 하지 않는다는 걸 알았다면, 너의 제자들과 하나가 되어 충성과 몸과 마음을 다 바치는 그와 같은 열정으로 그들을 구하는 데 최선을 다하도록 그리하라, 사랑하는 나의 아들아!

11,424 번째 하나님 말씀

2004년 6월 4일 05시 20분

1 사랑하는 나의 아들아!
2 "네, 아버님! 말씀하옵소서."
3 나의 아들 네가 바로 가지 못하며, 바로 서지 못하며, 네가 모든 언약을 완벽하게 지키고 가지 못하니,
4 내가 너의 선생을 한 사람 세상에서 골라 너에게 보냈음이니, 너는 그의 그 삶을 하나부터 열까지 모두를 다 들여다봤으며 그의 삶을 너는 알고 있지 않으냐?
5 그러니 네가 그보다도 더한 고통과 시련을 견뎌야 할 것이거늘, 네가 나로부터 받는 새로운 성경이요, 그리고 네가 만백성을 구하는 나의 성경을 기록하는 것에 게을리하며, 네가 그저 되는 대로 가는 그와 같은 마음을 갖고 가서야 되겠는가?
6 그의 삶이 과연 어떠했느냐?
7 엄동설한 추운 겨울날에도 그가 하루의 목표한 양을 인간이 살아가는 그 재물을 위하여 그를 벌지 못했을 때, 그는 리어카라는 그 밑에서 추운 겨울에 강아지 같은 잠을 자고 살았다 하는 것을 듣고, 너는 그와 같은 삶을 살 수 있는가 하는 것을 느꼈을 것이니라.
8 그리고 물질적인 목표를 위하여 오늘 내일 하루하루의 그를 지키기 위해서 그와 같이 살아간 그 사람의 삶을 내가 너의 선생으로서 세상에 그 삶을 보여 주기 위하여 그를 보냈느니라.
9 그는 과연 어찌했더냐?
10 내일 은행에 예금할 그와 같은 돈을 그 계획하고, 제가 목표를 정한 그 돈을 하루에 벌지 못했을 때,
11 그는 어떠한 일이 있어도, 아무리 고달프고 힘들고 배가 고파도 그 배를 움켜쥐고 참고 견디었으며, 끼니를 입에 넣지 않는 그와 같은 것을 시행했으며, 그 목표를 지켜 가는 그와 같은 삶을 살았느니라.
12 내가 너에게 지금 160권의 새로운 성경을 받아 역사하는 그것은 어찌했느냐?
13 내가 너에게 먹고 잘 것 모두를 다 주었으며, 그리고 많은 시간을 너에게 주었느니라.
14 하루라는 그 생활 속에 네가 그 목표한 것, 약속한 것, 그와 같은 것을 네가 나의 성령을 받아 책으로 만들어 내는 것을 게을리하며, 그러고도 네가 나의 아들로서, 만백성을 구하는 자로서 네 직분을 다했다 생각하느냐?
15 그가 예금할 정해 놓은 목표를 달성하지 아니할 때는 아무리 고달프고 어려워도 그는 배를 움켜쥐며 먹지 아니하며, 그 목표를 달성해서 살아온 그를 내가 산 선생으로서, 너를 가르치는 교육자로서 너에게 보냈음이니,
16 그보다 삶을 더 네가 독하고 지독하게 하여 나의 새로운 성경을 만들어 내는

것, 그리고 네가 죽을 때까지 만백성
을 위하여 나의 뜻을 받아 기록하는
것을 게을리하지 말라.
17 목표를 세웠으면 그 목표를 어떠한 일
이 있어도 달성할 수 있도록 그리하라.
18 그렇지 아니하면 내가 너를 용서치 아
니할 것이며, 모두를 내가 용서할 수
없음이니라.

11,425 번째 하나님 말씀

2004년 6월 4일 05시 24분

1 사랑하는 나의 아들아!
2 "네, 아버님! 말씀하옵소서."
3 네가 아직도 육을 가지고 있는 인간이
요, 육의 세상에서 네가 60 평생을 얽
히고설켜 살아온 그 삶이요, 네가 육
을 가진 사람이기 때문에 또 네 머리
카락이 백발이 되어 하얗게 되었을 때
바로 선다는 내 뜻을 너는 그저 지금
도 그걸 머릿속에 두고 있지 않으냐?
4 그러니 너는 그와 같은 생각의 모두를
다 지우라.
5 스스로 네가 바로 서는 것, 네가 한 점
의 부끄러움이 없는 그 삶을, 그리고
네가 새로운 성경에 기록되어 전한 그
모두를 완벽하고 철저하게 지키는 그
와 같은 삶으로 돌입하라.
6 그렇지 아니하면 내가 너를 용서치 아
니할 것이니라.
7 내가 너를 통하여 무엇을 강조했더냐?
8 이 세상에 믿음의 길을 가는 그 백성
들, 구원을 받았다는 그 백성들, 그들
이 바로 인간이기 때문에 죄를 지을
수 있으며, 인간이기 때문에 십계명을
지킬 수 없다 그리 말하며, 그들은 인
간이기에 율법이요, 나의 성경대로 살
아갈 수 없다 말하지 않더냐?
9 그러니 너희들은 그러면서 뭐라 말하
느냐?
10 인간이기 때문에 그것을 지키고 가야
한다 하였음이니, 그러니 말로써는 그
리 말하면서도, 과연 그들과 차별화된
그와 같은 삶을 얼마나 살았는가?
11 나의 아들 너와 너를 따르는 제자들
부터, 나의 새로운 성경을 읽고 깨우
친 백성 너희부터 그를 얼마나 지키고
행했는가?
12 인간이기 때문에 그와 같은 것을 기다
려야 되며, 인간이기 때문에 여유가
있으며, 인간이기 때문에 세월이 있으
며, 인간이기에 네가 바로 설 수 있다,
네가 좀 더 살다 더 노력하다 변하겠
다는 그와 같은 생각을 한다면 내가
가장 용서하지 못하는 인간이기 때문
에,
13 너희들이 죄를 짓지 아니하고 살 수
없다는 그 백성들과 네 마음과 네 생
각이 과연 어떠하더냐?
14 너희들은 인간이기 때문에 지켜야 된
다고 말하면서, 너희들이 과연 그를
얼마나 지키고 얼마나 행하며 살아가
는가?
15 사랑하는 나의 아들아!
16 모두를 내가 명한 대로 행하고 지켜
가는 그와 같은 아들이요, 그와 같은
삶으로써 네가 일찍이 돌입하라.
17 네가 인간이기 때문에 어쩔 수 없다는
그와 같은 생각을 가지며, 너희들이
인간이기 때문에 십계명을 지킬 수 없

으며, 인간이기 때문에 나의 뜻대로
지키지 못한다는 오늘의 사탄들의 노
예가 되며, 사탄들의 자식이 된 그 종
교 지도자의 그 집단과 무엇이 다르던
가?
18 그 차별화를 오늘 이후부터 네가 선을
긋도록 하며,
19 거기에서 네가 무너져서도 아니 되며,
거기서 이탈해서도 아니 되며, 거기서
변화되는 삶을 살아도 아니 됨이니,
그리하라, 사랑하는 나의 아들아!
20 이제는 절대 용서치 아니할 것이며,
지금까지는 네가 올 수 있도록 지켜
주었으며 내가 다스려 주었으나, 지
금부터는 너 스스로 가도록 그리하라.
21 내가 너를 지켜 주고 다스려 주기에
네가 안일한 생각을 가지고 있음이니,
22 내가 오늘 이후부터 너를 지키지 아니
하며, 너를 내가 다스리지 않을 것이
며, 네가 할 수 있는 일을 내가 도와주
어 할 수 있도록 하지 아니할 것이니
그리 알라.

11,426 번째 하나님 말씀

2004년 6월 4일 05시 29분

1 사랑하는 나의 아들아!
2 "네, 아버님! 말씀하옵소서."
3 너희들이 가을에 떨어진 밤송이를 주
워 가는 것처럼 나의 사랑하는 백성들
을 지금 사탄이 주워 가며 그들을 이
끌어 가 지옥으로 던지는 그와 같은
행위를 하고 있음이니,
4 사탄이 존재하지 못하도록, 그리고 나
의 백성들을 그와 같이 이끌고 가지
못하도록 그들을 구원해야 하는 것이
바로 너희들이니라.
5 나의 백성을 이끌고 가지 못하도록 그
들로부터 너희들이 구원해야 될 것이
며, 그들을 지켜야 하는 것이 너희들
의 운명임을 알아야 될 것이니라.
6 내가 뭐라 말하였느냐?
7 나의 사랑하는 백성들 그 누구도 나는
구원을 바라지 않는 백성이 없으며,
모두를 구원하고자 하는 것이 나 여호
와라 하지 아니하였느냐?
8 그러니 그 백성을 구원하는 것은 나의
아들을 따르는 제자들이요, 그리고 내
가 새로 내리는 성경을 이 세상에 덮
는 것이요, 모든 백성들이 보지 아니
하면 아니 되는 그와 같은 역사하는
것, 그것만이 그 모든 백성을 구하는
것이라 하지 아니하였느냐?
9 그러니 160권의 새로운 성경이 세상
에 나오는 일이 얼마나 귀하고 소중한
것이며, 그 책무를 맡은 너희들이 얼
마나 소중한 백성인지를 어찌 모른단
말이더냐?
10 그러니 너희들이 그와 같은 것을 행하
는 것을 잠시도 게을리해서는 아니 됨
이니라.
11 너희들이 게을리하며 태만할 때, 모든
백성들은 무너져 가고 있으며, 나의
아들 네가 또한 나의 성령을 받아 160
권의 새로운 성경을 세상에 내는 그것
을 네가 목표로 세웠으면, 네 목숨을
바쳐서라도 그를 행하는 삶으로 오늘
서부터 살도록 그리하라.
12 이제 내가 너를 돕지 않을 것이며, 내
가 너에게 기회를 만들어 주지 아니할

것이니,
13 스스로 네가 하루를 살아가는 그 세월
속에서 그 목표량이요, 네가 정한 것
을 만들고 세상에 내놓도록 그리하라.
14 그렇지 아니하면 나의 피조물 만백성
이 그만큼 세상에서 구원을 받지 못하
고 죽어 간다는 것, 그 죄를 너와 너의
제자들이 다 어찌 감당하려 하는가?
15 너희들은 그리하였느니라.
16 너를 찾아온 그 제자가 말하기를, 네
가 바로 서지 못하며 그리했을 때, 그
제자들이요, 그들은 구원을 받지 못한
다 했음이니, 이는 억울한 것이요, 하
늘의 뜻이 아니라 하지 않았느냐?
17 그러나 너희들은 이미 선택된 백성들
이니라.
18 선택된 백성들이 책무를 다하지 못했
으며 소임을 다 하지 못했을 때, 너희
들은 나로부터 상과 은혜가 아니라 벌
을 받을 것이며, 그 대가를 치르는 것
의 무서움을 알라 함이니라.
19 그렇지 아니하면 모든 백성들이 죽어
가는 것을 너희들이 방조하는 자요,
나의 피조물 만백성을 지옥으로 가도
록 하는 것이 너희들이라는 것,
20 그래서 나의 아들이 잘못 갈 때, 너희
들도 받을 것이 없으며 이룰 것이 없
는 똑같은 자들이기 때문에, 너희들에
게 아무것도 내가 내릴 것이 없다 하
였음이니,
21 스스로 너희들이 깨우쳐, 너와 너의
제자들이 하나가 되어 나 여호와의 뜻
을 역사하는 데 잠시도 게을리하며 소
홀히 하지 말도록 그리하라.
22 이미 나로부터 선택된 백성 너희들이
잘못 갔을 때, 다른 백성들보다 너희
들이 더 무서운 체벌을 나로부터 받는
다는 나의 가르침을 잊지 말라.

11,427 번째 하나님 말씀

2004년 6월 4일 05시 35분

1 사랑하는 나의 아들아!
2 "네, 아버님! 말씀하옵소서."
3 내가 지상의 낙원을 이루고자 하는 이
세상이 지금 얼마나 잘못 가고 잘못되
어 있는 줄 알겠느냐?
4 오늘에 사탄의 그 횡포가 이루 말할
수 없으며, 그들이 이 지상을 오염시
켰으며, 그 속에서 나의 사랑하는 백
성들을 하늘에 오르는 길이 아니요,
지옥의 길로 몰고 쇠사슬에 묶어 이끌
어 감이니,
5 그 횡포를 막는 길이 너희들이 바로
서는 것이요, 너희들이 바로 역사하는
백성으로서 변하는 것임을 알아야 될
것이니라.
6 지금 나의 아들을 따르는 제자들이요,
나의 새로운 성경을 읽고 깨우친 백
성, 너희들이 나로부터 선택된 백성들
이요, 대명을 역사할 백성들이니,
7 너희들이 바로 서는 것, 그것만이 그
들을 구원할 수 있는 길이라는 것, 그
리고 나의 법전을 세상에 전하는 것,
그것뿐이라는 것을 너희들은 알아야
될 것이니라.
8 너희들이 바로 서고 나의 법전을 세상
에 전해야만 사탄들의 횡포를 막을 수
있으며, 이 지상을 덮고 있는 사악한
사탄의 무리를 거둬들일 수 있음을 알

아야 될 것이니라.
9 오로지 그것밖에 없으며 그 대안밖에
없음이니, 이를 어찌 역사한단 말이더
냐?
10 지금의 그들이 그 비대한 몸집이요,
그리고 그 방대한 조직이요, 그 사탄
들이 세상을 덮고 있는 그 힘을 지금
은 누구도 그들과 대적하여 싸울 자가
없음이니라.
11 오로지 나의 아들과 나의 아들을 따르
는 제자들이요, 그리고 나의 새로운
성경을 읽고 깨우친 백성, 그리고 내
가 나의 아들을 통하여 세상에 내린
160권의 새로운 성경으로만 그들과
대적할 수 있음이니라.
12 그러니 너희들이 얼마나 크나큰 싸움
을 지금 준비하고 있으며, 그 싸움이
이 세상에서 전쟁이 일어나는 것이라
는 걸 알겠느냐?
13 인간 세상에 너희들이 지금까지 이루
었던 것, 그리고 현재요, 미래에도 그
리고 어떠한 전쟁도 오늘의 너희들이
치러야 될 그 전쟁보다도 더 큰 전쟁
이요, 더 큰 싸움은 없음을 알아야 될
것이니라.
14 세상에 존재하고 있는 그와 같은 모든
종교 집단들이, 그 종파가 하나가 되
어 너희들과 대적하는 그와 같은 싸움
이 이제 벌어져야 할 것이며, 그 전쟁
은 반드시 이루어지게 되어 있음이니
라.
15 그 전쟁은 반드시 치러야 되는 것이
니, 그보다 지금까지 이 지상에서 있
던 어떠한 전쟁이요, 너희들이 국가와
국가 간의 싸움이요, 이해관계를 위하
여 단체와 단체의 싸움도 이보다 더
큰 싸움이요, 더 방대한 싸움은 없으
니,
16 그 방대하고 큰 싸움을 치러야 될 너
희들이 어떠한 자세로 가야 되는지 알
겠느냐?
17 그 많은 세월 속에 굳어지고 굳어져
있는 그 방대한 조직을 무너뜨릴 수
있는 전쟁, 그 무서운 전쟁은 한 번은
이루어져야 되니,
18 그 전쟁을 지금 치러야 되는 것이 너
희들이며, 그를 준비할 자가 너희들이
니라.
19 그러니 너희들이 바로 아름다운 마음
이요, 천사와 같은 자요, 완벽한 백성
으로 바로 서는 그와 같은 전사들만이
그들과 싸울 수 있는 것이요,
20 아직도 인간 욕심이요, 인간의 생각을
저버리지 못하였으며, 이해관계를 버
리지 못했으며, 그와 같은 마음을 지
금도 가지고 있다면, 그들과 싸워 너
희들은 백전백패니,
21 내가 바로 너희들에게 바로 서라는 것
이요, 나의 새로운 성경을 읽고 읽어
너희들이 그들과 대적할 수 있는 그와
같은 능력을 기르라 함이 바로 여기에
있음을 잊지 말라.

11,428 번째 하나님 말씀

2004년 6월 4일 05시 40분

1 사랑하는 나의 아들아!
2 "네, 아버님! 말씀하옵소서."
3 내가 성서에 기록하여 새로운 보혜사
요, 새로운 성령이 세상에 내려올 것

이라 그를 기록하였으니, 지금의 사탄
들이 그와 같은 것을 모르고 있다 생
각하느냐?
4 사탄들이 그와 같은 것을 다 알고 있
음이니라.
5 그리하여 사탄들은 새로운 성경이요,
나 여호와, 너희들이 말하는 아버님의
말씀이라 하여 이가 세상에 내려와 그
들을 다스릴 수 있는 그와 같은 시대
가 올 것이며,
6 저희들이 그때 어찌해야 할 것인가,
그리고 저희들 자신이 어찌 지켜야 할
것이며, 어찌 버티고 갈 것인가,
7 그리하여 그들은 지금 그와 같은 새로
운 성령이요, 나의 새로운 뜻이 세상
에 내려올 때, 그를 대적하고자 2천
년 동안을 준비한 자들이니라.
8 그러니 그들은 새로운 보혜사요, 새로
운 성령이 세상에 내려와 그 모두를
심판하는 그와 같은 시대가 올 것이라
는 걸 알고 있기에, 사탄들은 2천 년
동안 준비를 철저히 했음이니라.
9 그러나 그와 같이 몇천 년 동안 준비
를 해 온 그 사탄들에게 몇 년도 안 된
너희들이 그들과 대적하여 큰 전쟁이
요, 큰 싸움을 이루어야 한다는 걸 명
심하지 아니하면 아니 되느니라.
10 그러니 내가 너희들이 갖춰지지 아니
한 상태에서 너희들이 깨닫지 못한 그
와 같은 행동에서 그들과 대적하기에
는 너희들이 백전백패이니라.
11 그러니 내가 너희들에게 뭐라 하였느
냐?
12 섣불리 행동하지 말며 섣불리 도전하
지 말라 한 것이 여기 있음이니라.
13 그러니 너희들이 새로운 성경을 완벽
히 깨우치며, 내가 나의 아들을 통하
여 내리는 내 뜻이 무엇이며 내가 이
루고자 하는 것이 무엇인가를 깨우쳐,
14 하늘의 지혜를 얻을 수 있는 그와 같
은 자들로 모두가 변화되는 은혜를 입
었을 때만이 너희들이 그들과 싸워서
이길 수 있는 것이니라.
15 그러니 너희들이 과거 현재 미래의 그
어떠한 전쟁도, 어떠한 싸움판도, 오
늘의 너희들이 그들과 치러야 할 그
전쟁보다 더 큰 전쟁이요, 더 위대한
전쟁이 없다 함을 알지 않느냐?
16 명분이 뚜렷한 것이며, 또한 너희들이
가야 할 길이 뚜렷하며, 이는 만백성
을 구하는 나 여호와의 뜻이요, 전사
로서 너희들이 싸움을 해야 될 것이며
전쟁을 치러야 될 것이니,
17 이보다 더 명확한 명분이 있는 전쟁이
없으며 이보다 더 큰 전쟁이 없다는
것을 알아야 될 것이니라, 사랑하는
나의 아들딸들아!
18 다만, 2천 년 동안 너희들을 대적하기
위해 준비하고 준비한 그들에게 섣불
리 전쟁을 해서는 아니 되느니라.
19 그러니 몇 년도 안 되는 너희들은 지
금 나의 새로운 성경이요, 내가 나의
아들을 통하여 내리는 강론을 듣고 깨
우쳐
20 너희들이 충성을 다하며 목숨을 바쳐
그 길을 가겠다는 마음을 가지고도 이
전쟁에서 이길까 말까 하거늘,
21 나의 아들 예수를 따랐던 그 제자들처
럼 너희들이 달면 삼키며 쓰면 뱉는
그와 같은 마음의 상태로써는 그들과

결국 전쟁할 수 없음이니라.
22 내가 일찍이 너에게 일깨워 주었듯이,
지금 너를 따르는 제자들이 과연 예수
와 같이 그 죽음에 처하며 그 고통 속
에 갈 때, 과연 그를 지켜 줄 수 있는
제자가 있다 생각하는가?
23 나의 아들이 조금만 너희들의 눈에 보
이는 실수가 있으며 아들의 눈에 티
가 보일 때, 가차없이 등을 돌리고 떠
나고자 하며, 그를 시시비비하여 공격
하고자 하는 것이 지금 너를 따르는
그 제자들이니라.
24 그러니 그들보다도 너희들이 못한 자
들이요, 그들보다도 등돌리기 쉬운 자
요, 떠나기 쉬운 자요, 그리고 모두를
버리고 갈 수 있는 자들이니,
25 단 한 명이라도 목숨을 바쳐 끝까지
버티고 갈 수 있는 그 백성이 있다면,
그와 더불어 네가 전쟁으로써 그들을
다 이길 수 있을 것이니 그리 알라.

11,429 번째 하나님 말씀

2004년 6월 4일 05시 46분

1 사랑하는 나의 아들아!
2 "네, 아버님! 말씀하옵소서."
3 수천 년 동안 흘러온 세월 속에서 나
의 아들 예수의 귀하고 소중한 그 죽
음을 과연 지금의 종교 집단의 지도자
들이 어찌 이끌어 왔는지 알겠느냐?
4 그들은 참진리요, 나의 뜻을 깨우쳐
만백성을 구하는 그 길이 아니라, 지
도자요, 저희들이 목사라는 자, 그리
고 선생이라는 자, 그들이 저희들의
부귀영화를 지키며, 나의 피조물 만백
성에게 고혈을 빨아 호의호식하는 그
와 같은 것이 오늘의 흘러온 종교 집
단의 지도자니,
5 그것이 바로 참진리가 아니요, 인간의
사업을 위하여 너희들이 이끌려 왔으
며, 인간의 사업 속에 제물이 되며 희
생물이 된 것이 바로 나의 사랑하는
백성 너희들임을 알아야 될 것이니라.
6 너희들이 2천 년 동안 해 온 것이 무
엇인 줄 알겠느냐?
7 너희들의 종교 지도자라는 자, 그들은
아무리 부족하다 해도, 목사가 아무리
부족하며 제대로 갖춰지지 아니한 자
라 해도,
8 그는 하나님의 종이요, 하늘에서 선택
한 자이기 때문에 너희들이 신처럼 모
셔야 된다는 것,
9 그리고 그가 하는 것을 욕해서도 아니
되며, 그가 잘못하는 것을 탓해서도
아니 되며, 그를 기쁘게 하는 것이 너
희들이 할 일이요,
10 그리고 좋은 것, 기쁨을 줄 수 있는 것
은 그에게 먼저 보여 줘야 되며, 그의
잘못을 탓해도 아니 되며, 그를 비방
해도 아니 되며, 그를 바꾸려 해도 아
니 된다는 오늘의 이와 같이 가르친
것이 바로 너희들의 교리요, 지금 흘
러온 역사가 아니더냐?
11 그러니 종교 지도자 저 자신이 부족하
며 제가 하늘의 뜻을 알지 못하니, 저
자신을 지키기 위하여 남의 종교 지도
자를 그와 같이 치켜세우며 그와 같이
받들라 하는 것이, 바로 너희들이 사
랑이 있어서 부족한 종교 지도자도 사
랑으로 받치고 사랑으로 다스려, 하나

님의 종이니 그를 섬기고 가야 된다
하는 것이 아니라,
12 저 자신이 그와 같은 대우를 받기 위
하여, 제가 그와 같은 것을 누리기 위
하여, 너희들이 서로 주고받고 서로
도와주며 서로 옮겨 가면서 상대방의
그 백성들에게 그리 격찬하며, 그리고
그리 가라 가르치며,
13 그리고 저 또한 다른 종교 집단에 가
서 그 목사라는 자를 위하여 또 입으
로써 그와 같은 말을 서로 주고받고
품앗이를 하며 품삯을 주고받는 그와
같은 형국으로써 지금까지 너희들이
해 온 것이 오늘의 교리요, 깨우침의
전부였음이니라.
14 너희들은 부족하고 모자란 자가 목자
가 된다 해도, 이는 하늘의 종이기 때
문에 존경하고 따라야 되며, 그와 같
이 받들라 함이니라.
15 그러나 너희들은 알아야 될 것이니라.
16 인간 세상에 살아가면서도 나의 백성
들을 가르치는 선생도, 인간 교육을
하는 그 선생도 자질이 없으면 스스로
물러나는 것이며, 그 자신이 존재할
수 없는 것이 그와 같은 인간 세상의
법도가 아니더냐?
17 실력 있는 자, 그 자격을 갖춘 자만이
거기에 설 수 있도록 하며, 그리고 부
족한 자를 용서하지 않는 것이 세상에
살아가는 너희들의 그 자세이거늘,
18 어찌하여 너희들이 구원이라는 것, 너
희들이 영원히 살고 못 사는 그 생명
을 가르치는 지도자, 그와 같은 자가
부족해도, 그는 하늘의 뜻이요, 하늘
의 종이니, 너희들이 복종하고 받들며
떠받들고 살아가라 그리 말하느냐?
19 여기서 너희들은 알아야 될 것이니라.
20 인간 세상에서 백성을 가르치고 교육
하는 선생도 아니요, 너희들이 거듭나
느냐 거듭나지 못하느냐, 그리고 영원
한 삶의 나의 나라에 와 사느냐 못 사
느냐 하는 그 귀하고 소중한 것을 가
르치는 종교 지도자이니,
21 그가 부족할 때, 미련할 때, 자질이 부
족할 때는 그는 가차없이 너희들이 제
거해야 되며, 그를 단상에서 끌어내야
되며,
22 그와 같은 자를 받들어서는 아니 되
며, 그와 같은 자는 따라가도 절대 아
니 된다 너희들이 그리 가르치고 그와
같은 마음으로써 모든 나의 피조물
만백성을 지금 너희들처럼 세뇌시켜
왔더라면, 자질이 없는 자, 부족한 자
가 단상에 설 수 없을 것이니라.
23 그러니 성서대로 행하는 사람들만, 성
서대로 행하는 지도자만 거기에 서서
내 뜻을 그래도 따르고 역사할 수 있
는 지도자가 있을 것이거늘,
24 내 뜻대로 참진리로 가는 자는 설 자
리가 없으며, 단상을 내주지 아니하
며, 그 앞에 신도들을 모이지 못하도
록 하며, 신도 앞에서 강론을 하지 못
하도록 하는 것이 오늘의 종교 집단이
요, 지도자 너희들이 하고 있는 짓이
니,
25 그것이 바로 2천 년 동안 행하고 흘러
온 것이니라.
26 이제 내가 이를 더 이상 묵과하지 아
니하며, 더 이상 내가 덮어 두지 아니
하려 하며, 더 이상 내가 너희들을 용

서하지 아니하고자 함이니라.
27 그리하여 너희들을 다스리고자 나의
새로운 성경이 세상에 내려옴을 알라
그리 전하며, 그 무서움을 알지 못하
는 자, 영원히 거듭나는 은혜를 얻을
수 없음이니라.

11,430 번째 하나님 말씀

2004년 6월 4일 05시 52분

1 사랑하는 나의 아들아!
2 "네, 아버님! 말씀하옵소서."
3 나의 피조물 만백성 너희들의 손으로
지은 그 죄의 온상인 교회에 오기만
하면, 교회라는 곳에 모두를 다 맡겨
버리면, 너희들은 어머니 품과 같은
것이요, 어머니 품으로 돌아오는 그와
같은 백성이라 하여 너희들이 온갖 감
언이설로써 나의 피조물 만백성을 이
끌어 가느니라.
4 그리하여 너희들이 그와 같은 곳에 나
의 피조물 만백성을 이끌어 가면 그
순간부터 되돌려 뭐라 말하느냐?
5 종교 지도자는 하늘로부터 명받은 자
요, 나로부터 명받은 자이니라, 그러
니 너희들이 그 명을 받들어 따르는
데 모두를 다 바치며 충성을 다해야
될 것이며,
6 너희들이 다른 마음이요, 다른 생각을
가져서는 아니 될 것이니라.
7 오로지 나 여호와를 기쁘게 하는 것으
로써 너희들이 인간 세상에서 죄를 지
으며 남에게 폐를 끼치며 부모·형제
에게 등을 돌려도, 너희들이 나 여호
와를 기쁘게 함이니 그건 죄가 되는
것이 아니라 하여,
8 나의 백성들을 그리 세뇌시키는 데 모
든 집중적인 교육을 시켜, 바로 세뇌
가 되는 자는 너희들의 형제요, 너희
백성이라 끌고 가며, 세뇌되지 아니하
는 자는 너희들이 내치는 것이 바로
오늘까지 온 형태의 전부가 아니더냐?
9 그러니 너희들이 모두를 다 바치라,
지도자를 따라가는 자 모두를 다 바치
며, 너희 자신은 존재하지 아니하며,
너희 자신을 먼저 생각하지 말라.
10 그리고 교회를 먼저 생각하며, 종교
지도자를 먼저 생각하며, 그리고 너희
들이 오늘의 믿음은 어머니의 품과 같
으니,
11 그 어머니의 품에 돌아온 자, 그 은혜
에 보답하는 그와 같은 삶을 살라, 너
희들이 그리 가르치고 이끌어 가는 것
이 아니더냐?
12 너희들이 얼마나 사악한 자들이냐?
13 어찌하여 교회요, 목자를 따르는 데
너희들이 모두를 다 바쳐야 된단 말이
더냐?
14 나 여호와의 뜻은 그와 같은 것이 아
니니라.
15 너희들이 나의 뜻대로 참진리로 살아
갈 때 그 길에 들어섰을 때, 너희들이
충성을 다하며 목숨을 다 바쳐 그 길
을 지켜 갈 수 있도록 할 것이며,
16 그리고 네 형제요, 네 이웃부터 구원
하는 그와 같은 역사를 이루라 하는
것이며,
17 바로 참진리요, 내 뜻에 따라 살아가
는 그 길에 들어섰을 때, 너희들 자신
을 다스리라 하는 것이며,

18 그 길에 들어서기 위하여 너희들이 너
희 자신을 버리며 너를 인식하지 않는
그와 같은 마음 자세로 살아가라는 것
이 나 여호와의 뜻이거늘,
19 종교 지도자요, 그리고 교회에 나가
바치고 역사하는 것, 그와 같은 것을
하기 위하여 너희들이 모두를 다 버리
며 충성을 다하며 자기 자신을 의식하
지 말고 살라 가르치는 것은,
20 이것은 하늘과 땅의 차이의 가르침이
라는 것을 이제 깨우쳤을 것이니라.
21 그렇다면 너희들이 어떠한 길을 가야
될 것이며 어떠한 길을 선택하여 가야
할 것인가 스스로 알 수 있을 것이니
라.

11,431 번째 하나님 말씀

2004년 6월 4일 05시 56분

1 사랑하는 나의 아들아!
2 "네, 아버님! 말씀하옵소서."
3 너희들이 말은 잘하느니라, 그리고 너
희들이 단상에 서서 설교를 잘하느니
라.
4 그러나 그 설교의 가르치는 것이 내
뜻을 벗어난 것이며, 내 뜻에 의하여
역사하는 것이 아니니라.
5 너희들은 교회를 통하여 성령의 뜻이
지금 나 여호와의 뜻이 강물이 흐르듯
이 너희들에게 내려 준다 그리 말하느
니라.
6 그리고 종교 지도자는 기름 부음을 받
은 자라 말하느니라.
7 그러니 너희들은 얼마나 어리석은 백
성들이더냐?
8 누가 기름을 부은 자들이요, 누가 강
물이 흐르듯이 지금 나의 새로운 성경
이 내려오며 너희들에게 전해진다 말
하더냐?
9 너희들은 수천 년 동안 나의 피조물
만백성들을 구원한다며 가르친 것이
종교 지도자 너희들이 복음서를 가지
고, 그 복음서의 신약성경을 갖고 가
르치고 전하고 그리하지 아니하였더
냐?
10 거기에는 변화가 없음이니라.
11 너희들이 해마다 재탕 재탕하는 그와
같은 가르침이야말로 정녕 흐르는 물
이 아니요, 고여서 썩고 썩을 대로 썩
은 그 고인 물임을 알라.
12 그러니 너희들은 여기서 깨우치라.
13 내가 나의 아들을 통하여 내리는 새로
운 성경이요, 그는 너희들이 어떠한
역사를 이루는가?
14 그리고 나의 아들이 세상을 등지고 떠
날 때까지 나 여호와의 뜻을 기록하여
하늘의 뜻을 세상에 전하고 살아갈 것
이니,
15 이것이 강물이 흐르듯이 새로운 성령
이 너희들에게 전해지는 위대한 역사
를 이루는 것인가,
16 그렇지 아니하면 너희들이 복음서를
가지고 고인 물을 가지고 재탕하고 재
탕하며, 앞으로 나아갈 줄 모르며 전
진할 줄 모르는 그와 같은 믿음이 과
연 강물이 흐르는 것이라 그리 말하느
냐?
17 이 모두는 너희들을 지금 지옥으로
이끌어 가는 것이요, 죽음의 무덤으로
써 인도하는 그와 같은 오늘의 삶이

요, 종교 집단이요, 믿음의 길을 가고
있다는 것을 알라.
18 지금 새로운 성경처럼 내가 너희들에
게 계속적인 나의 성령이 내려오는 것
이 바로 하늘의 뜻이 너희들에게 강물
처럼 흐르는 것이며, 너희들을 인도하
는 것이며, 구원하는 역사가 이루어진
다는 것을 알라.
19 새로운 성경처럼 내가 계속 붓는 것,
그것만이 너희들이 나에게 기름 부음
의 은혜요, 성령이 강물처럼 흘러 깨
우치며 너희들을 인도하며, 너희들이
하늘의 지혜를 얻도록 하는 그와 같은
역사가 이루어짐이니, 그리하여 나의
새로운 성경이 내려짐을 너희들은 알
라.
20 그러니 여기에 동참하지 아니하는 자,
이를 보고 깨우치려 하지 않는 자, 이
를 보고 노력하지 아니하는 자는 절대
구원을 받을 수 없다는 것을 명심하고
또 명심하도록 그리하라.

11,432 번째 하나님 말씀

2004년 6월 4일 07시 03분

1 사랑하는 나의 아들아!
2 "네, 아버님! 말씀하옵소서."
3 그래도 나의 가르침을 들으며 내가 너
를 통하여 내리는 그 모든 강론의 뜻
을 들으며, 나의 새로운 성경을 읽고
깨우치는 그 백성들의 마음 자세요,
생각을 바로잡도록, 네가 그들을 잘
인도하도록 그리하라.
4 나는 지금 너를 따르는 제자들이 베드
로요, 나의 아들 예수를 따랐던 그 제
자들과 같이 되기를 원하지 아니하느
니라.
5 너희들은 달라야 하며 너희들은 변화
된 자들이 되어야 할 것이니라.
6 나의 아들 예수를 따랐던 수제자 베드
로요, 그 제자들이 어떠했는가?
7 그들의 믿음이 인간의 믿음으로써 저
희들이 가지 말아야 될 것을, 그들은
스스로 인간의 믿음의 길을 선택해 간
것이 아니더냐?
8 하늘의 뜻을 위하여 그들이 가지 아니
하였으며 하늘의 뜻에 따라 역사한 것
이 아니라, 인간의 생각을 가지고 그
들이 따랐다는 것을 알아야 될 것이니
라.
9 그러니 인간의 믿음의 길을 가지 않도
록 너의 제자들에게 그리 깨우치며 그
들을 바로잡아야 될 것이니라.
10 지금 너의 제자들도 나 여호와요, 내
뜻을 향하여 믿음의 길을 가지 아니
하고, 그 모두가 다 베드로처럼 사람
의 생각으로써 공부하며 사람의 생각
으로써 믿음의 길을 간다면, 너희들은
나의 아들을 따르지 말아야 될 것이니
라.
11 지금 모든 나의 아들 예수를 따랐던
그 제자요, 수제자 베드로까지도 그들
이 인간의 생각으로써 믿음의 길을
갔으며, 인간의 생각으로써 모두 나의
아들 예수를 따랐기에 그와 같은 형국
이 되었음을 너희들은 알아야 될 것이
니라.
12 그러니 그들은 나의 아들 예수에게 그
리 말하였느니라.
13 '주여! 그리하지 마옵소서.' 또는 '이

리하지 마옵소서.' 그와 같은 말을 베
드로가 나의 아들 예수에게 할 수 있
었던 그 의미는 무엇인 줄 알겠느냐?
14 그들은 바로 하늘의 뜻을 모르며 인간
의 생각으로써 나의 아들을 따랐기 때
문이니라.
15 그러하니 나의 아들이 그 수제자 베드
로에게 '사탄아! 물러가라.' 책망을 했
으며, 그를 꾸짖은 것은 나의 아들 예
수의 마음이 얼마나 분노했던 것인가!
16 지금의 나의 아들을 따르는 제자 너희
들도 들어야 될 것이니라.
17 너희들도 베드로와 같은 우를 범하지
말라.
18 너희들이 하늘의 뜻을 안다면 나의 아
들의 가는 길을 알 수 있으나,
19 하늘의 뜻에 의한 믿음을 믿지 아니한
다면 지금의 나의 아들이 가는 그 길
이요, 그가 역사하는 것을 너희들이
결코 알 수 없음이니라.
20 그러니 그를 알지 못하는 자 바로 따
를 수 없으며 그와 더불어 갈 수 없음
이니,
21 나의 아들이 그들을 보는 것은 '사탄
아! 물러가라.' 나의 아들 예수처럼 그
리할 수밖에 없지 않던가?
22 누구도 예수의 가는 길을 몰랐느니라.
23 그와 같이 더불어 모든 역사와 기적을
본 그 제자들도 나의 아들 예수가 가
는 길을 안 자가 없었으며, 그러기에
그들이 뭐라 했느냐?
24 '정녕 그리하지 마옵소서.' 하며 그리
하면 되지 아니할 것이라는 그와 같
은 말을 함부로 할 수 있었음이니라.
25 그것이 바로 나를 위한 믿음의 길이
아니라, 인간의 생각이요, 인간의 마
음으로 믿은 그 제자들이었기 때문에,
그들은 나의 아들 예수가 그 어렵고
고통스러운 죽음에서 모두 등을 돌렸
음이니라.
26 지금 나의 아들을 따라가는 그 백성
너희들도 나의 아들이 가는 길을 알기
위해서는 마음을 비워야 될 것이며,
나 여호와의 뜻에 의하여 살아가는 진
정한 믿음의 길을 가도록 그리하라.
27 그렇지 아니하면 너희들이 아무것도
볼 수 없으며 얻을 수 없다는 것을 알
라.

11,433 번째 하나님 말씀

2004년 6월 4일 07시 07분

1 사랑하는 나의 아들아!
2 "네, 아버님! 말씀하옵소서."
3 너를 따르는 선택된 제자들이요, 그리
고 나의 새로운 성경을 읽고 깨우친
백성, 너희들이 남들과 차별화되며,
깨달음이 경지에 올랐다 하나, 너희들
은 알아야 될 것이니라.
4 나의 아들을 따르는 그 제자들, 예수
가 가는 길을 모르고 따라갔던 그 제
자들, 그리하여 육적인 생각으로 살아
가는 그 제자들의 삶이 어떠한 것인가
를 내가 말하지 아니하였더냐?
5 다시 한 번 내가 여기다 기록하여 너
희들을 깨우쳐 주고자 함이니라.
6 '주여! 어디로 가시나이까, 저희는 알
지 못하겠나이다.' 이 또한 무엇이더
냐?
7 그 제자들의 모두가 다 육적인 믿음과

육적인 관계에서 따랐으며 그 모두를
역사했기에, 나의 아들이 나 여호와에
게 오는 그 길을 알 수 없으며 그 의미
요, 그 뜻을 알 수 없었음이니라.
8 다만, 그와 같이 육적인 세상에 와 육
적으로써 저희들이 부귀영화를 같이
누리며, 나의 아들 예수를 따르면 못
얻을 것이 없으며 역사하지 못할 것이
없다 생각했던 그 백성들이,
9 나의 아들이 모두를 다 접어 두고 마
구간 그 초라한 곳에서 태어나 어렵고
힘든 그와 같은 삶을 살며, 가장 고통
스러운 죽음의 길을 당하며, 그가 죽
어 가는 그와 같은 일련의 과정을 그
들은 알 수 없었음이니, 그는 바로 무
엇이더냐?
10 육적인 생각을 가지고 믿었기 때문이
며 육적인 생각으로 그를 따랐기 때문
이니라.
11 그들이 진정한 나 여호와의 뜻이요,
하늘의 뜻에 따라 믿었다면, 나의 아
들 예수의 가는 길을 알 수 있으며, 그
가 가는 것을 모를 리가 없음이니라.
12 그러니 영적인 깨달음이 없었다는 것
을 알라.
13 그 모두를 알 수 있었을 것을, 너희들
이 영적인 깨달음이 아니기 때문에 결
코 알지 못하며 들여다볼 수 없었음이
니라.
14 지금의 나의 아들을 따르는 제자 너희
들은 과연 어떠한가?
15 너희들이 육적인 생각에서 지금 가고
있지 아니한가?
16 너희들이 육적인 생각을 앞세워 오늘
의 나의 아들을 따른다면 너희들은 그
생각에서 깨어나야 될 것이며,
17 그 생각을 지워 버리도록 노력하지 아
니하면 아무것도 보지 못하며 아무것
도 알 수 없으며, 아무것도 이룰 수 없
는 것이요,
18 그리고 나의 아들이 고통과 시련을 겪
을 때 너희들은 예수를 따랐던 제자들
이 등돌리고 도망가듯이, 너희들이 그
들보다 더 멀리 도망갈 자들이라는 것
을 나는 알고 있느니라.
19 나의 아들 예수의 가르침을 아무것도
몰랐으니, 지금의 나의 아들의 제자
너희들은 과연 나의 아들이 가는 길
을, 그가 목적하는 것을, 그가 가야 할
목적지가 어딘지 아는 백성이 있는가?
20 너희들은 그를 알려고 하며 그를 보려
고 해야 될 것이며, 그 의미를 알아야
할 것이며,
21 나의 아들이 가는 그 의미의 깊은 뜻
을 알아야 될 것이니라.
22 나의 아들 예수만이 비유로써 모든 걸
전한 것이 아니요,
23 나의 아들 또한 너희들에게 직접 깨우
치고 전하지 못함이니, 비유의 뜻으로
써 너희들을 깨우치고 전함이 수없이
있음을 알아야 될 것이니,
24 그 비유의 뜻을 알아듣지 못하며 그를
알지 못하면 너희들은 나의 아들을 알
수 없음이니, 너희들은 나의 아들과
더불어 길을 갈 수 있는 제자들이 못
됨이라 함을 여기서 알라.

11,434 번째 하나님 말씀

2004년 6월 4일 07시 17분

1사랑하는 나의 아들아!
2 "네, 아버님! 말씀하옵소서."
3지금 나의 피조물 만백성들이, 내가
너를 통하여 내리는 새로운 성경, 이
를 읽고 깨우치려면 과연 얼마나 오
래 많은 세월이 흘러가야만 되겠느냐?
4나는 이것, 또한 내 마음이 아픔이니
라.
5지금 나 여호와의 참뜻이요, 내가 성
령의 모두를 다 내려보낸 이 중요하고
귀한 나의 새로운 성경을 너희들이 접
하는 대로 읽고 깨우쳐 쉽게 깨닫는
다면,
6이 세상은 천 년에 걸치기 전에 바로
온 세상에 지상의 낙원이 이루어질
것이거늘,
7나의 사랑하는 백성들이 과연 얼마나
오래 많은 세월이 흘러가야만 이를
깨달아 너희들이 지상의 낙원을 이루
는 그와 같은 역사를 이룰 것인지, 그
또한 내 마음이 아픔이니라.
8그러니 그와 같은 역사의 흐르는 것,
또한 누구에게 책임이 있는가?
9나 여호와는 인간 너희들을 통해서
모두를 역사함이니, 선택하여 역사하
는 너희들의 그 책임임을 알아야 될
것이니라.
10그들에게 이를 빨리 깨우쳐 빠른 세
월 속에 너희들의 이 뜻을 알아들어
변하는 그와 같은 역사를 이룰 수 있
도록 하는 것,
11그렇지 아니하면 나의 피조물 만백성
이 너무나도 많은 세월 속에 흘러감이
니, 그 많은 세월 속에 흘러감으로 인
하여 그 결과는 무엇이더냐?
12일찍이 너희들이 깨우치면 구원을 받
는 자가 많을 것이요, 그를 깨우치지
못하며 세월이 흐르는 대로 그대로
방치해서 모두를 못 이룬다면,
13많은 백성들이 구원의 길을 들어설 수
없으며 그 은혜를 입지 못한다는 그
무서운 사실을 너희들은 항상 기억하
고 생각하며 살아가는 그와 같은 백성
이 되어야 함을 잊지 말라, 사랑하는
나의 아들딸들아!
14나의 아들아! 너희들은 나의 성령이
요, 나의 새로운 뜻을 그대로 전하며
그대로 역사하면 되는 것이니라.
15나의 아들을 따르는 제자 너희들은 들
으라.
16나의 아들이 내가 내리는 내 성령의
뜻을 그대로 받아 그대로 기록하여 전
하는 것으로써 나의 아들은 소임을 다
하는 것이며 그 임무를 다한다 하였음
이니라.
17그러니 너희들이 그를 읽고 깨우치고
깨우쳐 변화되는 그와 같은 삶은 너희
들 스스로 각자의 마음에 달린 것이니
라.
18나의 아들이 너희들의 마음까지 바로
잡아 주며, 너희들의 그 변화의 역사
까지 나의 아들이 깨우치고 인도할 수
있는 것은 아니니라.
19나의 아들은 다만 나의 새로운 성경이
요, 내 뜻을 받아 그대로 그가 가감하
지 아니하며 너희들에게 전해 주는 것
으로써 그는 이를 충실히 수행하는 자

이니라.
20 그렇거늘 너희들 스스로 깨우치지 못
하고 변화되지 못하는 것, 너희들이
게을러 노력하지 아니하여 남들처럼
살지 못하는 것,
21 그와 같은 것을 나의 아들이 풀어 주
기를 바라며, 나의 아들을 따르는 대
가로써 풀어 주기를 바라며, 나의 새
로운 성경을 공부하고 깨우침으로써
너희들이 그 어떠한 은혜를 입고자 생
각하지 말라.
22 너희들이 잘못 살며 험악하게 인생을
산다면, 너희들은 그 대가를 치르며
그 벌을 받을 것을,
23 너희들이 나의 아들을 통하여 내리는
새로운 성경을 읽고 깨우쳐 구원을 받
는다면, 너희들이 지옥으로 가지 않는
다면 그보다 큰 영광과 은혜가 없거늘,
24 너희들이 어찌하여 나의 아들을 통하
여 무엇인가를 이루고 역사하고자 하
며, 나의 법전을 접하고 공부한다 하
여 너희들이 그 대가를 요구하는 것은
어리석은 것이요, 적반하장의 행동이
아니더냐?
25 그와 같은 건 있을 수도 없으며, 그와
같은 것은 나 여호와는 모름이니 그리
알라.
26 각자의 마음에 모두가 달렸으며, 얻고
못 얻는 것도 너희들에게 달렸음이니
라.
27 참진리의 길과 비진리의 길을 아는
것, 그리고 각자가 깨닫는 것, 그리하
여 너희들이 선택하는 것, 그 모두는
너희들의 자유의지요, 너희들에게 달
린 것이지, 나의 아들이 그와 같은 것
까지 역사해 줄 수는 없는 것이니라.
28 나의 새로운 성경을 제대로 깨우쳐 받
아들이면 너희들이 구원의 길을 올 것
이요, 그렇지 못하면 너희들이 오류를
행하고 살다 그 대가를 치르는 것이니
라.
29 내가 나의 아들에게 내린 명은, 나의
아들은 나의 성령을 그대로 기록하여
전하는 것이 나의 아들이 할 일이요,
그 역사함이지,
30 너희들의 신상이요, 너희들이 살고 못
사는 것, 변화되고 안 되는 것, 그 모
든 것까지 나의 아들이 책임질 일이
없으며, 그와 같은 것을 전할 것이 없
으니,
31 이루어지고 안 이루어지는 것을 나에
게 묻지 말며 나의 아들에게 묻지 말
도록 그리하라.

11,435 번째 하나님 말씀

2004년 6월 4일 07시 20분

1 사랑하는 나의 아들아!
2 "네, 아버님! 말씀하옵소서."
3 모든 백성 너희들이 살아가며 나를 보
며 내 뜻을 알며 내 음성을 들으려거
든, 너희들이 또한 나의 천국이요, 나
의 나라에 올 수 있는 백성이라면,
4 이 세상에 모든 존재하는 것은 나 여
호와가 내리지 아니한 것이 없으며,
내가 창조하여 내려보내지 아니한 것
이 하나도 없음이니,
5 너희들은 온 천지에 이 세상에 존재하
는 모든 것과 화해하는 자가 되라.
6 너희들이 화해하는 그와 같은 삶이요,

사랑하는 마음으로 살 때, 나 여호와
는 너희들을 기다릴 것이며 너희들과
같이한다는 것을 절대 잊지 말도록 그
리하라.
7 모든 믿음의 길을 가는 백성이요, 이
방인이라 하든, 너희들이 잡신을 믿는
다 하든, 나의 아들을 따르는 그 선택
된 백성이든,
8 너희들이 나로부터 부름을 받으며 나
로부터 뜻을 이루고자 한다면, 그리고
너희들이 나에게 오고자 한다면, 내
음성을 듣고자 한다면,
9 너희들은 이 세상 온 천지에 존재하는
모든 것들과 화해하는 그와 같은 마음
으로 살며, 화해하는 자세로 살라.
10 그리고 모두를 사랑하는 마음 자세로
살라.
11 너희들이 세상의 모든 것과 화해하지
아니하며 사랑하지 아니하며, 귀하게
여기지 아니하며, 감사하게 여기지 않
는 그와 같은 백성은 결코 나에게 올
수 없으며,
12 내가 그와 같은 백성은 받아들이지 아
니하며 부르지 않는다는 무서운 사실
을 꼭 기억하도록 그리 가르치라.

11,436 번째 하나님 말씀

2004년 6월 4일 07시 24분

1 사랑하는 나의 아들아!
2 "네, 아버님! 말씀하옵소서."
3 너를 따르는 제자들이요, 나의 새로운
성경을 읽고 깨우친 만백성, 너희들은
알아야 될 것이니라.
4 너희들이 하늘에 오르는 길이요, 그
구원의 길을 얻는다 함이니, 그러나
너희들은 지금 나의 새로운 성경을 접
하는 것이 엄하고 엄한 아버지를 만난
다 너희들이 그리 생각하며, 그 부모
밑에서 살아가는 마음 자세를 갖지 아
니하면 아니 될 것이니라.
5 엄하고 엄한 부모요, 철저한 부모 밑
에서 너희들이 배우는 것, 그리고 정
의로운 삶을 살며 불의에 타협하지 않
는 것, 엄격하고 엄격한 너희들의 부
모를 만나는 것이라 그리 깨우치라.
6 그리고 부모를 만남으로써 너희들이
그 속에서 진리를 깨우치며 삶의 기본
을 배우며 사랑을 베푸는 그와 같은
것을 모두를 너희들이 얻고 깨우칠 수
있다는 것을 알라.
7 그러니 나의 새로운 성경이요, 이를
접하는 만백성 너희들은 들으라.
8 160권이 너희들의 아버지라 생각하라.
9 엄하고 엄한 아버지라 생각하라.
10 그 아버지는 누구도 따라갈 수 없는
위대한 아버지요, 엄한 아버지요, 너
희들을 바로 가르치고 깨우치고자 하
는 어버이를 만나는 것처럼, 그와 같
은 마음을 가지고 너희들이 나의 새로
운 성경을 접할 것이며, 그와 같은 마
음으로 공부하도록 그리하라.
11 그렇지 아니하면 아무것도 얻을 수 없
는 것이니라.
12 엄하고 바르게 사는 그 부모의 가르침
을 듣지 아니하며 그를 접하지 아니하
고 살아가는 백성은 방종하는 자식이
요, 방탕한 자식으로서 너희들이 흐트
러지는 그와 같은 것이 아니겠느냐?
13 그러니 바로 나의 새로운 성경은 정말

엄하고 엄한 아버지가 사랑하고 사랑
하는 아들을 훈계하며 가르치는 그와
같은 의미요, 그 모든 법도가 여기에
있음이니라.
14 가르치는 부모의 자세도 여기에 있으
며, 배우는 아들의 자세도 모두가 다
이 속에 들어 있음이니, 너희들은 알
아야 될 것이니라.
15 인간 세상에 살아가면서 너희들이 얽
히고설킨 그 많은 사연들, 너희들이
듣지도 못하고 보지도 못한 그 사연
모두가 다 여기에 들어 있으며, 더욱
이 판단하는 내용이 여기에 다 있음이
니라.
16 그리고 너희들이 어리석은 것이요, 미
련한 것에서 벗어날 수 있으며 깨어날
수 있는 것, 그 모두가 바로 나의 새로
운 성경에 있음이니, 읽고 또 깨우치
라.
17 그러하니 가장 너희들을 사랑하는 아
버지요, 가장 엄한 아버지와 같이 나
의 새로운 성경을 접하고 그리 가도록
하라.
18 이는 창조주 나 여호와의 뜻이며, 내
가 너희들에게 뭐라 하였느냐?
19 나의 새로운 성경의 뚜껑을 열 때 내
가 너희들과 같이한다 했으니,
20 이 세상에서 가장 인자한 아버지요,
가장 엄한 아버지요, 가장 사랑하는
아버지가 모든 것을 바르게 가르치고
자 하는 것, 바르게 세우고자 하는 것,
그것이 여기에 나의 160권의 새로운
성경이니, 그와 같은 마음으로 접하라.
21 부모와 접하는 마음으로 나의 성경을
접하도록 그리하라.
22 그리하여 너희들이 훌륭하고 훌륭한
아버지로부터 가르침을 제대로 배우
는 백성이 되어, 거듭나도록 그리하라.

11,437 번째 하나님 말씀

2004년 6월 4일 07시 44분

1 사랑하는 나의 아들아!
2 "네, 아버님! 말씀하옵소서."
3 나의 뜻이 무엇이며, 나의 뜻이 전하
는 것은 어떠한 형태로 전해지더냐?
4 "네, 아버님! 그렇사옵나이다.
5 물이 아래로 흐르듯이, 누구든지 떠먹
으면 생명수가 되며, 그 떠먹을 수 있
는 것이요, 마실 수 있는 그것이 바로
아버님의 참진리요, 아버님의 뜻이며,
아버님께서 역사하시는 것이라 저는
알고 있사옵나이다."
6 그러니 지금 과연 모든 종교 집단이
요, 그 백성들이 나의 뜻에 의해 역사
하더냐?
7 그들은 나의 참진리라 하여 그 모두를
가지고 저희들이 각종 종파와 종교요,
교파를 만들어 만백성에게 전한다 하
는 것이 그와 같은 짓이 아니더냐?
8 그러니 오늘과 같이 너희들이 그 교회
요, 성당이요, 성전이라는 것을 짓고
그와 같이 가르치는 것이 아니니라.
9 그저 자연스럽게 만백성에게 전해지
는 것이요, 물 흐르듯이 나의 뜻을 전
하고 가르치면 되는 것이니라.
10 그것이 나 여호와의 뜻이요, 내가 역
사하고자 하는 것이니라.
11 종파나 교파를 너희들이 만들라 하지
아니하였으며, 만들어서는 아니 된다

내가 하였느니라.
12 그러니 이 모두를 가지고 너희들이 창
조주 나 여호와의 위대한 뜻이요, 그
리고 이는 가장 귀하고 소중한 것이다
하여, 너희들이 위대하고 화려한 것으
로 성전을 궁전과 같이 꾸리고,
13 온갖 화려한 의식이요, 행사로써 모두
를 가르치고 전하는 것이 나 여호와의
뜻을 전하는 것이라 그리 병들어져 있
고 썩어져 있는 것이 바로 너희들이니
라.
14 그러니 너희들은 무엇이냐?
15 나의 이름을 팔아 화려한 행위요, 그
궁궐과 같은 곳을 역사하며,
16 그리하여 나 여호와의 뜻은 귀하고 소
중하기에 그와 같은 곳에서 그와 같은
방법으로써 가르친다 하며 나의 백성
들에게 얼마나 고통을 주고 있는가?
17 그러나 너희들은 그러함이 아니니라.
18 나의 뜻은 물이 흐르듯이 그저 흘러내
려 가며 만백성이 먹고 마실 수 있도
록 하는 것이 나의 진리요, 나의 뜻이
거늘,
19 내가 너희들에게 짓지 말라, 만들지
말라는 것, 그리고 어떠한 집단만 가
르치고 깨우치고 전하는 것이 아니요,
20 그저 흐르는 물처럼 흘러가는 바람처
럼 지나가다 그를 듣고 깨우치는 자,
바로 서며 깨달음을 얻는 것이 참진리
요, 나의 뜻이요, 내가 이루고자 하는
그 역사라는 것을 알라.
21 그러니 모든 종교 집단이요, 종파들이
지금 가고 있고 행하는 것이 내 뜻이
아니요, 사탄의 뜻에 의하여 움직이는
자요, 사탄의 뜻에 의해 조종받는 자
들이라 함을 너희들은 이제 깨달아야
될 것이니라.

11,438 번째 하나님 말씀

2004년 6월 4일 07시 49분

1 사랑하는 나의 아들아!
2 "네, 아버님! 말씀하옵소서."
3 내 마음이 얼마나 아프고 저려 오는지
알겠느냐?
4 나의 아들이 그 고통의 죽음으로써 내
가 그를 구원하지 아니하며 내가 고개
를 돌려 너희들을 깨우치고자 그와 같
은 내 모든 아픔을 견디고 넘어갔거
늘, 오늘의 나의 백성 너희들이 어찌
하는가?
5 참진리요, 나의 가르침이요, 내 뜻을,
너희들이 종파라는 것을 만들고 교파
라는 것을 만들어 그 우리 안에 나의
참진리를 가두어 놓은 그와 같은 오늘
의 형국이 되어 있느니라.
6 그러니 너희들이 그 종파요, 교리요,
인간이 만든 그 사탄이요, 사악한 자
들에 의하여 나의 참진리요, 나 여호
와의 뜻을 울타리를 만들어 놓고 제구
실을 하지 못하도록 하며 세상에 나가
지 못하도록 그를 움켜쥐고 막고 있음
이니,
7 그러니 그 종파가 생겼으며, 너희들의
모든 교파가 생겼으며, 오늘의 믿음의
길을 간다며 울고불고 광란의 짓을 하
는 그 백성들이 있기에,
8 참진리요, 나의 뜻이 종교요, 종파에
묶여져 세상에 나오지 못하도록 했으
며, 나오지 못하고 있는 이와 같은 형

국이 되었느니라.
9 그러니 참진리요, 나 여호와의 뜻이
세상에 나오지 못함이니, 나의 백성들
이 그를 접하고 그를 보고 깨달을 수
있는 기회가 없으며,
10 비진리요, 사탄의 사악한 자들의 그
가르침만이 세 치의 혓바닥으로써 나
의 백성들을 유혹하고 있음이니,
11 나의 백성들이 구원의 길에 올 수 없
으며 구원의 길을 볼 수 없는 이 처참
한 형국이 되어 버렸음이니라.
12 이를 보는 내 마음이 얼마나 고통스럽
고 괴로운지 너희들은 알겠느냐?
13 이제 나의 아들을 따르는 제자들이요,
나의 새로운 성경을 만들며 이를 가
지고 전하는 백성, 너희들이 바로 이
와 같은 자들을 다 뽑아 버려야 될 것
이며,
14 그 뽑아 버린 가라지들을 너희들이
유황불에 던지는 그 역사가 이루어지
지 아니하면 절대 아니 됨이니라.
15 그 사악한 교파요, 종파들이 지금 울
타리 안에 나의 참진리를 가둬 놓은
것을, 너희들이 그를 무너뜨리며 그를
파괴해야 될 것이며, 불을 질러 태워
야 할 것이니,
16 그리하여 사탄에 의하여 지금 헤어나
지 못하는 그 참진리가 세상에 나와
만백성을 구하는 그와 같은 역사를 이
루어야 됨을 너희들은 알아야 될 것
이니라.
17 사탄들이 만든 교리요, 그 종파를 가
지고 지금 너희들이 어떠한 짓을 하고
있느냐?
18 그 지도자를 통하여 지금 모두를 다
나의 피조물 만백성이 참진리를 구걸
하는 것, 그와 같은 형국이 되었으며,
돈을 주고 사 먹고 얻어먹는 형국이
되어 버린 것이 오늘의 세상이니라.
19 나 여호와의 참진리를 그 사탄의 종들
이 옹벽에 가둬 놓았으며 그를 울타리
안에 가둬 놓음으로 인하여 나의 피조
물 만백성들이 이를 보고 깨우치지 못
하고,
20 지금 도리어 그들이 조금씩 열어서 내
려보내는 그와 같은 진리라는 것을 가
지고, 지금 나의 백성들이 나로부터
그대로 받고 그대로 깨우쳐야 될 그
모두를 다 구걸하는 형국이 되었으며,
21 돈을 주고 사 먹고 돈으로 더 큰 것을
사 먹고자 몸부림치는 그와 같은 형국
이 되어 버렸으며, 모두가 다 뒤죽박
죽이 되었으며 얽히고설킨 그와 같은
형국이니라.
22 그러니 이제 너희들이 사 먹는 자가
없으면 장사가 되지 아니하며, 사 먹
는 자가 없으면 그 가치가 필요 없지
않더냐?
23 그러니 너희들이 구걸하고 얻어먹고
자 몸부림치며, 돈을 주고 갖은 아양
과 사악하고 간교한 방법으로 그것을
사 먹고자 하는 자가 있으니,
24 사탄들이 참진리는 감춰 놓고, 비진리
요, 썩은 것이요, 가짜를 가지고 지금
너희들에게 장사하고 있는 이와 같은
형국이 되어 버렸으니,
25 나 여호와의 마음이 아프고 저려 옴이
여기 있음을 너희들은 알아야 될 것이
니라.

11,439 번째 하나님 말씀

2004년 6월 4일 07시 52분

1 사랑하는 나의 아들아!
2 "네, 아버님! 말씀하옵소서."
3 나 여호와의 뜻이요, 하늘의 뜻이요,
참진리라는 것은 무엇이더냐?
4 "네, 아버님! 그렇사옵나이다.
5 생명수와 같으며, 생명수이기 때문에
누구든 어떠한 방법이나 장소가 필요
없으며, 때를 기다려 내리는 것도 아
니요, 장소를 선별해서 내리는 것도
아니요,
6 그저 만백성이 이를 접할 수 있도록
내리는 것이 아버님의 뜻이요, 하늘의
뜻이옵나이다.
7 그러니 어떠한 자든지 이를 들음으로
인하여 저희들이 먹고 마시게 되어 있
으며,
8 그리하여 먹고 마심으로써 저희들이
변화되는 그와 같은 삶을 살아, 아버
지의 은혜에 감사를 드리며, 하늘에
올라가 거듭나는 영광을 얻는 그것이
바로 하나님의 뜻이옵나이다.
9 그러나 지금의 모든 종교 집단의 지
도자들이 그 교리요, 교파를 가지고
모든 아버님의 아들딸들을 구속하며,
10 그들로부터 저희들이 재물을 거둬 육
의 향락을 즐기기 위해, 그들에게 어
떠한 집단에 소속되어야 하며 그리해
야만 얻어먹을 수 있으며 구원할 수
있다 그리 가르치고 있사옵나이다.
11 그러니 그리하여 모두가 잘못되었으
며, 모두가 지금 얽히고설킨 형국이
되었나이다."
12 사랑하는 나의 아들아!
13 나 여호와의 뜻이요, 진정한 하늘의
뜻이라는 것은 생명수이니라.
14 그러니 생명수는 듣고 보는 자, 어떠
한 자든지 떠먹고 마시면 그들이 구원
을 받을 수 있는 그와 같은 것이 나의
진리이나,
15 사탄과 마귀들이 나의 백성들의 눈을
막고 귀를 막아, 지금 나의 피조물 만
백성들이 구원의 길에 오지 못하고 있
으니,
16 나의 법전을 너희들이 그저 아무나 읽
고 깨우칠 수 있도록 이를 세상에 전
하며, 이가 세상을 덮는 그와 같은 역
사를 이루어,
17 그들의 가슴이 열리며 눈이 뜨이는 그
와 같은 형국이 되었을 때, 나의 피조
물 만백성이 구원의 길을 볼 수 있다
는 것을 깨우쳐 주어 알고 있는 너희
들이며,
18 그렇다면 모든 백성들이 깨우쳐 아는
백성들과 너희들이 하나가 되어 나의
새로운 성경을 만백성의 손에 쥐여 주
는 그와 같은 역사를 최선을 다하여
이루도록 그리하라.
19 그것만이 너희들이 나의 피조물 만백
성을 구하는 길이요, 너희들이 또한
나에게 왔을 때 당당히 내 앞에 올 수
있는 자격을 얻는다는 것을 절대 잊지
말라, 사랑하는 나의 아들딸들아!

11,440 번째 하나님 말씀

2004년 6월 4일 08시 04분

1 사랑하는 나의 아들아!

2 "네, 아버님! 말씀하옵소서."
3 지금의 나의 피조물 만백성 너희들이
살아가는 그 형태가 무엇이더냐?
4 너희들이 광명천지를 보며, 인간이 인
간의 서로를 보며 그 형태를 봄이니라.
5 그러나 너희들은 진정한 그 모습을 보
지 못하느니라.
6 지금 내가 보는 너희들의 그 형태는
무엇이더냐?
7 너희들이 어둡고 캄캄한 그와 같은 곳
에 서로를 알지 못하며, 너희들이 보
이지 않는 그 무수한 생명이 앞이 보
이지 아니하여 암흑의 세상에서 허덕
이고 있는 그와 같은 형국임을 너희들
은 알아야 될 것이니라.
8 너희들이 참진리요, 하늘의 뜻을 모르
고 사는 그와 같은 백성, 암흑의 세상
에서 허덕이는 그와 같은 백성이니,
9 그 어둡고 쓸쓸한 곳이요, 그리고 너
희들이 생각만 해도 무서운 그 세상에
지금 하늘의 새로운 빛을 밝힘을 너희
들이 얻고 있음을 알지 못하는가?
10 그와 같은 험악한 세상이 지금 너희들
이 살아가는 이 우주의 형태이니라.
11 그 속에 내가 나의 아들을 통하여 새
로운 성경 160권을 내림이니, 이것이
너희들에게 비추는 빛이요,
12 너희들이 이 빛을 보지 아니하며 이
빛을 따라 하늘에 오르지 아니하면 아
니 됨이니라.
13 그것은 무엇이더냐?
14 내가 마지막 시대에 너희들을 사랑하
기에 내가 지금 나의 아들을 통하여
새로운 보혜사를 내려보낸다 했던 약
속처럼, 나의 성령을 세상에 내려보
내, 너희들의 주변의 모두를 밝혀 주
는 것이며,
15 너희가 바른길을 보고 바로 올 수 있
도록 내가 캄캄하고 어두운 그곳에 지
금 빛을 내려보내니,
16 이 빛이 얼마나 소중하고 귀한 것인
가를 어찌 깨닫지 못한단 말이더냐?
17 사랑하는 나의 백성 너희들은 들으라.
18 너희들이 살아가면서 서로가 부딪치
며 눈으로 보고 이와 같은 세상에 살
아가는 그 많은 백성들, 어찌하여 너
희들은 그들의 진심이요, 그 진실된
마음을 모르며, 그들의 가지고 있는
마음을 모르며 그리 살아가는가?
19 그러니 서로를 모르고 서로를 보지 못
하는 그와 같은 삶을 삶이니, 암흑에
서 허덕이는 세상이라 그리 말하였음
이니라.
20 너희들이 광명 천지에 밝은 모습으로
산다면 모든 형체를 진정으로 볼 수
있듯이,
21 너희들이 마음을 비우고 아름다운 모
습이요, 천사와 같은 마음으로 산다
면, 너희들은 진정한 상대방의 마음이
요, 사람의 마음을 알 수 있으며 그 본
성을 알 수 있음이니,
22 그 착하고 어진 백성들의 그 근성을
모르기에, 서로 치고받고 물고 뜯는
그와 같은 암흑의 세상에 삶이니, 이
지구가 그리 타락되었으며 그리 변화
되었다 함이니라.
23 그리하여 인간성을 볼 수 있으며 인간
을 들여다볼 수 있는 빛을 내가 내려
보내니, 이 빛을 접하는 자만이 바르
게 사람을 볼 수 있으며 바르게 형체

를 볼 수 있으며,
24 네 주변에 있는 모든 사물이요, 인간
이 어떠한 형태요, 어떤 마음인가, 그
를 너희들이 깨달을 수 있는 것이니,
25 이 빛을 접하지 아니하는 백성, 160권
의 새로운 성경을 접하지 않는 백성은
아무것도 이룰 수 없다는 엄연한 사실
을 알라 그리 전하라.

11,441 번째 하나님 말씀

2004년 6월 4일 08시 07분

1 사랑하는 나의 아들아!
2 "네, 아버님! 말씀하옵소서."
3 모든 종교 집단의 지도자에게 그리 전
하라.
4 몇천 년 동안에 나의 사랑하는 백성,
그들이 문명이요, 세상의 이치를 모르
며, 그저 지도자의 뜻에 따라 '예' 하
고 대답하는 그와 같은 백성들이 지금
은 아님이니,
5 지금 시대에 최고의 지식을 가지고 있
으며, 그 모든 흐름을 아는 백성들이
니라.
6 모든 세상 것을 소유할 능력이 있으
며, 모든 지식을 다 소유할 대로 소유
한 나의 백성들이 지금 이 세상에 존
재하고 그들이 살아감이니,
7 종교 집단이요, 그들만이 옳고 그름을
판단할 수 있는 그와 같은 시점에 와
있는 나의 백성들의 그 형태를 모르
며, 오늘의 현실이요, 오늘의 상황을
모르는 것이 바로 종교 집단의 지도자
너희들이라는 것을 알아야 될 것이니
라.
8 나의 모든 백성들은 종교 집단이요,
신앙의 그 모두가 다 옳고 그름을 이
제는 누구나 다 판단할 수 있는 그와
같은 지식과 상식을 가지고 있으며,
그와 같은 수준에 있는 나의 백성이라
는 것,
9 그것을 깨닫지 못하며 생각하지도 못
하는 것이 오늘의 종교 지도자들이니
라.
10 그러니 너희들이 맹종 맹신하며 무조
건 '옳소!' 소리 지르는 과거의 그와
같은 백성들이요, 그와 같은 행위로
되돌아가며, 그와 같이 이끌어 가기
위하여 온갖 수단과 방법을 다 쓰고
있음이니라.
11 그러니 그것이 너희들이 어디까지 지
탱할 수 있으며 어디까지 견딘다 할
수 있느냐?
12 이제는 나의 백성들이 지옥으로 인도
하는 자, 하늘로 인도하는 자, 하늘의
뜻에 의하여 살아가는 자, 악하게 사
는 자, 선하게 사는 자, 그 모두를 다
알 수 있는 것이 나의 백성들의 지식
이요, 상식이니,
13 그와 같이 되어 있다는 걸 어찌하여
너희들이 깨우치지 못한단 말이더냐?
14 종교 집단의 지도자 너희들이 사사로
이 이익을 추구하고 너희들의 욕구를
채우기 위한 오늘의 신앙이요, 그와
같은 것은 이제 그들이 다 들여다볼
수 있으며, 그들이 그를 심판할 수 있
는 당당히 그와 같은 능력이 있음을
알아야 될 것이니라.
15 지금이라도 너희들이 참진리요, 나 여
호와의 뜻에 의해 역사하는 백성으로

지도자로서 거듭나지 아니하면 너희
들이 그 환란을 감당키 어려울 것이니
그리 알라.

11,442 번째 하나님 말씀

2004년 6월 4일 08시 09분

1 사랑하는 나의 아들아!
2 "네, 아버님! 말씀하옵소서."
3 너는 이제 나 여호와의 뜻을 바로 기
록하여 전함으로써 네 소임을 다함이
니라.
4 그리고 나의 뜻을 바로 가르치는 데
최선을 다하라, 사랑하는 나의 아들아!
5 너희들이 그와 같이 바로 가르치고 바
로 전함으로써 나의 피조물 만백성들
이 선과 악을 구분할 수 있는 지혜를
얻을 것이니라.
6 그와 같은 선과 악의 지혜를 얻고 못
얻는 것은 그들의 복이며 그들의 한계
이니라.
7 그러나 너희들이 바로 전하고 바로 깨
우쳐 줌으로 인하여 모든 백성들이 선
과 악을 구분할 수 있는 그와 같은 깨
달음을 얻게 될 것이니라.
8 그러니 그를 위하여 네가 잠시도 쉬어
서는 아니 되며, 잠시도 태만하고 게
을러서는 아니 됨이니라, 사랑하는 나
의 아들아!
9 그리고 너를 따르는 제자 그들이 나의
새로운 성경을 읽고 또 읽어 바로 서
며 바로 깨우치는 자, 자신을 버리며
사심이 없는 자, 사심으로써 모두를
행하지 않는 자, 사사로운 감정에 사
사로운 이익에 의하여 흔들리지 않는
그와 같은 너의 제자들로서 육성해야
될 것이니라.
10 그렇지 아니하고 육의 생각에서 머무
르며 그곳에서 헤어나지 못하는 백성
은, 네가 아무리 가르치고 전하며 그
가 나의 새로운 성경을 읽고 또 읽고
읽는다 해도, 선과 악을 구분하는 그
와 같은 깨달음을 얻지 못하며 그를
구분하지 못함이니,
11 선과 악을 알지 못하며 그를 구분하지
못하는 자가 어찌 지도자요, 만백성을
구하여 하늘에 오르는 길을 인도할 수
있다 할 수 있겠느냐?
12 그러니 너의 제자들부터 선과 악을 구
분할 수 있는 그와 같은 지혜를 얻어
야 될 것이니,
13 이는 바로 나의 160권의 새로운 성경
을 가슴 깊이 안고 정독하고 또 정독
하며, 나의 아들을 통하여 내리는 강
론을 너희들이 잘 깨우쳐 너희 것으로
만드는 그 길밖에 없다 함을 알라 그
리 전하거라, 사랑하는 나의 아들아!

11,443 번째 하나님 말씀

2004년 6월 4일 08시 22분

1 사랑하는 나의 아들아!
2 "네, 아버님! 말씀하옵소서."
3 참진리요, 정의로운 길을 가며 그와
같은 삶을 사는 백성은 사람으로서 사
람다운 삶을 사는 백성들이니라.
4 그리 사는 백성 너희들이 또한 육의
세상에서 그 삶을 마쳐 종착역에 도착
했을 때,
5 너희들의 육은 한 점의 흙으로 돌아가

나, 영혼은 거듭나는 영광된 나라로써
너희들이 새 생명으로 태어나는 그와
같은 은혜요, 영광을 얻게 될 것이니
라.
6 그렇지 못하고 살아가는 그 백성들은
어떠한 삶이더냐?
7 너희들은 벌레와 같은 삶을 살게 되는
것이 아니더냐?
8 벌레가 자신이 어떠한 의미도 없고 아
무런 목적도 없이 그저 꿈틀거리고 움
직이고 살다가 적에게 먹이가 되는 그
와 같은 형국이 됨이니라.
9 그러니 너희들이 참진리요, 진정한 정
의로운 길을 가며 천사와 같은 아름다
운 마음으로 살지 아니한다면,
10 너희들이 벌레가 꿈틀거리다 먹이사
슬에 의해 먹혀 버리는 것처럼, 사탄
에게 걸려 지옥으로 끌려가는 그와 같
은 불행을 맞이하게 됨이니라.
11 그러니 나 여호와가 이를 막기 위하여
새로운 성경을 160권으로 나의 사랑
하는 아들을 통하여 그 제자들로 하여
금 이를 만들어 책으로 엮어, 너희들
이 수시로 볼 수 있고 깨우칠 수 있도
록 세상에 내려보내거늘,
12 이 큰 빛이요, 이 위대한 찬란한 빛을
너희들이 어찌하여 사탄이요, 이단이
요, 사악한 것이라 하여 들여다보지
아니하며, 이를 보고 깨우쳐 하늘에
오르는 길을 오르려 하지 아니하는가!
13 사랑하는 나의 백성 너희들은 들으라.
14 지금 너희들이 얼마 남지 않은 육의
세상의 삶이요, 그 세상 속에서 모두
를 다 이루고 역사하는 것이니라.
15 거기서 너희들이 역사하지 아니하며
이루지 못하면 아무것도 얻지 못함이
니라.
16 너희들이 사후의 세상에 거듭나는 영
원한 그 삶을 위하여 내가 나의 아들
을 통하여 새로운 성경을 내려보내거
늘,
17 어찌하여 육의 세상에서 형체를 가진
이 세상의 삶에서 벌레가 꿈틀거리며
쓸쓸히 살아가는 것, 목적도 없이 방
황하며 그저 살아가는 그와 같은 자가
되어 먹이사슬로써 너희들이 지옥에
끌려가는 그와 같은 불행한 삶을 살려
하느냐?
18 그와 같이 너희들이 지옥으로 끌려가
는 백성은 거듭나지 못하며 거기서 헤
어날 수 없으니,
19 그 고통이 얼마나 무섭고 견디기 어려
운 것인가, 너희들이 영원한 세상에서
그 속에서 어찌 견디려 하느냐?
20 바로 보고 바로 깨우쳐, 너희들이 지
금이라도 아름다운 삶을 살도록 그리
하라.
21 그리 사는 것이 손해 볼 일이 없지 않
더냐?
22 선하고 착하게 사는 것은 너희들이 손
해 볼 것이 없으며, 잃을 것이 없으며,
오로지 얻을 것과 축복만 있음이니,
그 삶의 길을 선택하도록 그리하라,
사랑하는 나의 아들딸들아!
23 나 여호와가 간곡히 눈물로써 너희들
에게 하소연하며, 내가 사랑하는 나의
아들딸들에게 부모가 잘되라 정화수
를 떠 놓고 비는 그 부모의 마음이요,
24 잘못된 자식을 보고 '내가 왜 이 자식
을 세상에 낳았나?' 다리 뻗고 통곡하

는 그와 같은 어미의 마음보다도 천배
만배 더한 마음으로써 너희들이 더 천
배 만배 큰 사랑이요, 영광을 얻고 못
얻는 그와 같은 운명이기에,
25 내가 그와 같은 마음으로 너희들에게
지금 하소연하며, 내가 눈물로써 너희
들에게 나의 160권의 새로운 성경을
읽고 깨우쳐 곧고 바른 아름다운 삶을
살라 함이 여기 있음이니 그리 알라.

11,444 번째 하나님 말씀

2004년 6월 4일 08시 25분

1 사랑하는 나의 아들아!
2 이 어두운 암흑의 세상에 빛을 내리는
나 여호와의 그 뜻을 모른단 말이더냐?
3 너희들이 암흑의 세상에 자연의 아름
다움도 모르며, 네 이웃에 누가 있는
지도 모르며,
4 네 옆에 적이 있는지 너를 사랑하는
자가 있는지, 그를 보지도 못하고 암
흑의 세상에 얽히고설킨 그와 같은 두
렵고 무서운 삶을 사는 너희들에게,
5 내가 너희를 사랑하기에 너희가 볼 수
있는 이 빛을 내려보낸다 하지 아니하
였느냐?
6 이 빛이야말로 얼마나 소중하고 귀한
것인 줄 알겠느냐?
7 너희들에게 이 빛을 내려보내니, 이
빛을 보고 하나가 되어 오로지 나에게
오르는 길만을 향하여 올 수 있는 그
백성들을 내가 인도하고자, 지금 나의
아들을 통하여 어렵고 힘든 이 160권
의 새로운 성경이요, 이 빛을 내가 너
희들에게 내려보내거늘,
8 어찌하여 160권의 새로운 성경의 이
빛을 보고 너희들이 이를 따라 하나가
되어 역사하는 그와 같은 삶을 살지
아니하고,
9 너희들이 이를 사탄이요, 이단이요,
그 빛은 너희들을 태우고 녹이는 것이
니, 저 빛을 받아서는 아니 된다며, 어
찌하여 나의 백성들을 암흑의 소굴로
끌고 또 끌고 들어가느냐?
10 사랑하는 나의 아들딸들아!
11 너희들이 태양의 이 밝은 빛을 보지
아니하고는 광명천지를 볼 수 없으며
내 뜻을 알 수 없음이니,
12 이제 너희들이 암흑 속으로 끌고 들어
가는 그 지도자의 손을 뿌리치고 그를
발길로 차 단죄하면서 나의 빛을 보고
등돌려 나오는 그와 같은 백성이 되라.
13 그 용감한 백성이 되지 아니하고 너희
들은 구원을 받을 수 없음이니라.
14 태양의 광명천지가 그 암흑 속에 젖
어 있는 너희들의 그 모두요, 네 마음
이요, 그 모두를 다 달래 줄 수 있는
것이거늘,
15 어찌하여 너희들이 이 위대한 나의
160권의 태양의 빛을 보지 아니하고
등지고 도망가며 암흑 속으로 파고들
어 가느냐?
16 거기서 나오는 백성이 되라, 등돌려
나오는 백성이 되라.
17 그리하면 너희들이 나에게 오를 수 있
으며, 받을 수 없는 영광의 그 모두를
얻게 되는 축복된 백성으로 거듭남을
잊지 말라.

11,445 번째 하나님 말씀

2004년 6월 4일 08시 56분

1 사랑하는 나의 아들아!
2 "네, 아버님! 말씀하옵소서."
3 나의 백성 너희들이 살아가면서 그 삶
에 있어서 악한 행위요, 죄를 짓는 것
은 너 자신과 남을 괴롭게 하는 그와
같은 일이 아니더냐?
4 그리고 너 자신이 멸망함이니, 또한
남까지 더불어 같이 멸망하는 것이 너
희들이 악한 일을 하고 사는 삶이니라.
5 그러니 그 악한 행위를 하는 것은 너
희들이 남과 모두를 괴롭게 하는 일이
나, 인간인 나의 백성 너희들이 행하
기는 쉬우며 즐거운 일이 악을 행하는
것이 아니더냐?
6 그러니 너희들이 선함을 행하는 것은
또한 어떠한 것이더냐?
7 선함을 행하며 너희들이 천사와 같은
그와 같은 삶을 사는 것은 너희 자신
과 남에게 평화로우며 즐거움을 줄 수
있는 그와 같은 삶을 살 수 있는 것이
니라.
8 그러나 남에게 평화와 즐거움을 줄 수
있는 그 선행을 하는 것은 실천하기가
어려우며 행하기가 정녕 어려운 것이
니라.
9 그러나 너희들은 너희에게 생명을 내
려 주신 분이 있다고 생각한다면, 과
연 너희들은 어떻게 살아가야 되는 것
인가를 한번 생각해 봐야 될 것이니라.
10 사랑하는 나의 아들딸들아!
11 너희들이 부모를 공경하지 아니하며,
형제와 우애하지 못하며, 네 이웃과
우애하지 못하며, 네가 베풀고 살지
못하며, 사랑하는 마음으로 살지 못하
며, 네가 남을 이간질하며 간교한 방
법으로 살며, 너희들이 거짓된 행위를
하며,
12 이 세상에서 해서는 안 되는, 그 죄가
되는 수천수만 가지의 잘못된 것을
너희들이 살아가면서 모두를 행하고
산다면,
13 과연 너희들에게 귀한 생명을 내려 준
창조주가 있다면 그 창조주는 어찌하
겠는가?
14 그리 악하고 험악한 일을 하고 살라
너희들에게 생명을 주었겠는가?
15 너희들이 말하는 하늘에 계신 전지전
능한 아버지요, 생명을 모두 내려 준
나 여호와 아버지를 너희들이 찾고 울
고불고함이니,
16 과연 너희들이 작고 큰 죄를 짓고 그
렇게 살아가도록 내가 세상에 너희들
을 내려보냈겠는가, 너희들이 선하고
아름다운 삶을 살도록 하여 내가 세
상에 내려보냈겠는가?
17 너희들이 악한 일을 할 때, 악한 생각
을 할 때, 부끄러운 행동을 할 때, 과
연 창조주 아버지인 나는 어떠한 생
각으로 너희들에게 생명을 내려 주었
으며 오늘의 삶을 주었는가, 너희들이
한번 생각해 보고 행동을 한다면,
18 너희들 자신을 다스릴 수 있는 그와
같은 용기를 얻게 될 것이니라.
19 나 여호와는 너희들이 살아가면서 행
하는 악한 행위요, 남에게 추한 모습
이요, 그와 같은 짓을 하지 말라 하며,
20 너희들이 남을 괴롭히는 그와 같은 일

을 하지 않고 사는 나의 백성들이 되
기를 바라는 것이며, 그와 같은 백성
이 되도록 내가 너희들을 세상에 만들
어 내려보냈음이니,
21 너희들은 내 뜻이 어떠한 것인가를 생
각하는 그와 같은 삶을 산다면,
22 너희 자신을 다스리지 못하며, 너희가
악에서 이기지 못할 때, 악을 버리지
못할 때, 너희들에게 용기와 힘을 주
어 그를 버리고 그곳에서 발을 뺄 수
있는 그와 같은 힘을 얻게 될 것이니
라.
23 사랑하는 나의 아들딸들아!
24 너희들이 이 세상에 태어나 세상에 왔
으니,
25 보낸 이가 있으며 또한 그 생명을 거
둬들이는 자가 있으며, 반드시 받아가
는 자가 있다는 것을 잊지 말도록 그
리하라.
26 그러니 너희들의 생명을 내보냈으며
생명을 거둬들이는 창조주 나 여호와
가 있다면,
27 과연 내가 어떠한 뜻으로써 너희들을
내려보냈으며, 어떠한 뜻으로써 생명
을 주었는가,
28 거기에 너희들이 내 뜻대로 살아가지
아니하면 아니 됨을 너희들이 아는 정
답을 얻게 될 것이니라.
29 사랑하는 나의 아들딸들아!
30 보내 준 나 여호와의 뜻에 의해 내가
원하는 삶을 살도록, 그와 같은 너희
들의 삶을 살도록 거듭 노력하고 또
노력하지 아니하면 아니 됨이니라.

11,446 번째 하나님 말씀

2004년 6월 4일 08시 59분

1 사랑하는 나의 아들아!
2 "네, 아버님! 말씀하옵소서."
3 너희들이 행하기 쉬운 그와 같은 악을
행하고 살아간다면, 너희들이 그것으
로써 모두가 끝난다면 다행일 것이니
라.
4 그러나 너희들은 이 세상에 육의 세상
에 살면서 행하기 쉽고 편하다 하여
그 악을 행하고 그리 살아간다면,
5 너희들은 반드시 그 대가를 나에게 와
받는다는 것을 절대 잊어서는 아니 될
것이니라.
6 너희들이 나에게 오면 어떠한 것도 통
하지 아니하며, 어떠한 기회도 한 번
주어지지 않는 그와 같은 세상, 종국
에는 너희들이 나에게 와 심판을 받으
며 그 대가를 하나도 빠짐없이 치른다
는 것을 알아야 될 것이니라.
7 그리하여 너희들이 지금 하기 쉽고 편
한 그 악을 행한다면, 너희 자신을 파
괴시키는 결과를 만드는 것이요, 너희
들 자신이 부서지는 그와 같은 형국이
된다는 것을 절대 잊지 말도록 하라.
8 너희들이 그와 같은 파괴되는 결과가
반드시 따르게 되어 있음이니라.
9 악의 결실이 맺기 전에 그 열매가 영
글기 전에 너희들 스스로 그 악을 뿌
리 뽑으며, 그 열매를 제거하는 그와
같은 용기 있는 삶을 살지 아니하면
아니 되느니라, 사랑하는 나의 아들딸
들아!
10 이와 같은 이치를 깨달아야 될 것이니

라.
11 너희들이 악의 열매가 영글고 영글어
서 그것이 결실을 맺는 그와 같은 형
국이 된다면 어떠한 세상이 되겠느냐?
12 너희들이 악의 씨는 악의 씨로 거듭나
게 됨이니, 너희들이 악을 마음속에서
제거하지 아니하며 버리지 못해서 그
악의 씨가 너희들 마음에 심어진다면
그 새싹이 또 나니, 그 새싹의 악의 씨
는 또한 걷잡을 수 없음이니라.
13 그러니 너희들이 그 악의 씨가 결실을
거두기 전에 너희들이 악의 씨를 다
제거하며 뿌리째 뽑아 가는 그와 같은
용기 있는 삶을 살지 아니하면 절대
아니 됨이니라.
14 사랑하는 나의 아들딸들아!
15 악의 씨가 결실을 거두기 전에, 영글
기 전에 너희들이 모두를 다 퇴치해야
되며 뽑아야 되며 제거해야 된다는 것
을 명심하고 또 명심하도록 하라.
16 그 사탄은 작은 것부터 너희들을 유혹
함이니라.
17 이는 죄가 되지 아니하며 이는 그저
농담 삼아 장난삼아서 할 수 있는 일
이라 하여 그와 같은 것부터 너희들에
게 시킴이니라.
18 그리하여 거기에 훈련을 시키며, 너희
들이 악에 용기가 서서히 정당함으로
돌이킬 수 없는 그와 같은 것을 그들
이 명할 것이며,
19 너희들은 이미 그 명을 거절할 수 없
을 만큼 무너져 있고 파괴되어 있는
그때를 알게 될 것이니,
20 그때는 너희들이 결국 거듭나지 못하
며 악의 씨의 결실을 맺게 되니, 그때
는 또한 너희들보다 더한 악의 씨가
자라 이 세상을 악하게 만드는 그와
같은 이치를 알라, 사랑하는 나의 아
들딸들아!
21 절대 그는 있어서도 아니 되며 그리해
서도 아니 됨이니라.

11,447 번째 하나님 말씀

2004년 6월 4일 09시 03분

1 사랑하는 나의 아들아!
2 "네, 아버님! 말씀하옵소서."
3 너를 따르는 제자들이요, 그리고 나의
새로운 성경을 읽고 깨우친 백성, 그
리고 너희들이 지금 오갈 길을 모르며
암흑의 세계에서 허덕이며 구원을 받
았다는 그 가련하고 불쌍한 백성,
4 그리고 나 여호와가 세상에 존재하기
는 무엇이 존재하며, 하늘에 나 여호
와가 어디 있나 그리 탄식하는 백성
들, 그와 같은 백성들에게 너희들은
깨우쳐 주고 전해야 될 것이니라.
5 너희들이 오늘의 삶에 있어서 백 년이
요, 천 년을 사는 그와 같은 삶에 대한
애착을 갖지 말며, 그와 같은 삶에 너
희들의 생명의 시간에 대해 관심을 갖
기 전에,
6 너희들이 어떻게 살았느냐 하는 것이
가장 중요함을 알아야 될 것이니라.
7 너희들이 내 뜻을 거역하며 참진리를
거역하고 살면 무엇하느냐?
8 그 삶은 죄만 더 짓게 되며, 너희들이
나에게 와 심판의 시대가 끝날 때 고
통스러운 그 무거운 짐만이 너희들에
게 남게 됨이니,

9 너희들은 오래 살고 살지 않는 것을
계획하지 말며 그를 소중히 생각하는
삶으로써 살지 말라.
10 너희들이 얼마를 살든 나 여호와의 뜻
에 의하여 참진리의 뜻대로 살지 아니
한다면, 그와 같은 것은 더 이상 말할
수 없는 후회를 하게 될 것이니라.
11 너희들이 하루를 산다 해도 나 여호와
의 뜻이요, 진리대로 사는 것, 정의로
운 마음으로 사는 것, 천사와 같은 마
음으로 산다면, 너희들은 두말할 것이
없음이니라.
12 그것이 너희들이 백 년을 사는 것보다
도 더 소중하고 귀함을 알라.
13 사랑하는 나의 아들딸들아!
14 내가 너희들에게 뭐라 말했느냐?
15 내가 너희들을 지금 바로 불러 심판대
에 세운다면, 너희들은 죄투성이로써
모두가 얽히고설킨 백성들이요,
16 너희 자신이 너희 자신을 들여다볼
수 없는 그와 같은 부끄러운 형국이라
내가 하지 아니하였더냐?
17 그것이 너희들의 오늘의 삶이며 오늘
의 형국임을 알라.
18 지금 너희들이 죄의 투성이로 되어
있는 너희 자신들을 모두 씻어 내고
닦아 내고 계속 벗겨 내지 아니하면
나에게 오를 수 없다는 것을 알라, 사
랑하는 나의 아들딸들아!
19 이제 나의 아들을 따르는 제자 너희들
은 하루를 살아도 어찌 사느냐가 가장
중요한 것이요, 너희들이 백 년, 천 년
을 사는 것보다도 그 귀한 삶을 살도
록 하라.
20 그렇지 아니하면 너희들이 나와 인연
이 없으며, 나를 볼 수 없으며, 나를
아버지라 부를 수 없으며, 너희들이
나의 나라에 올 수 없다는 것을 명심
하도록 그리 전하라.

11,448 번째 하나님 말씀

2004년 6월 4일 23시 16분

1 사랑하는 나의 아들아!
2 "네, 아버님! 말씀하옵소서."
3 너희들이 걷고 뛺에 있어서 두 다리가
완벽한 사람이 걷고 뛸 수 있는 것이
아니더냐?
4 그것도 너희들이 불편한 점이 없으며
너희들의 몸에 이상이 없어야 될 것이
니라.
5 그러나 지금의 믿음의 길을 가는 그
백성들이 어떠한 형국인 줄 알겠느냐?
6 저희들이 행함은 소중하지 아니하며,
오로지 나의 아들 예수를 찾으며 예수
를 찾음으로써 그 보혈로써 구원을 받
으며,
7 저희들의 손으로 지은 죄의 온상에 와
울고불고 재물을 바치기만 하면 구원
을 받는다 그리 말하는 그 백성들이
어떠한 자들이냐?
8 사람이 달리고 뛰고 걷는 데 있어 두
다리가 있어야 너희들이 할 수 있는
것을, 한 다리만을 가지고도 모두를
다 할 수 있다 그와 같이 고집을 피우
며 그와 같은 행위를 하는 자,
9 그와 같이 모두를 역사할 수 있다고
물고 늘어지는 것이 오늘의 종교 집단
의 지도자들의 형태임을 알아야 될 것
이니라.

10 너희들은 엄연한 사실을 알 것이니라.
11 두 발이 있을 때 너희들이 바로 걸을
수 있을 것이며 바로 뛸 수 있음이니
라.
12 그것도 성하지 아니하면 마음대로 행
하지 못하는 것이 그 두 다리를 가지
고 있는 백성이거늘,
13 어찌하여 너희들이 두 다리가 아니요,
한 다리만을 가지고도 구원을 받을 수
있다 함이요, 너희들이 하늘에 오를
수 있다 그와 같은 행위를 하는 자들
이 오늘의 믿음의 길을 가는 자요, 구
원을 받았다 말하는 백성 너희들이 하
고 있는 행위임을 알라.
14 절대 너희들이 두 다리가 아니고 걸을
수 없으며 뛸 수 없는 것이니라.
15 그러니 그와 같은 형국이라는 것을,
엄연한 사실이요, 현실을 알면서도 그
렇지 아니하다 억지를 쓰는 것이 종
교 집단의 지도자들이니,
16 그와 같은 고집이요, 아집 때문에 저
자신도 지금 나의 하늘에 오르는 길이
아니요, 지옥의 낭떠러지로 떨어지면
서, 다른 백성들까지 저희들이 지금
지옥으로 밀어 넣는 그와 같은 험악한
행위를 하고 있다는 것을 그들만이 모
르고 있음이니라.
17 그러니 나의 아들을 따르는 제자 너희
들은 새로운 나의 법전을 가지고 그들
을 그와 같은 이치로 깨우쳐, 그들이
눈을 뜨고 가슴을 열도록 해야 될 것
이니 그리 알라.
18 그 얼마나 어리석고 불쌍한 백성들이
더냐?
19 모두를 다 알 수 있는 것, 모두가 다
들여다볼 수 있는 것, 그 모두가 다 인
정하지 않는 것, 그와 같은 것을 가지
고 하늘에 오르는 길이라 저희들이 지
금 아집을 부리고 있으며,
20 마지막 지금 사탄이 된 그들이, 새로
운 성경이 세상에 나와 덮으니, 저희
들이 설 곳이 없고 악을 쓰고 있는 그
와 같은 형국임을 알라 전하라.

11,449 번째 하나님 말씀

2004년 6월 4일 23시 20분

1 사랑하는 나의 아들아!
2 "네, 아버님! 말씀하옵소서."
3 한 권의 새로운 성경이요, 백 권의 새
로운 성경이요, 160권의 새로운 성경
이요, 그 모두가 너희들에게 귀하고
중요함이니라.
4 그러나 너희들이 그 한 권을 읽고도
깨우칠 수 있으며, 백 권을 봐도 깨우
칠 수 있으며, 160권을 읽으면서 너희
들이 깨우칠 수 있음이니라.
5 너희들은 단 한 구절을 가지고도 깨우
칠 수 있음이니라.
6 너희들은 모두 죄인이라 했으며, 오늘
까지 살아오면서 나 여호와에게 너희
들이 죄지은 것이 더 많으며, 선한 것
을 베푼 것이 더 많지 않은 백성이라
내가 그리하지 않았더냐?
7 그러니 내가 너희들을 지금 당장 불러
와 심판대에 세우면, 너희들은 나에게
오를 백성이 없으며, 너희들은 가기
싫어하는 지옥으로 가는 그 길을 간다
그리 내가 말하지 아니하였더냐?
8 그것이 바로 너희들의 오늘의 삶이니

라.
9 그와 같은 백성들이 나 여호와에게 무엇을 달라, 이루어 달라 소원을 빌며, 제 자식이요, 제 남편이요, 제 가정이요, 제 아내요, 그와 같은 모든 것을 위해서 너희들이 소원하는 기도를 하지 말라.
10 오로지 죄인으로서 너희들이 나 여호와에게 죄를 용서해 달라는 그것만 너희들이 기도를 해야 된다는 것,
11 그거 하나만 제대로 받아들이고 그것을 깨우치고 그것을 행하는 백성이 된다면, 그는 벌써 나의 하늘에 오르는 길을 위하여 달려오는 백성이 됨이니라.
12 그러니 그 한 구절만 너희들이 깨우쳐 그것을 네 것으로 만든다 해도 무한한 변화를 이룰 수 있는 백성이 될 것이니라.
13 그것뿐이더냐?
14 너희들이 인간이기 때문에 지킬 수 없다는 그 십계명이라는 것을 지킬 수 있으며, 인간이기에 지켜야 된다는 것,
15 그리고 너희들이 정도로 살아가는 백성은 너희들이 못 지킨다는 그 모두가 아무것도 아니며, 쉬운 방법으로써 지킬 수 있다 하지 않더냐?
16 그러니 그를 지킬 수 없다는 그 백성들은 절대 저희들은 그리 지키고 살지 아니하겠다는 것과 같음이니라.
17 그러니 이것이 얼마나 무서운 차이를 가지고 있으며, 이것이 얼마나 잘못된 것인가를 너희들은 알겠느냐?
18 그러니 그와 같은 것을 하나만 깨우친다 해도, 인간이 지킬 수 없는 십계명이요, 인간이기 때문에 지킬 수 없다는 그 계명을 나의 새로운 성경에 기록하여 전하기를,
19 인간이기에 지키고 살아야 되며, 정도로 가는 백성은 그것이 아무것도 아니며 지키기가 쉽다 하며, 그를 안 지키는 것이 더 어렵다 너희들이 그리 가르치고 전한다면, 과연 어떠한 것이 나 여호와의 뜻이며 하늘의 뜻이던가?
20 그러니 그것 하나만을 너희들이 깨우친다 해도 너희들이 160권의 새로운 성경을 읽는 것과 같은 그와 같은 깨달음을 얻을 것이요,
21 너희들이 변화되는 삶에서 나에게 오르는 길을 볼 수 있는 은혜와 영광을 얻게 됨이니,
22 단 한 가지를 깨우쳐서 너희들이 오늘의 믿음에서 잘못됨을 깨달으며, 오늘의 신앙생활의 잘못된 것을 깨달아 반성하고, 바로 나의 새로운 성경을 접하며 가슴에 안고 정독하여 구원의 길을 볼 수 있는 그 은혜를 얻을 수 있는 것이니,
23 그러니 나의 새로운 성경 160권 속에 단 한 권이요, 한 줄을 읽고도 너희들이 구원의 길에 들어서는 영광을 얻는다는 것을 잊지 말라 그리 전하라.
24 한 가지만 너희들이 얻고 한 가지만 이해하며 한 가지만 바로 본다 해도, 너희들이 고집과 편협된 마음과 아집으로 보지 아니하고, 있는 그대로 읽고 깨우친다면, 그와 같은 영광을 얻을 수 있는 것이 나의 새로운 성경이라 함을 전하도록 그리하라.

11,450 번째 하나님 말씀

2004년 6월 4일 23시 22분

1 사랑하는 나의 아들아!
2 "네, 아버님! 말씀하옵소서."
3 너의 제자들에게 두려워하지 말며 불
안해하지 말라는 것이 무엇인 줄 알겠
느냐?
4 너희들은 내가 모두가 다 승자요, 너
희들이 내 뜻을 가지고 만백성을 구하
는 그 역사요, 내 계획은 반드시 이루
어진다는 것을 너희들은 알고 믿도록
그리하라.
5 이것이 너희들이 지금 믿고 가야 할
길이라는 것을 절대 잊지 말라, 사랑
하는 나의 아들딸들아!
6 내가 너희들에게 뭐라 가르쳤느냐?
7 너희들이 지금 구약과 신약이요, 그리
고 내가 제3의 시대에 내리는 새로운
성경, 이 모두는 다 너희들을 구원해
주는 것이 아니라 그리하지 않았더냐?
8 그러면서 너희들이 구약도 나에게 오
르는 길을 안내하고 인도하며, 신약도
나에게 오르는 길을 안내하고 가르치
는 것이라 했으며, 나의 새로운 성경
도 하늘에 오르는 길이요, 그를 안내
하는 것으로서, 너희들을 구원하는 것
이 아니라는 그와 같은 대목이 있지
않더냐?
9 그것을 믿고 깨우친 하나의 백성이 있
다면, 너희들이 이 한 줄의 의미로써
거듭나는 역사함이 있으니,
10 160권에 내가 구구절절이 기록하여
전한 그 내용들을 그를 읽고 깨우치는
백성, 그들이 보고 깨우치는 자가 다
다름이니라.
11 그리하여 내가 160권의 새로운 성경
을 내려보내니, 그 160권 속에 내가
새로 내려보낸 그 뜻이 얼마나 많이
기록되었으며 얼마나 많이 거기에 있
는가?
12 그러니 그걸 보고 한 사람이 하나만
깨우쳐도 너희들이 구원의 길에 올 수
있는 것이기에 너희들은 더 이상 바랄
것이 없으며,
13 너희들이 반드시 승자요, 지배자가 된
다는 것을 잊지 말라 함이 거기 있음
이니라.
14 160권 속에 기록되어 있는 구구절절
이 내가 내려보낸 그 새로운 성경의
뜻을 하나만 읽고 너희들이 깨우쳐도
깨달음을 얻을 수 있기 때문이니 그리
알라, 사랑하는 나의 아들아!

11,451 번째 하나님 말씀

2004년 6월 5일 0시 20분

1 사랑하는 나의 아들아!
2 "네, 아버님! 말씀하옵소서."
3 사람이 살아가면서 인간이 제 기능을
다 발휘하고자 한다면 너희들은 어떠
하더냐?
4 너희들이 눈은 눈의 그 역할을 해야
될 것이며, 코는 코로서 그 역할을 다
하고, 입은 입으로서 제 역할을 다 하
며, 귀는 귀로서 제 역할을 하며, 손은
손으로서 제 역할을 하고, 발은 발로
서 제 역할을 하며,
5 제 모든 기능을 그 자리에서 그 모두
를 충실히 해낼 때, 너희들이 그 모두

를 다 바로 지킬 수 있으며 그 능력을 발휘할 수 있는 것이 아니더냐?
6 더욱이 너희들이 건강은 또 무엇이더냐?
7 너희들이 모든 건강이 제대로 서 있을 때, 너희들이 제 기능을 발휘할 수 있는 것이니라.
8 그러나 내가 너에게 뭐라 말하였느냐?
9 오늘의 종교 집단의 지도자요, 믿음의 길을 가는 자, 너희들이 어떠한 형국인 줄 알겠느냐?
10 모든 지도자들이 신도들이 그리하느니라.
11 너희들이 교회에 나오기만 하면 구원을 받으며, 그리고 재물이요, 헌금을 많이 바치면 구원이요, 나의 아들 예수의 보혈로써 너희들이 오기만 하면 구원을 받았다 그와 같이 말하는 자,
12 그것이 바로 어떻게 가르치는 자들인 줄 알겠느냐?
13 너희들은 그저 손과 발이요, 손과 발이 제 역할을 할 때, 그 두 가지만 제 역할을 한다면, 너희들이 그 모든 인간의 기능을 발휘하는 것이요, 사람이 제 능력을 다 발휘한다 그리 말하는 자와 똑같은 것이 오늘의 어리석은 신앙이요, 믿음의 길을 가는 백성들임을 알아야 될 것이니라.
14 모든 이목구비가 제구실을 다 했을 때 모든 기능을 발휘할 수 있는 것이거늘,
15 손이 제 임의로 움직이며 발이 움직인다 하여 너희들이 모든 기능을 다 발휘하는 완벽한 사람이라 말하는 그와 같은 것은 잘못된 것이 아니더냐?
16 그러니 모든 종교 집단이요, 믿음의 길을 간다 하는 자, 구원을 받았다 하는 백성, 너희들이 하고 있는 짓이 그와 같은 형국이라는 것을 내가 나의 아들을 통하여 다시 한 번 나의 새로운 성경에 기록하여 전함이니,
17 너희들이 이와 같은 의미를 깊이 깨우쳐, 지금 현재 있는 위치요, 너희들이 행하고 있는 것을 한번 깨달아,
18 바른 백성이요, 구원을 받는 백성이요, 하늘에 오르는 길을 오는 백성으로서 너희들이 그와 같은 은혜요, 축복을 입도록 그리하라, 사랑하는 나의 아들딸들아!

11,452 번째 하나님 말씀

2004년 6월 5일 06시 09분

1 사랑하는 나의 아들아!
2 "네, 아버님! 말씀하옵소서."
3 사람이 살아가면서 작은 것을 남에게 속든, 큰 것을 남에게 속든, 너희들이 남으로부터 속는다는 것은, 그것은 너희들이 용서할 수 없는 일이며, 그보다 가슴 아픈 일이 없을 것이니라.
4 그러니 이 세상에 살면서 너희들이 남을 속이는 자, 그와 같은 자가 상대방의 마음을 얼마나 울리는 것이며, 가슴 아프게 하는 그와 같은 행위를 하는지 알겠는가?
5 인간 세상에 살아가면서 너희들이 속는다는 것, 그 자체가 너희들은 용서할 수 없는 것이며, 그 마음의 상처가 이루 말할 수 없는 것이니라.
6 그러니 인간 세상에 너희들이 백 년도 안 되는 그 삶에서 너희들이 이웃과

더불어 형제요, 주변 사람으로부터 작
고 큰 것을 속임을 당할 때, 그 마음이
아프며 그를 결코 용서할 수 없는 마
음이라 하지 아니하였던가?
7 그러니 지금 살아가는 모든 백성은 알
아야 될 것이니라.
8 너희들이 하늘에 오르는 길이요, 구원
의 길이요, 거듭나는 길이요, 그것보
다 너희들에게 더 크고 소중한 것이
없으며 이 세상에 더 큰 것이 없느니
라.
9 너희들이 가장 큰 것을 남에게 속고
있다면, 과연 그것은 얼마나 불쾌한
일이며 용서할 수 없는 일이던가?
10 지금의 모든 종파요, 종교 지도자요,
그리고 울고불고하는 그 맹신하는 신
도들, 그 모두가 다 지금 복음을 전파
하며 너희들에게 구원의 길을 인도한
다 하나,
11 그들이 지금 다 속이고 있음이니, 너
희들이 지금 속고 있음을 알아야 될
것이니라.
12 작은 것, 하나도 속는다는 것은 그 자
체가 기분 나쁘며 그를 용서할 수 없
는 것이거늘,
13 너희들이 가장 큰 것을 속임을 당하고
있다는 것은 얼마나 억울한 일인 줄
알겠는가?
14 그러니 너희들이 지금에 속고 있는 것
을 속지 않으려면, 너희들이 제대로
아는 것, 그리고 참진리의 길을 가고
자 노력하는 것, 하늘의 뜻이요, 나 여
호와가 무엇을 역사하고자 하는가를
알고자 하는 백성,
15 그와 같은 지혜를 얻는 백성만이 가장
귀하고 소중한 것에 대하여 속지 아니
함을 알아야 될 것이니라.
16 그리고 속이는 자는 과연 어떠하던가?
17 속이는 자는 양심이 없으며, 그 죄 됨
을 모르며 부끄러움을 모르는 자, 오
로지 저 자신의 유익을 위하는 자가
남을 속이는 자들이니라.
18 그러니 모든 종교 집단의 그 지도자들
이 저 자신을 위하며 저만을 위하는
사악한 자들이요,
19 그러기에 너희들을 속이면서도 그 부
끄러움을 모르며 저 자신이 죄인 줄
모르며, 그것을 해서는 아니 되는 것
을 모르는 자들이니라.
20 이제 가장 큰 것을 속고 잃는 나의 백
성 너희들은, 내가 나의 아들을 통하
여 새로운 성경이요, 160권의 성경을
내려보냄이니,
21 이를 읽고 깨우쳐 너희들이 스스로 속
이는 자에게 속지 아니하며, 속아 넘
어가는 그와 같은 삶을 살도록 하지
아니하면 아니 될 것이니, 그리 알라
전하라.

11,453 번째 하나님 말씀

2004년 6월 5일 06시 13분

1 사랑하는 나의 아들아!
2 "네, 아버님! 말씀하옵소서."
3 지금 모든 것을 속이고 있으며, 모든
것으로써 나의 피조물 만백성들을 속
이고 우롱하는 그 종교 집단이 정녕
나에게 오르는 길이요, 광명천지의 그
하늘에 오르는 길의 삶이 아니라, 암
흑의 세상에서 헤매고 있는 자들이니

라.
4 그러니 이제는 내가 거미줄을 치고 문
을 닫아 버리는 것, 그것은 당연한 것
이니라.
5 그러니 내가 160권의 새로운 성경이
세상에 나옴으로 인하여 오늘의 종교
집단의 지도자 그들은 서서히 몰락의
길을 가지 아니하면 아니 되게 되어
있으며, 그들은 결코 거기서 헤어날
수 없게 된다는 것을 알아야 될 것이
니라.
6 거미줄을 치며 문을 닫으며 내가 몰락
의 길을 가도록 한다 하였음이니, 이
미 그들은 그와 같은 길을 가고 있는
것임을 너희들은 알아야 될 것이니라.
7 성령의 인도함이 없다는 것은, 얼마나
너희들이 나의 뜻을 거역하는 것이며
잘못된 삶을 사는 것인가?
8 성령의 인도함이 없이 모든 지도자요,
가르치는 자, 그 모두는 다 나의 뜻이
아니요, 인간의 교리로써, 인간 너희
들이 만들고 연구한 것으로써 나의 피
조물 만백성을 가르치니, 인간의 교육
에서 벗어나지 못한 것임을 알아야 될
것이니라.
9 성령이 없다는 것은 무엇인 줄 알겠느
냐?
10 너희들이 성령의 인도함이 없다는 것
은, 성경책을 가지고 아무리 가르치며
너희들이 또 연구한다 해도, 성령이
인도함이 없이는 아무것도 이룰 수 없
으며, 성경 속에 들어 있는 뜻을 알 수
없다는 것을 알아야 될 것이니라.
11 성령의 인도함이 없이는 그러기에 너
희들이 바로 가르칠 수 없으며 바로
깨우칠 수 없으며 바로 인도할 수 없
는 것이니라.
12 그러한 자격이 없는 백성이 종교 지도
자라 하여, 인도자라 하여 지금 나의
모든 백성들을 끌고 왔기 때문에, 이
와 같은 험악한 세상이 되었으며,
13 아름다운 지상의 천국을 이루는 것이
아니라, 사탄이 지배하는 이와 같은
세상을 만들었음을 알아야 될 것이니
라.
14 오죽하면 너희들이 이방인이라는 백
성들만큼도 사랑을 행하지 못하며 나
의 뜻대로 살아가지 않는 백성이라 하
는 것을 알아야 될 것이니라.
15 너희들이야말로 말로는 사랑을 행하
며 내 뜻대로 행하고 살아가는 백성들
이라 하나,
16 너희들의 삶은 그러하지 못하며, 너희
들보다 사랑이 없으며 자신만을 위하
는 그와 같은 집단이요, 백성이 없다
는 것을 알아야 될 것이니라.

11,454 번째 하나님 말씀

2004년 6월 5일 06시 16분

1 사랑하는 나의 아들아!
2 "네, 아버님! 말씀하옵소서."
3 하늘의 메시지를 받지 못한다면 나의
명을 받은 자가 아니요, 만백성을 구
하는 지도자가 아님을 너희들은 알아
야 될 것이니라.
4 나로부터 명받은 자요, 만백성을 구하
는 지도자는 너희들이 하늘로부터 성
령의 메시지를 받아 하늘의 지도자로
서 역사하는 것이요,

5 나의 성령의 메시지를 받지 못하는 자
는 정녕 하늘의 지도자요, 선택된 지
도자가 아님을 알아야 될 것이니라.
6 새로운 성경의 메시지를 받아야만 너
희들이 변화를 이룰 수 있기 때문이며,
7 그를 받지 아니하면 너희들이 성서의
비밀이요, 그 감춰진 뜻을 알 수 없으
며, 내가 원하는 변화되는 그와 같은
삶으로써 나의 백성들을 이끌어 갈 수
없기 때문이니라.
8 내가 나의 아들을 통하여 너희들에게
엄격히 전함이니, 어떠한 기적과 이적
을 이룬다는 것, 어떠한 역사를 이룬
다 해도, 성령이 임하지 아니한 것은
사탄의 장난임을 먼저 알아야 될 것이
니라.
9 그러니 성령이 임하지 아니한 지도자
는 구원을 받지 못한 사탄의 종이니라.
10 저 스스로도 구원을 받지 못하며, 제
가 어떠한 위치에 있는지도 모르는
자, 나로부터 명받지 못하고 성령의
메시지로 만백성을 구하지 못하며, 그
리고 변화되는 나의 뜻에 의하여 변화
의 역사의 길을 인도하지 못하는 자,
11 저 자신도 구원을 받지 못함이니, 제
가 구원을 받지 못함은 곧 사탄의 종
이 된 자들이니라.
12 그러니 사탄의 종이 결국 무엇을 하던
가?
13 나의 사랑하는 백성 너희들을 사탄의
종으로 만드는 데 그 모든 역할을 한
것이 오늘의 종교 집단의 지도자라는
것을 알아야 될 것이니라.
14 너희들은 그렇지 아니하다 말할 것이
니라.
15 나의 아들 예수가 2천 년 전에 와 너
희들을 깨우치며 나의 참진리를 가르
치고 전하고자 할 때, 너희들이 그를
얼마나 핍박하며 얼마나 무서운 행동
으로써 그를 죽게 했는가?
16 그를 생각한다면, 너희들이 오늘에 얼
마나 잘못 간 자요, 잘못 믿어 온 자
요, 그 후예들이 지금 나의 아들 예수
의 고통이요, 내 뜻에 따라 순종하는
백성이 아니라, 그를 거역하는 행위만
을 하고 있음이니,
17 내가 사탄의 종이 된 자들이 종교 지
도자라 하는 말에 너희들은 분노할 것
이니라.
18 그보다 더한 것으로써 너희들을 다스
린다 해도 너희들은 할 말이 없는 자
들이라는 것을 알도록 그리 깨우쳐 주
라.

11,455 번째 하나님 말씀

2004년 6월 6일 08시 11분

1 사랑하는 나의 아들아!
2 "네, 아버님! 말씀하옵소서."
3 나 여호와가 왜 머리를 비워야 되며
마음을 비워야 된다 그리 너에게 강조
하며, 너의 제자들이 너희 자신이 없
으며 네 마음이요, 네 모두를 비우라
함을 알겠느냐?
4 너희들이 마음을 비우지 아니하며 그
모두를 버리지 아니하면, 아무것도 받
아들일 수 없으며 아무것도 깨달을 수
가 없음이니라.
5 나 여호와는 사랑의 본체요, 그리고
너희들이 나를 볼 수 없다 하지 않았

느냐?
6 그러니 너희들은 무엇을 알아야 되는
가?
7 바로 너희들이 꿈으로써, 그리고 지혜
로써 모든 것을 내가 알려 주며 깨우
쳐 줌이니라.
8 그러니 너희들이 그와 같은 것을 나로
부터 받을 수 있으며, 그게 곧 나를 보
는 것이요, 나를 만지며 내 음성을 들
음이니라.
9 그러니 내가 너희들에게 그리 보여 줄
수 있는 것은 무엇인 줄 알겠느냐?
10 마음을 비워져야만 되느니라.
11 마음이 비워지지 아니하면 아무것도
볼 수 없으며 아무것도 들을 수 없느
니라, 사랑하는 나의 아들딸들아!
12 이제 160권의 새로운 성경이 세상에
나갈 날은 머지않았으며, 거기에 따라
공부한 제자, 너희들이 벌써 해를 넘
기고 또 해를 넘겼음이니,
13 과연 너희들이 그 모두 나를 볼 수 있
으며, 내 음성을 들을 수 있으며, 나로
부터 너희들이 꿈에서 메시지를 들을
수 있으며, 현실에서 메시지를 들을
수 있는 그와 같은 너희들이 되기 위
해서는 모두 마음을 비워야 되느니라.
14 마음을 비우지 아니하면 아무것도 얻
을 수 없으며 아무것도 볼 수 없으며
아무것도 역사할 수 없다는 것을 너의
제자들에게 전하라.
15 그리하여 내가 마음을 비우라 함이니
라.
16 아무것도 보지 못하며 듣지 못하며,
오로지 나의 아들이 기적을 역사하며
무엇인가 너희에게 이루어 주기를 바
라나, 그 모두는 잘못된 생각이니라.
17 너희들 스스로 마음을 비우면 되는 것
이요, 마음을 비우면 모두를 다 볼 수
있음이니라.
18 내가 지금의 시대는 뭐라 말했느냐?
19 너희들을 직접 다스리고 직접 통제하
는 시대라 했으니, 너희들이 받지 못
하며 나를 보지 못하는 것을, 나의 아
들을 통하여 무엇인가 이루고 역사하
려 하지 말라.
20 그것이 너희들이 다 잘못되었음이니
라.
21 나의 아들은 내가 스스로 다스리고 그
를 이끌어 가는 것이요, 내가 너희들
에게 각자 지금 임하는 시대라 하지
아니하였더냐?
22 내가 각자 임하는 시대이니, 너희들이
그를 받아들이지 못하며 깨닫지 못하
는 것은 너희들이 마음을 비우지 못한
것이요, 바로 서지 못한 것이니, 모두
는 다 네 탓으로 그리 알라.
23 나의 아들을 원망하지 말며 나의 아들
을 탓하지 말라.
24 그리고 나의 아들에게서 무엇을 들으
며 무엇을 이루며 역사하려 하지 말라.
25 오로지 나의 아들은 나와 교통하여
160권의 새로운 성경을 세상에 내보
내는 데 그 직무가 첫 번째요, 그를 역
사하는 것으로써 그는 모두를 다 이룸
이니라.
26 다만, 이제는 내가 모두가 다 같이 지
금 교통하는 시대라 했음이니, 너희들
이 나로부터 얻고 못 받는 것은 네 마
음을 비우지 못한 것이요, 너를 버리
지 못한 것이니,

27 너희들은 알아서 행하도록 그리 노력
하라.
28 그리고 나의 아들로부터 무엇을 들어
역사하려 하지 말라.

11,456 번째 하나님 말씀

2004년 6월 6일 08시 15분

1 사랑하는 나의 아들아!
2 "네, 아버님! 말씀하옵소서."
3 내가 너희들에게 마음을 비우며 모두
를 비우면 나를 만나며 나의 음성을
들으며 나와 교통할 수 있다 하였음이
니, 각자 너희들이 얼마만큼 너희 자
신을 다스렸느냐 하는 것에 달렸다 하
였음이니라.
4 그러니 너희들이 무엇을 알아야 되는
가?
5 인간 너희들이 모두가 다 교만하며 오
만함이니라.
6 교만과 오만을 버리지 못하는 자 마음
을 비울 수 없으며, 교만과 오만이라
는 것을 너희들이 가지고 있는 한 그
모두를 버릴 수 없다는 것을 알겠는가?
7 교만과 오만이 있는 자, 저 스스로 판
단하며 저 스스로 모두를 결정함이니
라.
8 미래의 한 발짝 앞에도, 몇 초 앞에도
모르는 너희들이 얼마나 교만과 오만
에 무지한 행동이며 어리석은 행동인
지 알겠느냐?
9 사랑하는 나의 아들아!
10 모든 결과의 답이라는 것은 너희들은
알지 못함이니라.
11 오로지 창조주 나 여호와는 알고 있음
이니, 너희들이 무엇을 알았다 하여,
무엇을 깨달았다 하여 결정을 내리는
것은, 너희들이 그만큼 교만하고 오만
한 것이니라.
12 그리고 나의 뜻을 너희들이 거역하는
자요, 나의 권위에 도전하는 그와 같
은 너희들의 행위라는 것을 알라.
13 그러니 오만과 교만한 행위를 하지 말
며, 너희들이 먼저 아는 것처럼, 무엇
을 깨달은 것처럼 함부로 말하지 말라.
14 오로지 내가 너희들에게 명한 것 외에
는 정답이라 할 수 없으며, 설령 너희
들이 그와 같은 뜻이 이루어진다 해도
그것이 결코 정답은 아님이니라.
15 사랑하는 나의 아들딸들아!
16 너희들이 모든 욕심이요, 그리고 교만
과 자만이요, 오만함을 모두를 다 버
려야 되느니라.
17 그 모두를 버렸을 때 너희들이 마음을
비우는 자요,
18 너희들이 마음을 비운 자, 깨끗한 자,
거듭나는 그와 같은 삶을 사는 자, 거
기에 내가 같이 임하니,
19 내가 너희들에게 보여 줌이며, 너희들
이 나를 볼 수 있으며, 내가 너희들에
게 모두를 느낌으로 행할 것을 가르쳐
줌이니, 그와 같은 자세로써 살아가도
록 그리하라.
20 그러면 이제는 너희들은 갈 수 있으
며, 내가 너희들에게 전하는 뜻이 무
엇인가는 너의 제자들은 알 것이니라.
21 그리 가라, 그렇지 아니하면 아무것도
얻을 수 없음을 알라 전하라.

11,457 번째 하나님 말씀

2004년 6월 6일 08시 36분

1 사랑하는 나의 아들아!
2 "네, 아버님! 말씀하옵소서."
3 성령의 메시지를 받지 못하는 지도자
는, 입으로 저희들이 아무리 성령이
요, 성령이라 하며 부르짖으며, 저희
자신은 기름 부음을 받은 자요, 만백
성을 지도하는 나로부터 명받은 자라
하여, 위로는 하늘의 종이요, 만백성
의 종이라 그리 아무리 말한다 해도,
4 그들은 지금 얼마나 제왕적인 자리를
지키며 부귀영화를 위하여 인간의 교
리를 가지고 저희들이 장난을 치는가?
5 그들은 참진리의 길을 거역하는 자들
로서 되어 있음을 알라.
6 성령의 복음을 전함을 훼방하는 자들
이요, 내가 이루고자 하는 그 모든 역
사를 훼방하는 자, 그들로 하여금 지
금 나의 새로운 성경이요, 나 여호와
의 뜻이 세상에 전해지는 것이 어렵고
힘드니,
7 너희들은 여기서 깨달아야 될 것이니
라.
8 정녕 지금까지 왔던 너희들의 믿음이
하늘에 오르는 길에 자신이 있으며,
진정한 참진리요, 나 여호와의 뜻에
의하여 역사한다면 너희들은 그 길을
가도 되나,
9 너희들이 지금의 길로써는 정녕 구원
을 받을 수 없으며, 모두가 종교 지도
자가 행하는 것을 봐서, 정녕 이는 믿
을 수 없다 생각한다면, 결국 너희들
은 무엇이더냐?
10 성령의 복음을 전함이 아니요, 그를
훼방하는 자이니,
11 너희들이 어떠한 길을 선택하느냐 하
는 것은 너희들에게 달렸음이니라.
12 그러니 지금의 모든 종교 집단의 지도
자 그들이 가고 있는 것이 잘못되었다
면, 너희들이 말하는 적그리스도의 행
위를 하고 있는 것이 그들이니라.
13 그러니 지금 새로운 진리요, 새로운
뜻을 가지고 세상에 나오는 자, 그리
고 너희들에게 참진리를 깨우치는 자
는 무조건 적그리스도요, 이단이라 그
리함이니,
14 지금의 믿음의 길을 가는 모든 종교
집단의 지도자 너희들이야말로 적그
리스도의 행위를 주저하지 아니하고
하는 자들이니라.
15 그리고 그를 행하는 자들임을 저희들
에게 전해 주어야 될 것이니라.
16 너희들이 더 무섭게 성령을 훼방하며
적그리스도로서 이 세상을 지배하니,
사탄의 노예가 된 자들이 바로 너희들
이라는 것을 알라.
17 말로써는 나의 뜻에 의한 삶이라 하느
니라.
18 그러나 너희들은 사탄의 종이 되어 버
린 자들이요, 나의 이름을 팔며 나의
아들 예수의 이름을 팔아 너희들이 모
두를 역사하지 않느냐?
19 그러니 나의 아들 예수의 이름을 팔며
나의 이름을 팔며, 예수의 죽음의 그
보혈로써 구원을 받았다 그리 팔고 다
니는 것은 무엇이더냐?
20 그를 팔지 아니하면 모든 백성들이 따
르지 아니하며, 모든 백성들이 그를

보지 아니하며, 너희 앞에 재물과 금
화와 은화를 바치지 아니하며 맹종 맹
신하지 아니하기 때문에,
21 너희들이 우리 부자의 이름을 팔아 나
의 백성을 사탄으로 만들어 지옥의 벼
랑으로 밀어 넣고 집어던지는 그와 같
은 행위를 하고 있다는 것을 알아야
될 것이며,
22 나의 아들을 따르는 제자 너희들이라
도 그를 바로 알아야 될 것이니라.

11,458 번째 하나님 말씀

2004년 6월 6일 08시 45분

1 사랑하는 나의 아들아!
2 "네, 아버님! 말씀하옵소서."
3 나 여호와가 나의 백성에게 필요한 인
간으로 하여금 모두를 역사함이라는
것을 너희들은 알아야 될 것이니라.
4 내가 필요에 따라서 또한 필요한 일을
역사하기 위하여 내가 인간 너희들을
선택하여 그들에게 모든 뜻을 내려보
내며,
5 그들이 또한 한 단면을 역사할 수 있
도록 내가 책임을 준 백성들이 이 세
상에 수없이 내려가 있음이니라.
6 다만, 그들이 나의 아들 예수가 세상
에 내려올 때 그를 예언한 것처럼, 저
희들이 나의 아들을 통하여 지금 새로
운 성경이 세상에 나오니, 그 모두를
바쳐서 일할 수 있는 그와 같은 백성
들,
7 그리하여 내가 우선 급한 대로 우선
필요한 대로 필요에 따라서 내가 그
지혜를 주어, 세상에 너희들이 다 사
탄의 것으로 넘어가려 하는 것을 내가
밀고 가지 못하도록 막고 막고 있었다
는 것을 알아야 될 것이니라.
8 사탄이라는 거대한 것을 너희들이 밀
어 눈덩이처럼 불리고 불려 그것이 너
희들이 지옥의 벼랑으로 떨어지도록
하는 것이 사탄의 행위이니라.
9 이 지상의 모든 것을, 나의 사랑하는
백성들을, 눈송이를 굴리면 굴릴수록
불어나는 눈덩어리처럼 나의 백성들
을 그와 같이 불리고 불려 지옥으로
갖다 집어던짐이니, 그 많은 백성들이
그리 죽어 감이니라.
10 그리하여 그리해서는 안 되기 때문에
그들이 밀 때마다 내가 큰 돌로써 그
밑을 받치고 받치고 그와 같이 하여
그 눈덩이를 지금 밀지 못하도록 하여
저희들이 지금 이와 같은 형국에 와
있음을 알라.
11 그러니 나의 아들이 지금 내려와 오늘
같이 160권의 새로운 성경으로써 세
상을 지배하지 못함이니,
12 그때마다 돌을 놓아 그 눈덩이를 밀고
가지 못하도록 내가 그 책임을 주어
세상에 내려보낸 백성들이 그와 같이
저희들이 가는 길을 가지 못하도록 바
로 서라 외쳤으나,
13 저희들이 그와 같은 것을 지금 다 무
시하며, 그와 같은 것이 내려왔을 때,
그들은 그저 저희들이 굴려가는 그 눈
덩이를 막음이니,
14 그것이 사탄이요, 이단이요, 사악한
자라 그리 너희들이 말하는 것이 아니
더냐?
15 그게 바로 내가 나의 백성 너희들에게

베푼 은혜요, 사랑이거늘, 무조건 이
단시하며 이단이요, 사탄이라 너희들
이 그리 말하고 결정지어 버리느니라.
16 그러니 이단시하며 배척해 버리는 그
무지한 자들이 하는 행위가 바로 무엇
이더냐?
17 나의 피조물 만백성들을 그저 눈덩이
처럼 불리고 불려 지옥으로 이끌어 가
는 자들이 곧 나 여호와의 뜻에 영원
히 구원받지 못하는 성령을 훼방하는
죄를 짓고 있다는 것을 너희들은 알아
야 될 것이니라, 사랑하는 나의 아들
딸들아!
18 지금 너희들이 지옥으로 가는 그 형태
가 그러하니라.
19 하얗게 눈이 와 세상을 덮었을 때 어
린아이들이 그 눈을 뭉치고 뭉쳐 굴리
고 굴리면 그 덩어리가 커짐이니, 그
와 같이 나의 백성들을 뭉치고 뭉쳐서
한 번에 지옥으로 밀어붙이고자 함이
니라.
20 그리하여 그와 같이 셀 수 없는 곳에
서 눈덩이를 뭉쳐 가는 그들을 내가
깨우치기 위하여, 그 돌로써 내가 넘
어가지 못하도록 막는 것을 보낸 것이
바로 한 가지씩 두 가지씩 깨우쳐 나
의 백성들을 세상에 내려보낸 것,
21 그것이 지금 새로운 성경이요, 나의
아들이 내려왔을 때를 기다리는 그 역
사라 하여 보내진 자들까지도 너희들
이 배척하며 이단시하며 그와 같은 행
위를 함이니,
22 성령의 방해자는 오늘의 종교 집단 너
희들임을 알아야 될 것이니라.
23 저희들 자신도 구원을 받지 못하고 있
는 자들이 어찌하여 남들까지 구원을
받는다 그리하는가?
24 절대 그걸로써는 구원을 받지 못하도
록 되어 있음이니, 얼마나 그들이 무
지몽매한 행동을 하고 있는지 알겠느
냐, 사랑하는 나의 아들딸들아!
25 나의 아들을 따르는 제자 너희들은 들
으라.
26 그와 같은 자들이요, 지금의 신앙생활
을 가는 자, 눈덩이처럼 나의 백성들
을 굴리고 굴려 늘리고 늘려서 셀 수
없는 수억 군데에서 지옥으로 밀어붙
임이니,
27 그것을 막기 위해서는 내가 미리 하나
씩 그 받침돌로서 보낸 자들이 있음이
니라.
28 그러니 그것을 넘기지 못하여 지금 몸
부림치는 자, 그걸 사탄이요, 이단이
요, 사악한 자라 말하는 자,
29 저희들이 가는 길을 바로 가라 하여
너희들이 벼랑으로 떨어지는 자에게
그 버팀목을 하고 있는 나약한 그 백
성들, 그들을 다 저희들이 사탄이요,
이단이라 함이니,
30 지금 바로 종교 집단이야말로 이 세상
에 존재할 아무런 가치가 없는 자요,
존재해서는 아니 되는 자들로서 변질
된 것이 그들임을 알라, 사랑하는 나
의 아들딸들아!
31 그들이 어떠한 줄 알겠느냐?
32 나무가 열매를 열어야 그 열매를 거둬
들여 만백성의 양식으로 할 수 있거
늘, 가지와 잎만이 무성하며 생명의
열매를 열어서 만백성을 구하는 양식
의 그 밑거름이 되지 못하는 불필요한

나무와 같이 되어 버렸으니, 그 나무
를 놔둔들 무엇하겠느냐?
33 그를 베어 버리며 뽑아 버리고 새로운
나무를 심어야 하는 것이 당연한 것이
아니더냐?
34 건실한 열매를 맺어 너희들이 구원의
양식으로 받을 수 있도록, 바로 새로
운 성령이요, 새로운 성경을 세상에
내려보내 이를 심어서 너희들을 구원
하고자 하는 것이 나 여호와의 뜻임을
알라, 사랑하는 나의 아들딸들아!
35 아무런 도움이 되지 않는 거추장스러
운 존재가 되어 있으며, 버리려야 버
릴 곳이 없으며, 그저 쓰려야 쓸모도
없는 그와 같은 거대한 집단으로 되어
버렸으니,
36 이를 막는 것은 160권의 나의 새로운
성경밖에 없음이니라.
37 너희들이 한두 사람으로 하여금 굴러
갈 때마다 작고 나약한 힘으로 그를
막고 버텼으나,
38 저희들이 그리 하나가 되어 가지 못할
때, 바로 이 거대한 나의 버팀목이 세
상에 내려가면 그들은 넘지 못하기 때
문에, 그들은 또한 힘이 하나가 되어
이 버팀목을 넘으려 할 것이니라.
39 그러니 이를 넘지 못하게 하는 것은
너희들의 모든 정열이요, 충성을 다
바쳐 너희들이 목숨을 바쳐 버티는 그
길밖에 없음이니 그리 알라 전하라.

11,459 번째 하나님 말씀

2004년 6월 6일 08시 51분

1 사랑하는 나의 아들아!
2 "네, 아버님! 말씀하옵소서."
3 믿기만 하면 구원을 받는다는 그러한
너희들의 그 믿음에서, 하늘의 뜻에
의하여 진실된 믿음의 길을 가는 백성
이요, 너희들이 그와 같은 믿음이요,
신앙의 길로써 전환하지 아니하며 바
뀌지 아니하면 절대 아니 되느니라,
사랑하는 나의 아들딸들아!
4 나로부터 때에 따라 내가 필요하여 내
리는 나의 메시지를 들어 너희들이 내
가 원하는 길이요, 내가 역사하고자
하는 길을 볼 줄 알며 그 길을 행하는
백성이 되지 아니하면 아니 되느니라.
5 지금 내가 필요에 따라서 모든 새로운
성령의 그 뜻을 세상에 내려보냄이니,
이는 곧 나의 메시지이니라.
6 곧 나의 메시지는 내가 원하는 것을
인간 너희들을 통하여 사랑하는 나의
아들딸들에게 전하고자 하는 뜻을 전
하는 것이요,
7 그러한 역사가 이루어져야 되며, 그것
을 받아들일 줄 아는 백성이 거듭나
는 길을 볼 수 있거늘,
8 그 모두를 이단시하여 배척하여 너희
들이 사탄이요, 마귀라 하며 들여다보
지 아니하는 그와 같은 행위를 하고
있음이니,
9 얼마나 너희들이 지금 잘못된 백성들
인 줄 아느냐?
10 지도자 너희들만이 지옥으로 가면 괜
찮을 것이니라.
11 그러나 나의 백성들까지도 영원히 거
듭나지 못하는 그와 같은 지옥으로 너
희들이 눈덩이처럼 불리고 불려 굴리
고 굴려 들어가 지옥으로 집어던지는

그와 같은 행위를 하고 있음이니,
12 나의 뜻이요, 하늘의 뜻이요, 그걸 전
하는 역사를 너희들이 훼방하고 있음
이니라.
13 그러나 사랑하는 나의 아들딸 너희들
은 들으라.
14 지금 내가 나의 아들을 통하여 160권
의 새로운 성경을 세상에 내려보내니,
이것이 인간으로서 너희들이 한순간
에 무엇을 이룰 수 있단 말이던가?
15 절대 이룰 수 없음이니라.
16 그러니 이룰 수 없는 것이 이루어진다
면 무엇이더냐?
17 이가 세상에 존재하지 못하며 찢어 버
리고 태워 버리며 세상에 나올 수 없
다면, 이는 사탄이 하는 짓이요, 이는
결코 용서할 수 없을 것이기에 내가
세상에 나오지 못하게 했을 것이니라.
18 아무리 성령을 훼방하는 것이며 성령
을 훼방하는 죄가 큰 죄라 해도, 너희
들 개개인이 나를 비방하고 욕하며 성
령을 전하는 것을 방해하는 것과,
19 160권이 세상에 나와 구약과 신약의
모두를 다 덮어 버리며 새로운 역사가
이루어진다는 것은, 과연 너희들은 이
보다도 큰 성령의 훼방이 어디 있으며,
20 이는 곧 내가 내리는 것이 진실한 것
이 아니라면, 이가 세상에 내려갈 때
구약이요, 신약이요, 오늘까지 그 모
든 역사는 다 무너지며 덮어지는 것을
알고 있는 나 여호와 창조주, 너희들
이 말하는 전지전능한 아버지인 내가,
어찌하여 160권의 이 대장정의 역사
가 이루어지도록 놔두겠는가?
21 이를 내가 막을 것이니라, 그리고 이
는 용서할 수 없음이니라.
22 내가 진실로 너희들을 구원하며 너희
들이 그 길로 바로 왔다면, 신약과 구
약이요, 그 모두를 내가 덮지 아니한
다면, 결국 160권의 새로운 성경이 세
상에 나오도록 내가 용서하지 아니할
것이며 역사하지 아니할 것이니라.
23 이것이 나는 어느 것도 대적할 수 없
으며 어느 것도 존재하지 못한다는 것
을, 세상은 나의 새로운 성경이요, 이
책으로써 모두가 다 하나가 되어 역
사한다는 것을,
24 그 위대하고 방대한 힘을 아는 나 여
호와가 어찌하여 이를 방치해 둔단
말이더냐?
25 나 여호와의 뜻이 아니면 160권이 나
올 수 없으며, 이를 내가 방치해 두지
아니함을 너희들은 알아야 될 것이니
라.
26 이보다 더 큰 성령의 방해가 없으며,
성령은 이것을 넘을 수 없는 그와 같
은 위대한 벽을 이루기 때문이라는
것을 어찌 모른단 말이더냐, 이 불쌍
하고 가련한 백성들아!
27 모두가 다 나 여호와의 뜻에 의하여
새로운 역사가 진행되며, 모두가 변화
될 수 있는 그 길을 위하여 변화되고
자 하는 것을 너희들은 어찌 모른단
말이더냐?
28 내가 나의 아들을 통하여, 또한 나의
백성을 통하여 한두 사람으로 하여금,
또 개인으로 하여금 한두 가지의 깨우
침을 얻도록 하여 세상에 미리 내보내
는 것은 무엇이더냐?
29 이는 변화되는 것이며, 변화되는 그와

같은 징조가 아니더냐?
30 새로운 것이 내려온다는 것은 새로운
변화를 역사하는 것이니라.
31 진실된 나의 뜻을 가르치는 시대가 지
금 진행되고 있음을 어찌하여 너희들
은 모른단 말이더냐?
32 대역사의 새로운 시대가 열리며 구약
과 신약을 덮어 새 시대를 역사하고자
하는 내 뜻이 내려가는 것, 결코 이는
내 뜻이 아니면 내가 160권이라는 새
로운 성경이 세상에 나가도록 하지 않
을 것이며,
33 나의 아들이 죽을 때까지 너희들에게
하늘의 진리요, 하늘의 뜻을 기록하여
전하는 역사를 할 수 없도록 그리할
것이니라.
34 그러니 너희들은 믿으라, 그리고 너희
들은 위대함을 알라, 그리고 귀함과
소중함을 알아야 될 것이니라.
35 성령으로 임함에 따라서 너희들이 행
해야 되는 현실적인 시대의 변화를 받
아들이는 현명함을 얻어야 될 것이니
라.
36 새로운 성경이 내려가는 것은 새로운
변화를 원하며, 새로운 변화가 되지
아니하면, 너희들이 변화될 수 없으며
하늘의 뜻을 알 수가 없기 때문이니,
37 변화되는 것은 새로운 메시지를 내려
보내는 것이요, 새로운 메시지는 변화
되는 것을 원하니,
38 이를 받아들이고 깨우쳐 너희들 것으
로 만드는 현명함이 없이는 너희들은
그저 썩은 물에 고여 살다 죽는 고기
와 마찬가지니,
39 거기에서 새로운 생수를 부어 줌을 너
희들은 거부하는 어리석은 짓을 하지
말라.
40 결국 너희들이 새로운 생수를 부어 내
려오지 아니하면 모두가 다 죽는 것
을, 그를 거부하며 너희들이 있는 것
으로써 살 수 있다는 어리석은 짓을
하지 말라.
41 모두가 다 너희들이 죽어 가는 시간이
남았으며, 그 시간을 기다리는 것이니,
42 그게 불쌍하여 내가 생명수를 부어 줌
을 알라 그리 전하라.

11,460 번째 하나님 말씀

2004년 6월 6일 08시 59분

1 사랑하는 나의 아들아!
2 "네, 아버님! 말씀하옵소서."
3 너희들이 건축물을 짓는 것이니라.
4 그러니 이를 지을 때, 너희들이 자격
이 없는 자요, 그리고 알지 못하는 자
가 설계도를 그려 그 설계에 의하여
집을 짓는다면, 과연 그 집은 어떠한
형국으로 되겠는가?
5 그 집은 짓기 전에 붕괴될 것이며, 또
한 무너지게 되는 것은 당연한 것이
아니더냐?
6 너희들이 자격이 없는 자가 설계한 잘
못된 설계도라면 결코 너희들은 그 역
사를 할 수 없을 것이니라.
7 지금의 종교 집단 지도자들이 2천 년
동안 처음부터 잘못된 설계도를 가지
고 건축을 한다 하여 너희들이 지금까
지 이끌어 온 형국이 되었음을 알라.
8 성서의 가르침이요, 나 여호와의 뜻을
제대로 알지 못하기 때문에 너희들이

건축의 설계를 잘못한 자들이요, 그리
고 잘못된 것을 가지고 이 모두가 역
사하는 그와 같은 형국이 지금 되었다
함을 내가 너희들에게 전함이니라.
9 그러니 너희들이 알지 못하는 것, 제
대로 되지 아니한 것을 가지고 가르치
고 거기에 지금 전하여 하늘에 오르는
길이라 역사했음이니,
10 더욱이 인간의 교리요, 인간의 생각을
세월이 흐르면 흐를수록 너희들에게
유리하고 좋은 쪽의 내용을 첨부하고
너희들이 마음대로 단상에 서서 가르
침이니, 얼마나 교만하고 오만한 자이
더냐?
11 너희들은 지도자를 탓하지도 말며 지
도자를 욕하지도 말며, 지도자가 잘못
갔을 때 말하지 말며 비방하지 말며,
그리고 너희들이 신처럼 받들고 무조
건 존경하며 무조건 고개를 숙이라 함
이니,
12 그러니 과연 이게 하늘의 나의 종이
할 수 있는 소리며, 만백성의 종으로
살아가는 지도자라 말하는 자들이 행
할 수 있는 것이란 말이더냐?
13 그러니 설계도가 잘못되었으며 잘못
된 설계도로써 집을 짓는 행위를 하는
자들이라 내가 말함이니라.
14 모든 종교 집단의 지도자가 그리되었
음이니라.
15 그리하니 지금 그를 2천 년 동안 집을
짓는다 몸부림쳤으나 그게 맞지 아니
하여 너희들이 그 형틀로써 이룰 수가
없으니,
16 이제 너희들이 부어 넣은 모든 재료가
저 자신을 지탱하지 못하여 붕괴되고
파괴되는 그러한 것은 당연한 것이요,
당연한 일이라는 것을 너희들은 알아
야 될 것이니라.
17 이제 부서지고 깨지는 것은 당연한 것
이며, 거미줄을 치며 너희들이 치고받
고 내분이 나며 전쟁이 나는 것, 그것
은 당연한 결과이며 어쩔 수 없는 것
이니라.
18 그러니 내가 지금의 그 모두를 다 쓸
어버리고 버릴 것은 버려 다시 역사하
고자 하는 것이 나의 뜻이니라.
19 나 여호와의 새로운 설계도를 가지고
너희들이 그 설계도에 의하여 모두를
하나하나 쌓아 와야만 너희들이 완벽
한 건축물을 역사할 수 있음이니라.
20 그러니 너희들이 지금 나의 새로운 성
경을 읽고 네 것으로 만들지 아니하면
결코 구원을 받을 수 없으며 하늘에
오를 수 없다는 것을 명심하고 또 명
심하라.
21 그렇지 않으면 너희들이 모두가 다 무
너짐이니라.

11,461 번째 하나님 말씀

2004년 6월 6일 09시 04분

1 사랑하는 나의 아들아!
2 "네, 아버님! 말씀하옵소서."
3 내가 너희들에게 말하여 전하기를, 나
의 성전에 너희들이 2백 명이라는 그
백성을 넘지 말며 넘어서는 아니 된다
내가 말하지 아니하였더냐?
4 그 뜻이 바로 무엇인 줄 알겠느냐?
5 마음을 비운 백성들이니라.
6 마음을 비웠기에 너희들이 나를 볼 수

있으며, 나의 음성을 들을 수 있으며,
나의 메시지를 들을 수 있는 그와 같
은 백성으로서 내가 2백 명씩을 채워,
너희들이 그들을 깨우쳐 선생으로 내
보내도록 그리하라 함이니라, 사랑하
는 나의 아들딸들아!
7 제대로 되지 아니하며 갖춰지지 않은
자, 너희들이 무엇을 얻고자, 무엇을
이루고자 하는 그와 같은 심리로 나
의 성전을 찾는다면 2천 명이 아니라
만 명이 있어도 너희들이 아무런 가
치가 없음이니라.
8 내가 가라지로서 모두를 태워 버리고
버릴 자들이 모여 있으면 무얼 한단
말이더냐?
9 그러니 내가 2백 명이라는 그 백성,
너의 제자들이 나의 성전을 그득히
채워서, 그들 이상은 받지도 말며 그
들 이상은 교육을 시키지 말라 하는
것이 무엇이더냐?
10 그러니 마음을 비운 자요, 마음을 비
웠기 때문에 각자가 내 뜻을 알아들으
며, 그리고 내가 명한 메시지를 받아
들일 수 있고 행할 수 있는 백성들이
니라.
11 그러니 그들을 제대로 가르쳐 다스리
지 아니하면, 저희들이 하나의 메시지
를 내가 직접 내릴 때, 제가 대장이요,
제가 직접 은혜를 받은 자요, 제가 선
지자요, 나의 아들을 능가한다며 그와
같이 오만방자하던 자들이 있으니,
12 너희들은 2백 명을 넘지 않도록, 그
다스려진 백성만이 내가 세상에 내보
내 전사로 역사하고자 하여, 2백 명
이상을 수용하지 말며 2백 명 이상을
갖지 말라는 의미가 여기 있음을 너희
들은 알아야 될 것이니라.
13 사랑하는 나의 아들아!
14 욕심에 차 있는 자, 교만하고 오만한
자, 지금 그들이 깨우쳤다 하여 내가
그 메시지를 내렸을 때, 그들은 바로
돌아서서 제가 대장이요, 제가 제왕이
요, 새로 명받은 자요, 새로운 나의 아
들로서 태어난 자요, 나로부터 명받은
목자라 하여 너희들을 혼란케 할 것이
니,
15 그 혼란함에 따라서 그곳을 따라가는
자가 수없이 또 생길 것이니,
16 어찌하여 너희들은 진짜 보석은 싫어
하며 가짜 보석을 그리 좋아하는가?
17 그 모두가 세월이 지나면 알게 되는
것을, 너희들이 가짜를 소유했을 때
그 실망이 얼마나 크겠느냐?
18 너희들은 그 실망의 길을 알면서 어찌
하여 그 가짜를 선택하는가?
19 하늘에 오르는 길이요, 참진리의 길을
너희들이 가지 아니하여 심판대에서
심판을 받을 때, 너희들의 그 고통이
얼마나 크며 두려움과 무서움이 얼마
나 큰지를 어찌하여 너희들은 한 번쯤
생각할 수 있는 그 지혜도 없단 말이
더냐?
20 사랑하는 나의 아들딸들아!
21 너희들은 지금 여기서 살아 있을 때
나를 아버지라 부를 수 있으며, 모든
죄지은 것을 용서 빌 수 있으며, 너희
들이 선한 일을 할 수 있는 것은 여기
에서만이 할 수 있다 하지 않았느냐?
22 이는 곧 인간관계에 너희들이 이루어
진 선과 악은 너희들이 모두를 다 갚

아야 됨이니라.
23 내가 너희들에게 뭐라 말하였느냐?
24 남에게 갚을 것, 남에게 빚진 것을 그대로 다 갚지 아니하고 왔을 때 너희들은 그를 감당키 어렵다 한 내 가르침을 모르느냐?
25 그러니 더욱이 인간 세상에서 인간에게 지은 죄는 바로 무엇이더냐?
26 인간 세상에서 모두를 다 갚아야 된다면, 너희들이 오늘만이 그를 갚을 수 있으며, 너희들이 숨을 쉬고 있는 이 세상에서만이 모두를 갚고 정리하고 다스릴 수 있는 그 기회가 있다는 것이 아니더냐?
27 오늘에 살아 있을 때 너희들이 모두를 해야 할 그것을 놓쳐서는 아니 되느니라.
28 그리하여 내가 너희들에게 언제 나로부터 불려올지 모르는 그 남은 생명을 너희들이 금쪽보다도 더 귀하고 소중하고 아름답게,
29 그리고 너희들이 잘못된 것을 갚을 수 있는 그와 같은 사람이 되라 하였으니,
30 너희들이 육에서 이루어진 것은 육에서 모두를 다 갚아야 됨이니라.
31 두 번 다시 그 기회가 없음이니라.
32 너희들이 심판대에 설 때는 심판을 받는 자니, 거기서 아버지요, 아버지라 아무리 부르고 울부짖어도 내가 들어줄 수 없으며 그를 듣지 아니한다 하지 않았더냐?
33 그러니 내가 너희들에게 다시 한 번 명함이니라.
34 어떠한 것도 너희들이 갚을 것, 갚지 아니하면 아니 된다 했으니, 인간 세상에서 잘못 살아왔던 그 모두를 인간 세상에서 다 갚도록 하라.
35 사랑하는 나의 아들딸들아!
36 너희들이 이 피맺힌 목소리를 들을 줄 모른단 말이더냐?
37 정녕 너희들 귀에는 들리지 않더냐?
38 나는 나의 아들을 통하여 피맺힌 하소연을 너희들에게 하고 있음이니, 내가 너희들을 얼마나 사랑하느냐?
39 부모가 자식을 사랑하는 마음이기 때문에 그러하니라, 사랑하는 나의 아들딸들아!
40 진실이요, 진실된 나의 뜻을 받아들이도록 그리하라.
41 내가 너희들을 사랑함이니라.

11,462 번째 하나님 말씀

2004년 6월 6일 11시 37분

1 사랑하는 나의 아들아!
2 "네, 아버님! 말씀하옵소서."
3 모든 피조물 만백성 너희들이 나를 아버지라 부르며, 또한 너희들이 나의 아들딸이라는 것은 엄연한 사실임이니라.
4 그러니 너희들이 자식이 아버지를 보지 못하며 아버지가 자식을 만나지 못하며 대화할 수 없으며 같이할 수 없다면, 자식의 마음보다도 그 부모의 마음이 더 아프고 저려 올 것이니라.
5 나 여호와는 그 많은 나의 아들딸이 세상에 살아가면서 너희들을 나의 아들딸이라 하여 내 품에 반겨 주지 못하며, 내가 전하고자 하는 이야기를 듣지 못하며, 내가 너희들에게 가르치

고 깨우치는 것을 듣지 못한다면, 부
모인 내 마음은 과연 어떠하겠느냐?
6 그리하여 내가 나의 아들을 통하여 너
희들에게 명했느니라.
7 마음을 비우라, 그리고 자신을 지우라
함이니라.
8 너희들이 마음을 비우고 자신이 비워
졌을 때, 너희들은 나의 음성을 들을
수 있으며, 나를 볼 수 있으며, 나와
대화할 수 있음이니라.
9 그 길을 가지 아니하면 너희들은 만백
성을 구하는 지도자로서 거듭날 수 없
는 것이니라.
10 내가 너희들에게 명함이니, 내가 내린
그 160권의 새로운 성경 속에 있는
것, 너희들이 아무리 그것을 암송하고
또 외운다 해도, 그는 160권의 책 속
에 들어 있는 것이니라.
11 내가 너희들에게 일찍이 말하기를, 바
닷물을 잉크로 삼아 하늘을 두루마리
삼아 너희들이 쓰고 쓰고 전한다 해도
그를 전할 수 없으며,
12 너희들이 죽을 때까지 그를 깨우친다
해도 다 듣지 못하며 깨우치지 못하는
것이 하늘의 뜻이요, 나의 진리라 하
였음이니,
13 160권을 너희들이 평생 동안 몇 번만
읽어도 그를 암송할 것이니, 과연 그
시간이 몇 년이 가겠느냐?
14 그러니 너희들이 지도자로서 나가며
너희들이 만백성을 구하는 자로 서기
위해서는,
15 내가 직접 내리며, 내가 필요에 따라
서 환경에 따라서 내가 너희들에게 명
하고 싶은 그와 같은 것을 직접 듣고
명할 수 있는 그와 같은 너희들이 되
지 아니하면 아니 됨이니라.
16 너희들이 160권의 새로운 성경을 암
송하고 암송하는 것보다도, 내가 너희
들에게 직접 내리고 명하는 것이 더
많이 있으며 끝이 없음이니, 이를 받
지 못하면 아니 됨이니라.
17 너희들이 모든 백성을 가르치고 지도
함에 있어서 160권의 새로운 성경에
있지 않은 것을 질문하며 너희들에게
물을 때,
18 정녕 너희들이 나에게 직접 명을 받을
수 있으며 나와 교통할 수 있는 백성
이 아니 되면, 너희들이 이를 들을 수
없으며 답을 할 수 없는 것이니라.
19 사랑하는 나의 아들딸들아!
20 내가 너희들에게 왜 어렵고 힘든 그
길을 가라 명하는지 알겠느냐?
21 나의 새로운 성경을 읽으며 나의 강론
을 직접 듣는 너희들이 오늘에 바로
서기가 그리 어려우며, 바로 가기가
그리 어렵고 힘듦이니, 다른 백성들이
어찌 이를 알며 이 길을 갈 수 있다 생
각하느냐?
22 오로지 너희들만이 이 길을 갈 수 있
으며, 내 뜻에 근접하여 올 수 있기에,
내가 너희들을 달구어 이와 같이 이루
고자 하는 것이 나 여호와의 뜻이니,
이 모두는 너희들을 내가 사랑함이니
라.
23 그러니 너희들이 이제는 모두를 다 비
워 나로부터 직접 들으며 내가 직접
명하는 것을 받아 역사할 수 있도록
너희 자신을 비우는 데 최선을 다하라.
24 과연 너희들이 지금 얼마나 비웠으며

얼마나 너희 자신이 비워져 있는가?
25 그리고 인간의 생각으로써 판단하지
말며, 인간의 생각으로써 대답하지 말
며, 인간의 생각은 오류를 범하게 되
어 있으며, 나 여호와의 뜻을 거역하
게 되어 있음을 알라 그리 전함이니라.
26 그러니 모두를 비우고 너희들이 모두
를 버리지 아니하면 그것을 역사할 수
없음이니라.
27 너희들이 그리하지 않느냐?
28 모깃소리만 한 것도 아버님의 음성을
들으며 아버님의 형체를 보면 목숨을
바쳐 너희들이 믿음의 길을 가며 이
길을 가겠다는 자들도 있느니라.
29 그러나 너희들이 그 길을 내가 다 가
르쳐 주었으며 깨우쳐 주었거늘, 너희
들이 그를 행하지 아니하며 역사하지
아니하고서 너희들이 그를 원한다는
것은 잘못된 것이요, 욕심이 아니더냐?
30 먼저 너희들이 그리 행하도록 하라.
31 그러면 모두를 다 역사할 수 있는 것
이니라.
32 내가 나의 책에 기록하며 새로운 성경
에 기록해서 전함이니, 이것은 나의
뜻임을 너희들이 알아야 될 것이니라.

11,463 번째 하나님 말씀

2004년 6월 6일 19시 25분

1 사랑하는 나의 아들아!
2 **"네, 아버님! 말씀하옵소서."**
3 2천 년 전에 나의 아들 예수가 세상에
내려갔음이니, 종교 집단의 지도자요,
너희들은 나 여호와를 찾으며 나를 경
배하는 것은 한목소리를 냈으며 하나
같이 보였으나,
4 너희들이 속에서 생각하는 것이 각자
가 다르며 추구하는 것이 다르니, 이
해관계에 계산이 그리 달랐음이니라.
5 그러니 겉으로는 나를 찾는 똑같은 백
성이면서도 속으로 생각하는 것이 다
름으로 인하여 너희들이 얼마나 비참
하며 처참한 그와 같은 결과를 맺었는
가?
6 그것이 2천 년 전에 나의 아들 예수를
그리 고통스럽게 죽게 한 그 결과이니
라.
7 오늘의 모든 종교 집단의 지도자 너희
들이 겉으로는 나 여호와를 찾으며 나
를 아버지라 부름이니,
8 지금 제3의 시대에 새로운 성경을 내
려보내 이를 가지고 공부하는 너의 제
자들도 나를 아버지라 찾으며 나를 경
배하며, 모든 종교 집단 그들도 또한
무엇이더냐, 나를 찾고 있지 않으냐?
9 그러니 다만 너희들이 속으로 생각하
는 것, 추구하는 것, 이해관계에 따라
서 너희들이 무엇을 제가 더 취하며
가질 것인가 하는 생각이 다르고 너희
들이 역사하고자 하는 것이 달라 반
목하기에,
10 너희들이 지금 이와 같이 하나가 되지
못하며, 너희들이 서로 밀고 당기며
심지어 다른 종파는 적으로 생각하는
험악한 세상까지 왔음이니,
11 이는 너희들의 마음속에 가지고 있는
이해관계요, 이익의 분배에 따라서 그
리되느니라.
12 그러니 과연 그 비운 마음이 어느 쪽
에서 비운 마음이던가?

13 비운 마음이 하나로써 이끌어 갈 수
있으며 하나가 될 수 있는 그 틈을 보
이는 것이니, 지금 스스로 너희들이
생각해 보라.
14 나의 아들을 따르는 제자 너희들이 나
의 아들을 통하여 강론을 듣고 배우며
마음을 비우고 가는가,
15 오늘의 모든 종교 집단 지도자들이 마
음을 비우고 가는가, 그 신도들이 마
음을 비우고 가는가?
16 어느 백성이 마음을 비우고 가는 것인
가 하는 것을 너희들은 알아야 될 것
이니라.
17 오늘의 너희들이 적이요, 사탄이요,
이단이라 하는 것은, 나를 찾으면서
너희들이 같은 백성으로서 같은 입으
로 나를 아버지라 부르면서 너희들이
한목소리를 내면서,
18 어찌하여 너희들이 그와 같이 험악한
전쟁터와 같은 살벌한 분위기에서, 너
희들이 전쟁이요, 호시탐탐 노리는 그
와 같은 삶을 사는가?
19 그것은 너희들이 그 이익의 분배요,
욕심의 한계점이 그렇다는 것을 너희
들이 한번 반성하고 깨달을 줄 알아야
될 것이니라.
20 2천 년 전에 나의 아들 예수가 왔을
때, 똑같이 나의 백성이라며 나를 경
배하는 백성이라며 겉으로 너희들이
나를 찾는 목소리는 똑같으나,
21 너희들이 속의 생각이 다르며 추구하
는 것이 다르기 때문에, 그와 같이 너
희들이 불행한 일이 있었으니, 오늘도
너희들이 똑같은 행위를 하고 있음을
너희들은 알아야 될 것이니라.
22 이제 나의 아들을 따르는 제자들이요,
나의 아들을 통하여 내리는 강론을 듣
는 너희들이 모두를 감싸고 가슴으로
안아야만 됨이니라.
23 이것이 너희들이 해야 할 길이요, 너
희들이 가야 할 길이라는 것을 알라.
24 서로가 너희들이 속이 다르며 이해의
관계요, 이익의 분배에 따라서 더 욕
심을 내며 더 큰 것을 원한다면,
25 결국 너희들은 앞에는 나를 찾으나 뒤
에는 사악한 자들의 사탄의 종이 되어
추하고 더러운 모습을 너희들은 보지
못하나 나는 보고 있음을 알라 그리
전하라.

11,464 번째 하나님 말씀

2004년 6월 7일 01시 24분

1 사랑하는 나의 아들아!
2 **"네, 아버님! 말씀하옵소서."**
3 너는 갈 수 있으며 너는 모두를 역사
할 것이니라.
4 그러니 너를 따르는 제자들이요, 나의
새로운 성경을 읽고 깨우친 만백성,
너희들은 옷을 갈아입었으며 외형을
단장했다 해서 너희들이 변한 인간의
모습이 아님이니라.
5 내가 너희들에게 바라고 원하는 것은,
외부로 보이는 옷단장이요, 외부의 치
장이 변하는 것을 원하는 것이 아님을
너는 알 것이니라.
6 너희들이 외부의 변화요, 치장하고 단
장함으로써 옷을 갈아입음으로써 너
희들의 형태가 변화되는 외형적으로
보이는 것을 나 여호와는 너희들에게

원하지 아니하며 그와 같은 변화를 원
하지 아니함이니라.
7 내면으로써 너희들이 한 점의 부끄러
움이 없는 삶이요, 내면이 완전히 변
한 나의 아들딸들을 내가 원하며, 너
또한 그와 같이 변하기를 바라는 것이
나 여호와니라.
8 모든 백성들이 지금 살아가면서 내면
의 마음을 들여다보기 전에 외형이 변
화되는 것만 가지고 지금 변했다는 것
이 아니더냐?
9 그리고 너희들은 외형을 변화시키는
데 모두를 다 바치며, 외형의 변화에
서 남에게 군림하고자, 남에게 자랑하
고자, 남보다 무엇인가 특이하다는 것
을 보여 주고자 하는 것이 나의 백성
너희들이 가지고 있는 마음이니라.
10 모든 백성들이 그와 같은 마음을 가지
고 살아간다 해도, 나의 아들을 따르
는 제자들이요, 나의 새로운 성경을
읽고 깨우친 만백성, 너희들은,
11 바로 너희들의 자세가 내면이 변하는
것이 소중하며, 보이지 않는 너희들의
내면의 양심이요, 마음이 바로 서고
곧게 변하는 것을 나 여호와가 원함을
절대 잊지 말라, 사랑하는 나의 아들
딸들아!

11,465 번째 하나님 말씀

2004년 6월 7일 01시 29분

1 사랑하는 나의 아들아!
2 "네, 아버님! 말씀하옵소서."
3 내 마음이 아프고 저림을 너희들은 알
겠느냐?
4 구약의 시대 4천 년 동안 모든 기적을
역사하여 내가 바른 백성으로 그리 역
사하고자 했으나,
5 나의 뜻이요, 나의 은혜를 입은 자들
이요, 그와 같은 백성들이 새로 우상
을 만들고 경배하는 그와 같은 형국으
로 되어,
6 너희들이 모두를 다 배신하는 자요,
그 은혜를 역으로 갚은 형국이 되지
아니하였더냐?
7 그것은 너희들이 내면에 나를 진심으
로 따르지 않으며 내가 역사한 모세를
진심으로 따르지 아니하였기 때문이
니라.
8 그리고 그들이 또한 따르는 척하면서
도 저희들의 이해타산을 두었으며 계
산을 두었기 때문에, 그와 같이 우상
을 만들 수 있었으며, 다른 돌파구를
찾고자 그들이 감히 생각할 수 없는
행위를 하지 않았더냐?
9 그러니 2천 년 전 그 백성들은 과연
어떠하더냐?
10 율법에 따라 사는 것, 구약에 의해 산
다는 그 백성들과, 나의 아들 예수가
세상에 내려가 새로운 역사요, 새로운
성서를 전하고자 함이니, 그들은 다
어떤 백성이더냐?
11 나를 믿고 나를 경배하는 그와 같은
백성들이 아니었더냐?
12 저희들이 말로써 행동으로써는 똑같
이 나에 대해 경배하며 나의 백성이라
그리 말하면서,
13 속으로 생각하는 것, 내용적으로는 서
로 화합할 수 없는 다른 길이요, 다른
목적을 갖고 있었기 때문에,

14 너희들이 나의 아들 예수에게 그리 처
참하고 참혹한 행위를 할 수 있다 내
가 너에게 그리 전하지 않았더냐?
15 그러니 그때는 이미 구약의 시대가 제
기능을 다 하지 못하고 인간의 교리에
물들었음이니라.
16 그와 같은 것을 잘못 다스리며 잘못
간다 하여 너희들이 지금 바로 왔고
바로잡고자 하는 역사를 이루었으나,
17 너희들이 겉으로는 나를 찾으면서도,
인간의 교리 때문에 너희들의 이해관
계가 다르기 때문에, 전지전능한 아버
지를 경배한다 했으나,
18 너희들은 사실 그 마음이 그러하지 아
니하였으며, 너희들의 마음은 다른 곳
에 있었으며, 너희들의 생각은 다 다
른 곳에 있었음이니,
19 그것은 오로지 잘못된 종교 지도자들
의 계획이요, 그들의 생각이요, 그리
하여 내 뜻을 받아들이지 못하는 그와
같은 결과가 되지 아니하였더냐?
20 그러면서 나에게 구원을 받고자 한다
면서 너희들은 이단이요, 사탄이라 서
로 치고받으며 분열되는 속에서, 전쟁
하는 백성들보다도 전쟁터보다 더 무
서운 전쟁 아닌 전쟁을 치르는 그와
같은 역사로 하여금 너희들이 하나가
되지 못하지 아니하였던가?
21 그리하여 지금의 신약의 시대가 2천
년을 흘러오면서 참진리요, 하늘의 뜻
은 없어지고,
22 인간이 만든 종교 집단과 지도자들을
위한 교리를 갖고 너희들이 세상을 지
배하게 되었음이니라.
23 그러니 나를 찾고 경배한다고 하지만,
너희들의 내면은 다른 뜻이요, 너희들
이 알든 모르든, 또 아는 자, 모르는
자, 너희들이 새로운 성경을 받아들이
지 아니하며 이를 인정하지 아니함이
니,
24 지금 너희들의 인간의 지식과 상식을
가지고 너희들이 만든 것이 오늘의 신
약의 가르침이요, 너희들이 만들어 낸
신약의 산물이니라.
25 그것을 가지고는 결코 구원을 받을
수 없으며 하늘에 오를 수 없는 것이
너희들임을 알라.
26 성경은 성령의 감동으로써 이루어지
며, 성경과 성령이 합쳐질 때, 너희들
이 감동에 의한 새로운 변화의 역사가
이루어짐이니라.
27 그리하여 그 속에서 너희들이 깨우침
을 알 수 있고 변화를 알 수 있는 것이
거늘,
28 너희들은 지금 성경과 성령이 하나가
되지 못하며, 성경과 성령으로써 감동
된 그와 같은 변화를 이루지 못하기에,
29 너희들은 겉으로 나를 찾으며 나를 경
배한다 그리하며, 울며불며 기도하고
소원을 비는 그와 같은 행위를 지금
하고 있음이니라.
30 그러나 모두가 속의 계산이요, 주산
알을 따로 튕기며 따로 계산법을 쓰
고 있으니, 새로운 성경을 가지고 공
부하는 나의 아들과 하나가 될 수 없
는 것이 너희들이니, 이는 결코 하나
로써 이루어질 수 없는 운명이니라.

11,466 번째 하나님 말씀

2004년 6월 7일 01시 32분

1 사랑하는 나의 아들아!
2 "네, 아버님! 말씀하옵소서."
3 지금의 모든 종교 집단의 지도자 그들
이 가르치는 것은 무엇인 줄 알겠느냐?
4 그들은 핵심이 없음이니라.
5 그리고 진실한 것을 모르며 그 근본을
모르고 있음이니라.
6 너희들은 음식이라는 것을 만들 때 가
장 중요한 것이 무엇이더냐?
7 너희들이 간을 맞추는 그 소금이라는
것이 있지 않으냐?
8 소금이라는 것이 존재하지 아니하면,
너희들은 결코 음식의 맛을 낼 수 없
으며, 음식을 만들 수 없는 것이 아니
더냐?
9 그러니 성경에 가장 중요한 것은 바로
무엇이더냐?
10 성경의 소금은 무엇이라 너희들은 말
하느냐?
11 사랑하는 나의 아들아! 네가 말하기
를 성경의 가장 소중한 소금은 무엇이
라 말하는가?
12 "네, 아버님! 그렇사옵나이다.
13 아버님께서 지키고 지키라 하며 이를
지키지 못한다는 것, 인간이기 때문에
이를 지킬 수 없다 말하는 것, 그는 결
코 아버님을 인정하는 자가 아니요,
아버님을 믿지 않는 백성이라 수없이
말씀을 하신 그 성경의 소금은 십계명
이옵나이다.
14 성경의 소금은 십계명이거늘, 지금의
십계명을 지킬 수 없다는 그 백성들,
성경의 소금을 버리는 자들이요, 그를
갖다 없애고도 음식을 만들 수 있다
그리하는 자라 알고 있사옵나이다."
15 사랑하는 나의 아들아! 그러니라.
16 너희들이 음식을 만들 때 가장 소금이
필요하지 않더냐?
17 그러니 너희들이 소금을 빼놓고 음식
을 만들려는 허황된 짓을 해서는 아니
될 것이며, 그는 있을 수 없는 것이니
라.
18 그러나 지금의 믿음의 길을 가는 백성
들, 너희들의 믿음에 가장 중요한 것
이 소금이거늘,
19 그 소금을 빼놓고 너희들이 지금 모두
를 만드는 그와 같은 어리석은 짓을
하며, 그를 빼놓고 너희들이 하늘에
오르는 길이요, 나에게 오른다 그리함
이니, 그는 있을 수가 없느니라.
20 그러니 내가 지금 내려보내는 새 성경
이 바로 무엇이더냐?
21 내가 십계명이라는 소금을 주었으나,
너희들이 인간이기 때문에 지킬 수 없
으며 인간이기 때문에 이를 사용할 수
없다 그리 말하며 이대로 살 수 없다
하여,
22 내가 그와 같이 너희들이 지켜야 되는
것, 살아야 되는 것을 새로운 성경에
모두를 풀어서 내림이니,
23 곧 160권의 새로운 성경이 소금임을
알라 그리 전하라.

11,467 번째 하나님 말씀

2004년 6월 7일 01시 37분

1 사랑하는 나의 아들아!

2 **"네, 아버님! 말씀하옵소서."**
3 성경의 위대한 의미요, 뜻은 과연 무엇이더냐?
4 성경과 성령이 가감이 없이 서로가 만나야 하며, 그리 만났을 때만 성경의 위대함이요, 성령의 위대함을 너희들이 알게 되어 있는 것이니라.
5 그러니 성경과 성령이 빼고 더함이 없이 서로 만났을 때 거기에서 모두가 역사하는 것이거늘, 너희들은 그와 같은 길을 가지 못하며 그와 같은 것이 이루어지지 아니하고 있음이니라.
6 성경을 공부하고 전하는 자들이 천사와 같이 되지 아니하면 성경과 성령이 하나가 될 수 없는 것을 너희들은 알아야 될 것이니라.
7 천사와 같이 되는 그 백성이 성경을 보며 그 성경을 보고 깨우칠 때 성령이 같이 임함이니,
8 성령과 성경이 같이 합쳤을 때, 바로 나의 뜻이 이루어지며, 내 뜻에 따라 너희들이 가르치고 전할 수 있는 것을 알아야 될 것이니라.
9 사랑하는 나의 아들아!
10 **"네, 아버님! 말씀하옵소서."**
11 성경의 위대함과 성령이 같이했을 때, 방대하고 찬란한 나의 위대한 뜻이 다 이루어질 수 있는 기초가 다져지며, 너희들이 그를 알 수 있는 것이니라.
12 정녕 성경과 성령이 하나가 되는 것, 거기는 빼고 더하는 어떠한 잡생각도 없으며 잡음이 없으며, 한 자도 두 자의 뜻도 고쳐지지 아니하며, 더하고 빼지 않는, 정말 성경의 뜻과 성령이 내리는 그 모든 것이 합쳐진 것만이 나의 방대한 뜻이요, 나의 위대한 뜻이요, 내가 역사하는 것을 정확히 알 수 있다 함을 너희들은 깊이 새겨들어야 될 것이니라.
13 지금의 종교 집단이 어찌하고 있느냐?
14 성경의 가르침을 받아 그 뜻을 알 수 있는 백성이 없으며 그를 받아들일 자격이 있는 백성이 없음이니, 성경과 성령이 하나가 되지 못함이니라.
15 그러니 성경과 성령이 아닌 어떠한 것을 가지고 너희들이 지금 만들어 나의 피조물 만백성을 가르치느냐?
16 너희들은 성령이 임하는 백성이 아니며 성경을 제대로 깨우치는 백성이 없기에, 너희들이 성경의 그 비유의 뜻을 알 수 없기 때문에,
17 너희들이 깨우친 그 성경에 대하여 인간의 상식과 지식을 결합하여 인간의 성경으로써 너희들이 더욱 성문화시켜 버렸느니라.
18 그리하여 성문화시켜 절대적인 것처럼 이를 우상화하였으며, 한 자도 빼고 더하지도 못하도록 하였느니라.
19 너희들이 성경으로써 성령이 임해서 나의 뜻으로써 가르치고 역사하여 만든 것이 아니니라,
20 오로지 인간이 이해하는 성경에 따라서 인간의 지식과 상식을 모두 결합하여 성문화하여 너희들이 지금 가르치고 있으니 그것이 바로 우상이니라.
21 그러니 지금의 믿음의 길을 가는 백성들이 우상을 모시는 선봉자요, 너희들은 절대적인 우상을 숭배하는 자들이라는 것을 알라.
22 지금 모든 종교 집단 지도자들이 정녕

성경을 그대로 깨우치며 그 비밀을 알
며, 그리하여 거기에 성령이 결합이
되었을 때 위대한 역사를 이룰 수 있
다 하나,
23 이가 맞지 아니하여서 결합된 것이 없
기에 지금같이 험악한 세상이요, 도둑
이 들끓는 세상이요, 인간이 인간을
두려워하며 너희들이 말하는 말세요,
종말의 시대가 지금 와 있음이니,
24 너희들이 말하는 종말의 시대가 왔으
며 말세가 왔으면 어찌하겠는가?
25 이를 다스려 바로잡는 그와 같은 새로
운 역사가 이루어지는 길밖에 없음이
니, 너희들이 스스로 알고 있는 그 역
사가 지금 이루어지고 변하고 있거늘,
26 어찌하여 너희들이 이를 받아들이지
아니하며, 더욱이 이를 사탄이요, 이
단이라 적반하장의 행위를 하는가?
27 그것이 얼마나 무섭고 두려운 행위를
했는가, 그리고 너희들이 얼마나 후회
할 짓을 지금 하고 있는가, 머지않아
알게 될 것이니라.

11,468 번째 하나님 말씀

2004년 6월 7일 01시 40분

1 사랑하는 나의 아들아!
2 "네, 아버님! 말씀하옵소서."
3 나의 아들 너를 통하여 내리는 성령이
무수한 변화를 이루는 것이니라.
4 다만, 너희들이 다름이 무엇이더냐?
5 오늘의 종교 집단 지도자 너희들이 가
르치는 그와 같은 교육의 방법이 아니
요, 너희들이 그 주입식의 공부가 아
니니라.
6 나의 아들을 통하여 내리는 성령은 무
수한 변화요, 무수한 역사를 이룰 수
있으며, 만백성을 깨우칠 수 있는 그
뜻이 거기에 그득히 담겨 있는 것이
바로 너희들과 다름을 알아야 될 것이
니라.
7 지금의 모든 종교 집단 너희들은 어찌
가는가?
8 인간이 만든 교리를 가지고 성문화시
켰음이니라.
9 그러니 모두가 제한되어 있으며, 그
제한된 속에서 너희들이 앞을 보지 못
하며 변하지 못하기에 바로 죽음의 믿
음이요, 너희들은 지옥의 길로 가는
형국이 되었다 함을 알아야 될 것이니
라.
10 내가 나의 아들을 통하여 너희들에게
무어라 말하였느냐?
11 새로운 성령을 계속 부어 넣는 것은,
너희들이 완전하지 못하며 완전한 백
성이 아니기 때문에 너희들을 다스리
고 깨우쳐 완전한 백성으로 만들기 위
해서는 나 여호와의 새로운 뜻이요,
새로운 성령이 계속 세상에 내려와야
된다 하였음이니라.
12 그러나 그걸 받을 자격이 있는 백성이
요, 받을 자가 없기에 모두 중단되었
음이니라.
13 그리하여 내가 마지막 시대에 나의 아
들을 통하여 너희들을 완벽한 백성으
로 만들기 위하여 그 모두를 역사하거
늘,
14 너희들이 이를 접하지 아니하고 인간
의 교리로 만들어 성문화한 그것을 가
지고 하늘에 오르는 길이요, 구원의

길이라 그리 말하고 있음이니,
15 나의 새로운 성령이요, 나 여호와의
뜻은 제한이 없으며 끝이 없으며 방대
한 것이니라.
16 그리하여 만백성을 깨우쳐 하늘에 오
를 수 있는 지혜를 얻게 하는 것이거
늘, 너희들이 만드는 것은 아무것도
아닌 것이니라.
17 그러니 내가 나의 아들을 통하여 너희
들에게 말하기를, 작은 그릇이 큰 그
릇을 그 속에 품으려는 어리석은 행위
를 중단하라 하지 않았더냐?
18 이제 그와 같은 믿음에서 깨어나, 너
희들이 너 자신을 봐야 될 것이며, 큰
그릇에 스스로 들어가는 자가 되어야
할 것이지,
19 작은 그릇이 큰 그릇을 포용하며 그것
을 가슴에 안을 수 있다는 어리석은
짓을 하지 말라 그리 전하라.

11,469 번째 하나님 말씀

2004년 6월 7일 01시 44분

1 사랑하는 나의 아들아!
2 "네, 아버님! 말씀하옵소서."
3 나의 성령이요, 참진리란 무엇이더냐?
4 어떠한 것도 깨우칠 수 있는 것이 성
령이요, 너희들을 변화시킬 수 있는
것, 어떠한 형태든 너희들이 변하고
역사할 수 있는 그 자체가 바로 진정
한 나 여호와의 성령이요, 참진리의
길임을 알아야 될 것이니라.
5 그러니 오늘의 믿음의 길을 가는 백성
들이 얼마나 어리석고 우매한 짓을 하
느냐?
6 너희들이 먹고사는 쌀이라는 것을 가
지고 밥을 하든 떡을 만들든 무엇을
만들었다 하자.
7 그러면 그 쌀로써 만들어진 떡이요,
밥이라는 걸 가지고 다른 것을 만들
수 없는 것이 아니더냐?
8 이것이 너희들이 살아가는 이치일 것
이니라.
9 너희들이 가죽 제품으로써 무엇을 만
들었다 하자.
10 너희들이 신고 다니는 구두를 만들었
으며, 너희들이 입고 다니는 옷을 만
들었다 하자.
11 그 제품을 가지고 다른 것을 만들 수
있겠는가?
12 그것은 어렵고 힘들며, 할 수가 없을
것이니라.
13 그러니 그 가죽 제품으로써 처음에 만
드는 것처럼 절대 그리될 수 없지 않
으냐?
14 너희가 배우고 공부하고 가르치는 것
도 하나의 제품을 만드는 것과 같으니
라.
15 그러니 너희들이 얼마나 어리석은 백
성들인 줄 알겠느냐?
16 너희들이 나 여호와의 참진리라는 것
을 공부할 때는 그 속에 원단으로써
모두를 이리저리 재단사가 만들어 나
갈 수 있는 원단의 이치가 나의 160권
의 새로운 성경이며, 하늘의 뜻이요,
진리인 것이니라.
17 그러나 너희들이 배우고 공부하는 것
은 무엇이더냐?
18 그저 하나를 만드는 것, 그것뿐이니라.
19 그리고 그것이 가장 위대한 것이요,

그것 외에는 만들 수 없다 그리 말하
는 자들이 바로 너희들이니라.
20 그러니 모든 원리는 그것으로써 하나
를 만들었을 때 그것밖에는 없다 그리
말하며, 그 이상은 만들 수 없다 고집
하고 아집을 부리는 것이 너희들의 교
리이니라.
21 성령과 성경이 합한 참진리 그것이 아
니라, 인간이 깨우친 성경의 지식과
상식을 곁들여 모두를 만든 것을 진정
한 믿음이요, 오늘의 신앙이요, 믿음
이라 그리 가는 것이니라.
22 내가 너희들에게 일찍이 말하지 않더
냐?
23 사람의 기능이라는 것은 이목구비가
확실하며 제 기능을 다 하며 손발의
기능을 다할 때 인간의 기능을 발휘할
수 있다 하지 않더냐?
24 그러니 너희들은 눈과 코와 입과 이목
구비는 관계없이, 그저 걸을 수 있는
다리와 무엇을 만들 수 있는 손만 있
으면 완벽한 인간의 기능을 발휘할 수
있다는 어리석은 믿음이 바로 오늘의
종교 집단의 지도자요, 너희들이 가는
길이라 하지 아니하였더냐?
25 그러니 너희들은 여기서 알아야 될 것
이니라.
26 나 여호와의 새로운 성경이요, 참진리
는 그것이 무엇이든지 만들 수 있는
원료요, 근본이니라.
27 그러나 너희들은 하나를 만들면 그것
으로써 다른 것은 만들 수 없으며 다
른 것은 역사할 수 없다 지금 아집을
부리고 있는 어리석은 백성들,
28 그것이 바로 나의 새로운 성경 160권
과 너희들이 가르치고 있는 그 교리와
의 차이이니 그리 알라 전하라.

11,470 번째 하나님 말씀

2004년 6월 7일 01시 48분

1 사랑하는 나의 아들아!
2 "네, 아버님! 말씀하옵소서."
3 지금의 믿음의 길을 가는 모든 백성들
이 가장 무서운 행위요, 잘못된 것이
무엇인 줄 알겠느냐?
4 그들은 양다리를 걸치고 하늘에 오를
수 있는 길이요, 나에게 오를 수 있다
그리 생각하고 있는 것이 오늘의 종교
집단의 지도자요, 그 지도자의 밑에서
배우는 신도라는 백성들이니라.
5 지도자까지도, 배운 백성들까지도 모
두 양다리를 걸치는 것으로써 모두가
이루어진다는 그와 같은 믿음으로 가
고 있으니,
6 그것이 잘못된 것이요, 그로써는 나의
백성을 구원할 수 없음을 너희들은 알
라.
7 인간이 깨우친 성경에 대한 지식과 상
식으로 만든 그 교리는 성경이요, 성
령과 같이 갈 수 없다는 것을 알아야
될 것이니라.
8 인간의 교리로써는 성령과 성경이 같
이 갈 수 없음이니, 너희들이 모두를
죽이는 행위를 하고 있는 것이니라.
9 나의 사랑하는 백성들을 다 죽음의 길
로 인도하는 자들임을 너희들은 알아
야 될 것이니라.
10 인간이 만든 교리와 성령을 가지고 똑
같이 모두를 병행해서 갈 수 있다 그

리 말하며, 지금 그리 가르치고 있으
며, 그 생각에 젖어 있는 것이 모든 지
도자들이요, 배움을 가는 그 신도들의
생각이며 마음 자세이니라.
11 그러니 결코 그리해서는 절대 안 됨을
내가 나의 새로운 성경에 기록하여 전
함이니라.
12 동물은 사람이 될 수 없는 것을, 동물
이 사람이 될 수 있다는 것보다도 더
무서운 행위를 너희들이 하고 있느니
라.
13 절대 절충해서도 아니 되며 절충이 되
지도 아니하며, 너희들이 양다리를 걸
치고 나의 피조물 만백성을 이끌어 가
는 오늘의 행위요, 그와 같은 종교 집
단의 가르침에서 모두를 중단하지 아
니하면 아니 될 것이니라.
14 너희들 스스로 중단하여 양다리를 걸
치지 아니하며, 참진리요, 하늘의 뜻
에 따라 그 백성들을 이끌고 인도하지
아니하며 할 수가 없기에,
15 내가 너희들의 문을 닫는 역사를 시작
하며, 내가 모든 교회요, 성당이요, 성
막이라는 곳에 거미줄을 치도록 변화
를 이루는 것이 내 뜻임을 너희들은
알아야 될 것이니라.
16 인간의 교리를 가지고 가는 것을 더
이상 볼 수 없으며, 너희들이 성대하
게 변하는 것, 그리고 힘을 신는 것,
그리고 방대한 조직으로 성장하는 것,
17 그 모두를 더 이상 볼 수 없어 이제 그
모두를 다스려 뽑아 유황불에 던지고
자 하는 것이 내 뜻임을 너희들은 알
라.
18 그 대가를 반드시 받을 것이며, 그와
같은 시련을 너희들이 죽지 않고 살아
서 이 세상에서 보게 될 것이니라.

11,471 번째 하나님 말씀

2004년 6월 7일 01시 52분

1 사랑하는 나의 아들아!
2 **"네, 아버님! 말씀하옵소서."**
3 너희들이 머릿속에 아주 아름다운 그
림을 그리며 아름다운 성전을 지으며
네 인생의 장밋빛 그림을 머릿속에 그
린다 하여 과연 그것이 현실로 이루어
질 수 있겠느냐?
4 너희들이 머릿속에 그리는 것, 머릿속
에 그리는 그림이요, 머릿속으로 소망
하는 것은 너희들이 그 대가만큼 노력
하지 아니하며 역사하지 아니하면 절
대 이룰 수 없는 것이니라.
5 누군들 머릿속에 그 모든 환상적인 그
림을 그리지 못하는 자가 있겠느냐?
6 권위를 쥐며 권력을 쥐며 재물을 쥐며
부귀영화를 누릴 수 있는 그와 같은
그림을 그린다고 해서 결코 그 그림대
로 이루어지는 것은 없느니라.
7 그 그림이 크면 클수록, 높으면 높을
수록, 너희들이 방대한 조직을 이끌고
자 한다면, 그만큼 노력하지 아니하면
아무것도 이루어지지 않는 것이 인간
세상의 이치가 아니더냐?
8 그러니 너희들이 하늘에 오르는 길이
요, 참진리를 깨우쳐 나에게 구원받는
것도, 너희들이 여기서 말로써 아무리
울고불고해도 말로써 인생을 화려하
게 그리는 자와 무엇이 다르더냐?
9 똑같은 자이니라.

10 그리하여 너희들이 행동으로 옮기는
것, 피나는 노력으로 가는 것, 나의 아
들 예수의 삶이요, 그가 원하고 부르
짖던 그 사랑을 실천하고 사는 것,
11 그 피나는 노력을 하지 아니하고는 너
희들이 나를 볼 수 없으며, 구원의 길
을 올 수 없으며, 거듭나는 영광을 얻
을 수 없다는 것을 내가 너희들에게
수백 번 수천 번 전함이니,
12 나의 새로운 성경을 읽는 백성은 이것
을 명심하도록 그리하라.
13 너희들이 아름다운 꿈이요, 화려한 궁
전을 짓고 부귀영화요, 세상을 통제하
는 하나밖에 없는 가장 위대한 사람이
라 머릿속에 그리고 그려 본들 거기서
얻어지는 것이 무엇이더냐?
14 아무것도 없음이니라.
15 너희들이 그림으로써 화려한 잔칫상
을 차려 놓고 그를 본들 그리 생각한
들, 네 배를 채워 주며 네 허기진 것이
채워지더냐?
16 그와 같은 그림의 잔칫상으로써는 아
무것도 채울 수 없으며 아무것도 역사
할 수 없음이니라.
17 너희들이 손발을 움직여 노력하여 거
둬들인 그 대가만큼 그를 가지고 너희
들이 굶주린 배를 채우며 허기진 배를
채우는 것은 할 수 있는 것이니,
18 이와 같은 이치를 깨달았다면, 행함이
중요하지 아니하다는 어리석은 종교
집단의 지도자 너희들이 단상에 서서
당연한 것처럼 그리 가르치고 설교하
며 전하지 말라.
19 너희들로 하여금 나의 사랑하는 백성
들이 다 지옥의 벼랑으로 떨어짐이니,
너희들이 구원은 하지 못할망정 사탄
의 종이 되어 나의 백성들을 지옥으로
밀어 넣는 그와 같은 행위를 당장 중
단하라.
20 그렇지 아니하면 너희들은 그 고통을
감당키 어려울 것이니라.

11,472 번째 하나님 말씀

2004년 6월 7일 02시 33분

1 사랑하는 나의 아들아!
2 "네, 아버님! 말씀하옵소서."
3 교리를 중심으로 하여 지금의 모든 믿
음이 왔으며, 종교 집단들이 저희들
뜻대로 저희 교리요, 교파의 성격이
요, 취향에 맞도록 저희들의 이해관계
에 따라서 모두를 만들어 지금 종교
집단이 역사하고 흘러온 그와 같은 형
국이 되었기 때문에
4 성령이요, 나의 뜻과는 전혀 관계도
없으며 나의 뜻과 일치될 수 없는 오
늘의 믿음으로 왔음이니라.
5 결국 성령은 하나요, 참진리는 하나
요, 내 뜻과 너희들이 일치되는 삶을
살지 아니하였으며, 그와 같은 믿음으
로 오지 아니했다면 결국 그것은 무엇
이더냐?
6 나와 대립적인 관계가 이루어졌음을
너희들은 알아야 될 것이니라.
7 너희들이 나의 뜻과 일치한 그와 같은
믿음이요, 그 길이 아니라면 결국 대
립적이요, 적대시하는 것으로써 이루
어져 왔음을 너희들은 알아야 될 것이
니라.
8 교회라는 집단이 성령에 의한 교육이

아니요, 참진리의 뜻에 의한 교육이
아니라, 이를 다 버리고 지워 버렸음
이니라.
9 인간이 만든 교리에 의하여 교회의 뜻
에 의하여 지금까지 너희들이 교회라
는 것을 성장시켜 왔으며, 이와 같은
집단으로써 키워 왔음이니,
10 이것이 바로 사업적이요, 장삿속으로
인간 개인의 능력에 의하여 이룬 것이
라 내가 너희들에게 그리 말함이니,
11 이 무섭고 두려운 의미를 너희들이 깊
이 깨우쳐, 너희 자신을 들여다보지
아니하면 아니 될 것이며, 너희들이
거듭나며 깨우침을 얻지 아니하면 아
니 될 것이니라.
12 나 여호와와 관계없는 집단이 되어 버
렸느니라.
13 너희들이 나에게 오르는 길이요, 나에
게 구원을 받으며 나의 나라에 온다는
그 백성들이 나와는 관계없는 그와 같
은 집단으로 전락되었으며, 등을 돌리
고 가는 자들이 어찌하여 너희들이 나
에게 오를 수 있단 말이더냐?
14 너희들은 다 구원이요, 나의 나라요,
천국이라는 것을 생각지도 말라 내가
일찍이 기록하여 전했음이니, 내가 다
시 한 번 너희들에게 깊이 못을 박으
니 그리 알라.
15 너희가 아무리 교회 중심의 뜻을 가지
고 하늘의 뜻이라 하여 나 여호와에게
받아 주기를 바라며 내가 너희들을 인
정해 주기를 바라는 마음을 가지고 있
으나,
16 이는 결코 내가 받아들일 수 없으며
내 뜻이 아님을 너희들에게 명확히 밝
히느니라.
17 그러니 나에게 받아 주기를 바라지 말
라, 그리고 원하지 말라.
18 이 모두는 사탄의 노예가 되어 버린
지금의 종교 집단이요, 잘못된 자들이
잘못 이끌어 왔으며 잘못한 것이 더
나갈 수도 없으며, 다시 돌아갈 수도
없으며, 그렇다 하여 새로운 성경이
요, 나 여호와의 뜻을 듣지도 못하며
알지도 못하니,
19 오도 가도 못 하는 종교 집단의 지도
자들이 모두 지금 얽히고설켜 사악한
사탄의 노예가 되고 사탄의 종이 된
너희들이 어찌하여 나에게 받아 주고
인정해 주기를 바라는가?
20 그것은 너희들의 희망 사항이요, 다만
요구 사항으로써 끝날 것이지, 이는
이루어질 수 없음이니라.
21 내 뜻을 거역하고 인도한 그와 같은
백성을 내가 구원해 줄 수 있으며 나
의 나라에 받아들일 수 있다는 것은
너희들의 희망 사항이니라.
22 그러니 이는 이루어질 수 없다는 것을
너희들은 알라.
23 나의 뜻과는 아무런 관계없음을 내가
다시 한 번 너희들에게 명함이니 그리
알라.
24 모든 믿음의 길을 가는 백성이요, 거
기서 맹종 맹신하는 백성 울고불고 날
뛰는 백성 너희들은 알라.
25 모든 종교 집단의 지도자 저희들이
잘못 가며, 이는 결코 하늘에 오르는
길이요, 참진리가 아니라는 것, 인간
의 교리요, 저희들이 만들고 붙이고
해서 지금 너희들을 이끌고 간다는 것,

26 언젠가는 진실이 나타날 것이며, 그
진실 앞에는 저희들이 설 자리가 없다
는 것, 저희들이 살아 있을 때 나의 새
로운 성경을 접하지 아니해도, 저희들
이 죽어 나에게 심판을 받을 때는 얼
마나 무서운 성령을 거역하는 죄를 지
었는가, 그들은 알고 있느니라.
27 그러면서도 이러지도 저러지도 못하
는 그와 같은 자들, 그리하여 그저 내
가 모두를 인정하고 받아 주기만 바라
는 그 요구 사항을 가지고 있는 그들
을 너희들이 더 이상 따라가지 말며,
그들의 가르침에 더 이상 현혹되지 말
라.
28 스스로 너희들이 깨우쳐 하늘에 오르
는 길을 보도록 하였으며, 내가 너희
들을 구원하기 위해 160권의 새로운
성경을 내려보내는 역사를 이루었음
이니,
29 너희들이 보고자 하면 얼마든지 이를
보고 접할 수 있는 기회가 있을 것이
니, 그리 알라 전하라.

11,473 번째 하나님 말씀

2004년 6월 7일 02시 37분

1 사랑하는 나의 아들아!
2 "네, 아버님! 말씀하옵소서."
3 지금 너희들이 얼마나 어리석은 믿음
의 행위를 하고 있는지 알겠느냐?
4 너희들이 가고 있는 그 믿음이 그러니
라.
5 졸졸 흐르는 개울물이 바닷물을 흡수
할 수 있을 것처럼, 바닷물을 담을 수
있을 것이라 착각하고 있는 작은 시냇
물처럼, 오늘의 너희들이 그와 같은
어리석은 행위를 하고 있다는 것을 알
라.
6 결코 시냇물은 그 물줄기로써 바닷물
을 받아들일 수 없으며 그 물을 담을
수가 없느니라.
7 그러나 바닷물은 그 시냇물을 담을 수
있으며 그 시냇물을 모두 거둬들일 수
있는 것이 아니더냐?
8 그와 같은 것이 순리요, 하늘의 뜻이
요, 하늘의 뜻을 거역하는 것이 아니
거늘,
9 시냇물이 바닷물을 다 거둬들이고 받
아들일 수 있다고 착각하는 어리석은
시냇물처럼, 오늘의 믿음의 길을 가는
백성 너희들이 바로 그와 같은 행위를
하고 있음을 알아야 될 것이니라.
10 지금의 모든 교회의 가르침이 그와 같
으니라.
11 너희들은 그와 같은 행위를 하고 있다
는 것을 알라.
12 내가 나의 아들을 통하여 기록하여 전
함이니, 내가 너희들을 보기에 오죽
가련하고 불쌍하면 이와 같은 예를 들
어 너희들을 깨우치고자 한단 말이더
냐?
13 인간의 교리에 하늘의 참진리의 뜻을
귀속하여 그 교리 속에 귀속하려 그리
하지 말라.
14 너희들이 지금 하늘의 방대한 뜻을 갖
다 인간이 만든 정해진 작은 교리를
가지고 하늘의 모든 뜻을 네 품에 계
속 귀속하며 비진리 속에 귀속하려 그
리함이니,
15 너희들이 아무리 버티고 버텨 그를 역

사한다 해도 결국 그는 이루어질 수
없으며 역사할 수 없다는 것을 알아야
될 것이니라.
16 그러니 너희들의 그 작은 잘못된 교리
에 하늘의 참진리를 귀속시키려 하지
말며, 그와 같은 생각을 버리지 아니
하면 아니 될 것이니라.
17 너희들이 하고 있는 행위가 그러하니
라.
18 지금의 모든 종교 집단의 지도자들이
하고 있는 그와 같은 형국임을 너희들
은 알아야 될 것이니라.
19 너희들은 알아야 될 것이니라.
20 무상으로 불어오는 비바람이 생명수
가 되는 그 이치이거늘, 너희들은 그
와 같은 것을 마음대로 할 수 있다 생
각하는 자들이라 함을 믿겠느냐?
21 내가 무상으로 너희들의 생명을 지켜
주는 물이요, 그리고 무상으로 불어
주는 바람이요, 그 모두가 너희들의
생명을 지키는 것이니라.
22 그러니 스스로 내 뜻에 의하여 흘러가
는 대로 흘러가는 그것을 너희들이 마
음대로 바람을 불지 못하도록, 그리고
비가 내리지 못하도록 그 모두를 너희
재주로써 할 수 있다는 것이 오늘의
종교 집단의 지도자 너희들이니,
23 나를 뛰어넘고자 하는 자, 나를 능멸
하는 자, 그리고 나보다 더 위대한 신
인 것처럼 그와 같은 행위를 하고 있
으며,
24 시대에 따라서 너희들은 그와 같은 행
위를 하고도 남는 자들이요, 그보다
더한 행위를 하고 있는 것이 너희들이
니,
25 그러고도 너희들이 어찌하여 나의 성
령을 훼방한 자가 아니요, 만백성을
살인하는 그와 같은 행위를 하지 아니
한다 할 수 있겠느냐?
26 너희들이야말로 지금 너희 자신이 죽
는 것이 아니요, 나의 사랑하는 모든
백성들을 집단적으로 살인하는 그와
같은 행위를 하고 있다는 것을 너희들
은 알아야 될 것이니라.
27 그를 모르고 계속 오늘의 그 아집이
요, 고집을 부리고 간다면, 그 대가는
영원히 사는 그 지옥의 문에서 얼마나
너희들이 처참한 결과인가 알 날이 머
지않았음을 알라.

11,474 번째 하나님 말씀

2004년 6월 7일 02시 43분

1 사랑하는 나의 아들아!
2 "네, 아버님! 말씀하옵소서."
3 믿음의 길을 가는 모든 종교 집단에
속해 있는 백성 너희들이 감히 나의
사랑하는 백성들이요, 나의 아들딸들
에게 사탄이요, 이단이요, 대립하는
그와 같은 생각이요, 행위를 버리라
그리하라.
4 너희들은 감히 그와 같이 평가할 수
있으며 심판할 자격이 없는 것이니라.
5 어찌하여 너희들이 대립된 생각을 가
지고 그리 심판한단 말이더냐?
6 지금의 종교 집단과 지도자 너희들이
이단이요, 사탄이라 하며 정죄하려 하
지 말라.
7 그것은 너희들이 정죄할 수 있는 것이
아니며, 나 여호와만 할 수 있느니라.

8 그러니 나 여호와만 심판할 수 있는
것이요, 판정할 수 있는 것을, 너희들
이 어찌하여 정죄하고 판단하고 심판
을 하는 그와 같은 행위를 한단 말이
더냐?
9 그리하여 너희들이 다른 종교 집단에
얼마나 사악한 행위를 하는가?
10 참진리를 가지고 나 여호와의 뜻이라
부르짖는 자에게 너희들이 철퇴를 내
리는 그와 같은 사악한 행위를 하면서
도,
11 그것이 죄인 줄 모르며 두려움과 무서
움을 모르는 것이 오늘의 종교 집단의
지도자들이 하고 있는 짓이 아니란 말
이더냐?
12 사탄에 의한 것이 아니라면, 이 세상
에 아무것도 존재하지 못할 것이니라.
13 지금 나의 아들을 통하여 내리는 새로
운 성경이요, 160권 이것 또한 사탄이
역사하는 것이요, 사탄에 의한다면 나
여호와가 절대 세상에 존재치 아니하
게 한다 하지 않았더냐?
14 모든 행위가 인간으로부터 이루어진
것이며, 나의 아들 인간 '김용철'이 만
든 것이며 그가 이룬 것이라면,
15 내가 이 모두를 다 무너뜨릴 것이며
이는 세상에 존재할 수 없음이니라.
16 이가 곧 인간 '김용철'이요, 나의 아들
이 기록하여 만든 것이라면, 구약과
신약의 그 위대한 것을 문을 닫게 만
들며 그를 무너뜨리게 함이니, 이보다
더 큰 성령의 죄가 없다 하지 않았더
냐?
17 그러니 결국 내가 무너뜨리며 내가 존
재하지 못하게 함을 너희들은 알아야
될 것이니라.
18 이제 지금의 방대한 종교 집단의 지도
자 너희들이 무너지느냐, 그렇지 않으
면 나의 아들을 통하여 내리는 새로운
성경이 빛을 보지 못하고 무너지느냐,
19 이것은 양대 산맥 중에 하나의 답을
얻어야 되는 것이며, 결국은 하나만
존재하게 되는 것이 운명이라는 것을
알아야 될 것이니라.
20 너희들이 지금 가고 있는 것이 진정한
참진리요, 나 여호와의 뜻이요, 진짜
라면, 너희들이 이단이 아니라면,
21 결코 나 여호와는 너희들을 무너뜨리
지 아니할 것이며, 내가 너희들을 버
리지 아니할 것이니라.
22 그러나 지금의 종파요, 그와 같은 것
이 이단이라면, 너희들은 결국 무너질
것이며 너희들은 존재하지 못할 것이
니라.
23 내가 나의 아들을 통하여 내리는 160
권의 새로운 성경이 나 여호와의 뜻이
아니요, 하늘의 뜻이 아니라면,
24 정녕 너희들과 이 160권의 새로운 성
경은 몇 년 안에 모든 정답을 알게 될
것이며, 그 답의 결과는 결국 온 천하
에 드러나야 될 것이며, 이는 모든 백
성들이 접하게 될 것이니라.
25 그러니 그 결과는 나타날 것이며, 그
결과는 몇 년 안에 역사한다는 것을
알라.
26 그러니 그때 심판에 의하여 너희들이
참진리요, 진짜라면 그대로 존속할 것
이며, 나의 아들이 잘못된 것이라면
이 160권의 성경은 세상에서 지워질
것이며,

27 너희들이 잘못된 것이라면 너희들이
무너지고 지워져야 된다는 엄연한 사
실을 이제 인정하고 그 심판의 날을
기다리도록 그리해야 될 것이니라.
28 지금의 종교 집단이 무너뜨리지 아니
한다 해도 지금 나의 아들이 가고 있
는 것이 진정한 길이 아니요, 하늘에
오르는 길이 아니라면, 내가 이를 자
멸케 할 것이니, 너희들은 이를 가지
고 시시비비하지 말라.
29 감히 너희들이 심판을 하는 것처럼,
심판의 자격이 있는 것처럼 오만하고
교만한 행위를 하지 말라.
30 이제 너희들은 알아야 될 것이니라.
31 너희들의 종교 집단이 나 여호와의 뜻
이요, 참진리요, 그것이 아니라면, 이
제 스스로 무너지는 결과요, 자멸의
길을 가게 되는 것은 너희들이 자초한
것이라는 것을 알라.
32 그러니 몇 년 안에 그 모든 답이 있을
것이니, 모든 백성 너희들은 그때 그
답에 따라서 역사하는 길을 가도록 그
리하라.
33 그러면 너희들이 구원의 길에 오를 수
있는 백성이요, 그 빛을 볼 수 있는 백
성이요,
34 너희들이 거듭나는 삶을 살 수 있는
것이 새로운 성경이라는 것을 알게 될
것이니라.

11,475 번째 하나님 말씀

2004년 6월 7일 02시 47분

1 사랑하는 나의 아들아!
2 **"네, 아버님! 말씀하옵소서."**
3 나의 피조물 만백성 너희들은 알 수
있지 않더냐?
4 지금 나의 아들을 따르는 제자들이요,
그리고 나의 새로운 성경을 읽고 공부
하는 제자, 너희들은 이것이 나 여호
와요, 내가 역사하는 것임을 알 수 있
을 것이며 그를 깨달았을 것이니라.
5 사랑하는 나의 아들아!
6 아이들이 어려서 소고기와 돼지고기
라는 것을 먹어 보지 않은 어린아이
들은 정녕 어떤 것이 돼지고기요, 소
고기라 하는 것을 구분하지 못하지 않
더냐?
7 그러니 너희들은 지금 바로 무엇이더
냐?
8 하늘의 진리요, 참진리를 접하고 깨우
친 백성 너희들이기 때문에 어린아이
들을 속이듯이 너희들을 속일 수가
없는 것이니라.
9 그리고 너희들은 절대 속아 넘어가지
아니함을 알아야 될 것이니라.
10 그러니 소고기요, 돼지고기를 먹어 보
지 않은 어린아이들은 무엇이 무엇인
지 몰라 그들이 속을 수는 있으나,
11 그 고기를 많이 먹어 본 백성은 속지
아니하며 그 사람은 절대 속일 수 없
는 것이니라.
12 그러니 너희들이 왜 필요하며 너희들
이 바른길을 가야 되는 줄 알겠느냐?
13 나의 아들을 따라 너희들이 새로운 성
경을 공부하며 악과 선을 구분하며,
내가 역사하고자 하는 것을 아는 백성
들이기 때문에,
14 너희들은 소고기와 돼지고기를 구분
하지 못하는 어린아이처럼 악과 선을

구분하지 못하는 그와 같은 백성은 절
대 되지 않을 것이니라.
15 그러니 이 세상에 나의 사랑하는 백성
들이 존재하면서 너희들이 악과 선을
구분하여 악에 넘어가지 아니하며 선
을 추구할 수 있는 마음을 가지고 있
는 그와 같은 백성이 세상을 덮고 지
배할 때,
16 나 여호와의 기쁨이요, 하늘의 영광이
땅에서 이루어질 것이니, 너희들이 그
리하여 소중한 백성이라 함이니라.
17 그러니 참진리요, 나 여호와의 뜻이
요, 그것을 모르는 백성들이 지금 소
고기와 돼지고기를 먹어 보지 않아서
구분하지 못하는 그 어린아이들처럼,
모든 종교 집단에 가 저 자신을 던지
며 거기서 구원을 받고자 울고불고하
는 그와 같은 형국이 되어 있으니,
18 참진리를 먹어 보지 못한 그 백성들,
접하지 못한 그 백성들에게 확실히
그 정답을 알며 구분할 수 있는 너희
들이 그 백성들을 깨우쳐 구원하지 아
니하면 아니 됨이니라.
19 그러니 그들을 구원하기 위하여 내가
무어라 하였느냐?
20 나의 새로운 성경을 그들의 가슴에 전
해 줘 그들이 정독하도록 하는 길밖
에 없다 함을 명심하고 또 명심하도록
그리하라.

11,476 번째 하나님 말씀

2004년 6월 7일 02시 56분

1 사랑하는 나의 아들아!
2 **"네, 아버님! 말씀하옵소서."**
3 모든 믿음의 길을 가는 백성들이요,
구원을 받았다 말하는 그 어리석은 백
성들에게, 너희들이 나의 아들을 통하
여 내리는 이 새로운 성경을 가지고
이단이요, 사탄이라 그리 평하지 말며
심판하지 말라 그리 전하라.
4 나의 아들이 작은 실수가 있다 하여,
너희들이 성경의 내용을 잘못 전해진
것 같다고 판단하여 이를 이단이요,
사탄이라 결정한다면,
5 나의 사랑하는 백성들을 너희들이 잘
못 판단하는 그 실수로 인하여 대량
학살의 결과를 만들어 내는 것이 됨을
잊지 말라 그리 전하라.
6 새로운 성경을 읽고 깨우치지 못하며
이를 알지 못하는 나의 백성 너희들
은, 나의 아들에게 작은 실수가 있다
하여 이를 가지고 나의 새로운 성경이
나 여호와의 뜻이요, 참진리가 맞다
아니다 시시비비하지 말며, 사탄이요,
이단의 것이라 말하지 말라.
7 너희들이 그와 같이 판단하고 잘못 평
가함으로 인하여 너희들이 나의 사랑
하는 백성들을 한두 사람을 살인하는
것이 아니라, 대량 학살의 결과를 만
들어 내는 것이 너희들이라는 것을 절
대 잊지 말라 그리 말하라.
8 이제는 마지막 나의 뜻이요, 내 새로
운 성경이요, 만백성들이 이를 읽고
깨우치지 아니하면, 하늘에 오르는 길
을 볼 수 없으며 구원의 길을 볼 수 없
다 내가 명하여 전했으니,
9 너희들이 이를 가지고 시시비비하며
이를 읽지 못하게 하는 그와 같은 행
위는, 너희들이 나의 사랑하는 백성을

대량으로 학살하는 그와 같은 사악한
행위를 하며,
10 그 죄를 면치 못한다는 그 두려운 사
실을 알도록 그들에게 깨우쳐 전하도
록 그리해야 될 것이니라, 사랑하는
나의 아들아!

11,477 번째 하나님 말씀

2004년 6월 7일 06시 53분

1 "너는 나 외에는 다른 신들을 네게 있
게 말지니라.
2 너를 위하여 새긴 우상을 만들지 말
고, 또 위로 하늘에 있는 것이나 아래
로 땅에 있는 것이나 땅 아래 물속에
있는 것의 아무 형상이든지 만들지 말
며, 그것들에게 절하지 말며 그것들을
섬기지 말라.
3 너는 너의 하나님 여호와의 이름을 망
령되이 일컫지 말라.
4 안식일을 기억하여 거룩히 지키라.
5 네 부모를 공경하라.
6 살인하지 말지니라.
7 간음하지 말지니라.
8 도적질하지 말지니라.
9 네 이웃에 대하여 거짓 증거하지 말지
니라.
10 네 이웃의 집을 탐내지 말지니라.
11 나 여호와가 존재함을 믿는 그 자체가
구원의 길에 들어서는 기본이요 근본
이며, 나의 법전을 가슴에 안고 정독
하는 자, 반석 위에 서서 하늘에 오르
는 찬란한 빛을 보게 되는 영광을 얻
게 됨이니라."
12 사랑하는 나의 아들아!
13 "네, 아버님! 말씀하옵소서."
14 예수의 그 삶이 무엇이더냐?
15 그 삶이야말로 인간으로서 가장 아름
다운 삶을 살지 아니하였더냐?
16 그는 바로 율법이요, 하늘의 뜻을 알
며, 인간으로서 그가 지켜야 할 도리
를 가장 모범적으로 잘 지키고 행한
그가 하늘의 뜻을 가지고 만백성을 가
르치고 전함이니, 그가 바로 무엇이던
가?
17 이 세상에 바른 인간이요, 으뜸인 인
간으로서 세상에 살아왔기에 모든 백
성들이 그를 지금 따르고 지금도 나의
아들 예수의 이름을 부르지 않더냐?
18 그러니라, 사랑하는 나의 아들아!
19 너도 인간 세상에서 살면서 가장 모범
이요, 으뜸이 되는 삶이요, 한 점의 부
끄러움이 없는 그와 같은 삶을 살아가
야 되는 것이니라.
20 많은 사람들이 도를 닦으며 깨달음을
얻으며 진리를 위하여 풀뿌리를 씹으
면서 살아가는 그 백성들이 있느니라.
21 그들은 인간으로서 지킬 한계요, 인간
으로서 해야 할 그 모두요, 한계에 도
전하는 것이며,
22 인간으로서 누구도 갈 수 없는 그와
같은 고행의 길을 가면서 그들이 모두
를 다 역사함이니라.
23 그러나 그들이 깨우치고 깨우쳐도 나
여호와가 그들에게 하늘의 지혜를 내
리지 아니함이니, 인간의 깨달음이요,
인간의 그 한계에서 벗어나지 못하는
것임을 너는 알겠느냐?
24 그러한 너는 그들과 다름이 무엇이더
냐?

25 나 여호와가 하늘의 법도요, 하늘의
뜻이요, 지혜를 너에게 내려 모두를
다 네가 통달해 알고 있음이니,
26 네가 육의 행함이요, 그 하나만 다스
린다면 네가 예수 같은 삶을 살 수 있
는 자요, 어떠한 고행의 길로써 도를
닦는다 해도 네 한계를 넘을 수 없으
며 네가 가는 것을 넘지 못함이니라.
27 나의 아들을 나는 사랑하며, 네가 그
리 갈 수 있으며 그리 역사할 것이라
믿느니라.
28 네가 지금 나의 아들 예수가 살았던
것처럼 그와 같이 인간으로서 가장 아
름다운 삶을 살며, 거기에 새로운 나
의 성령을 부어 네가 이 세상에 만백
성의 지도자요, 인도자로서 가니, 너
보다 축복받고 영광된 백성이 어디 있
으며,
29 네가 인간의 도리를 다하고 산다면,
나의 성령은 그 위에서 네가 말할 수
없는 아름다운 꽃을 피울 수 있는 것
이니라.
30 그러니 네가 갈 수 있는 자요, 역사할
수 있는 나의 아들이니,
31 산속이요, 깊은 계곡 속에 들어가 풀
뿌리를 씹으면서 벌레를 잡아먹으면
서 진리요, 하늘의 뜻을 깨닫고자 하
는 그 백성들, 그 모든 삶도 너를 따를
수 없으며 네가 살아가는 삶을 따라갈
수 없도록 육의 삶을 그리 다스려 가
야 될 것이며, 이제는 네가 그리 갈 때
가 됐다는 것을 너 스스로 알 것이니
라.
32 "네, 아버님! 아버님께서 말씀하시는
의미가 무엇인지 알겠사오며, 저 자신
의 마음도 그와 같은 굳은 결의가 서
서히 뿌리를 내려 가고 있으며, 갈 수
있으며 할 수 있다 그와 같은 마음 자
세로 변해져 가고 있사옵나이다."
33 나의 아들아! 바로 그것이니라.
34 어떠한 고통과 시련도 네가 그 모두를
넘을 수 있으며, 어떠한 것도 네가 인
내하지 못함이 없는 그와 같은 삶을
살아야 됨이니,
35 너는 예수가 이 세상에 와 살았던 그
삶의 아름다움을 그대로 살아야 될 것
이며,
36 네가 또한 나로부터 성령을 받아 그
삶 속에 그 기초 위에서 나의 새로운
성경을 가지고 만백성을 깨우쳐 나간
다면,
37 그보다 더 위대한 빛이요, 그보다 더
한 아름다운 꽃이 없으며, 그보다 더
빛과 소금이 되는 것은 세상에 없을
것이니라.
38 그러니 세상 속에서 너희들이 이치를
깨달으며 진리를 깨닫기 위하여 풀뿌
리를 먹으면서 가는 그 사람들보다도
네가 더 앞에 가는 사람이요,
39 그보다 더한 고통과 시련을 인내하며
곧고 바른 삶을 살아가는 삶 속에서
나의 성령이요, 새로운 성경의 꽃을
피우도록 그리해야 될 것이니라.
40 네가 백발이 하얗게 될 때 그리될 것
이라 내가 약속했음이니, 그러나 이미
네가 그 경지에 오름이니, 오늘의 나
여호와의 기쁨이 이루 말할 수 없음이
니라, 사랑하는 나의 아들아!

11,478 번째 하나님 말씀

2004년 6월 7일 07시 01분

1 사랑하는 나의 아들아!
2 "네, 아버님! 말씀하옵소서."
3 너희 인간이 수년, 수십 년 동안 평생
성서를 공부하고 기도하며 울고불고
매달리는 것이 무엇이더냐?
4 그는 너희들이 거듭남이요, 하늘나라
에 오르고자 함이 아니더냐?
5 너희들의 육은 죽어 가나, 반드시 영
혼은 있으며 다음에 심판의 세상이 있
으며, 그 심판에 따라 너희들이 어찌
살아간다는 것을 알기에,
6 너희들은 그 모두를 초월하여 하늘나
라 나의 나라에 오르고자 함이 가장
큰 소원이고 소망이 아니더냐?
7 그러나 그와 같은 마음을 가지고 가는
백성들이 수천 년 너희들의 이념과 인
간의 생활 방식과 지금의 믿음의 차이
가 너무나 격이 크며 세상은 변할 대
로 변화된 그와 같은 형국이 되었음이
니라.
8 그러니 거기에 따라서 너희들이 깨달
음이 있어야 되며, 거기에 맞춰 변화
되는 그와 같은 삶을 살지 아니하면,
모두의 선생이요, 지도자라 할 수 없
는 것이니라, 사랑하는 나의 아들아!
9 너희들이 오늘의 과학 문명의 시대를
살아감이니, 원시 시대일 때 거기에서
뛰어난 자요, 지혜 있는 자요, 지도자
라고 해서 그가 지금 이 세상에 와 너
희들을 지도하고 다스릴 수 있겠느냐?
10 2천 년 전에 가장 유능한 지도자요,
선생이라 하는 자가 지금 과학 문명이
요, 변화된 이 세상의 삶 속에 와서 그
가 과연 지도자요, 선생으로서 지금의
백성들에게 충분한 역할을 할 수 있는
가?
11 그것은 되지 아니할 것이니라.
12 너희들이 10년, 20년 전의 차이가 있
는 인간 세상의 삶의 그 세월의 차이
도 세대 차이라 하며 서로가 의견이
다르며 생각하는 것이 다르다 그리 말
하고 있는 요즘 세상에 그것이 되겠느
냐?
13 바로 그러니 나 여호와의 뜻이요, 내
가 역사하는 것은, 나의 성경은 변화
되며 변화되는 그와 같은 삶에서 만백
성을 변화시키고 다스려 나가야 되는
것이 바로 성경이니라.
14 그리하여 내가 너희들에게 160권이라
는 새로운 성경이요, 내 뜻을 담아 내
리는 것은, 이 시대에 그 모두를 읽고
깨우쳐 너희들이 이 시대에 변하는 삶
이요, 하늘에 오르는 길을 볼 수 있는
그 모두를 가르침이 여기에 있음이니
라.
15 그러니 구약과 신약 속에도 모두 다
그리 있으나, 그걸 알지 못하며 깨우
치는 백성이 없었으니, 그는 바로 나
의 뜻을 알 수 있는 백성이 없었기 때
문이니 그리 알라.
16 그리하여 지금의 너희들의 마음의 차
이가 너무 격이 크니, 내가 사랑하는
나의 아들을 통하여 너희들에게 말하
기를, '하늘에 오르는 길'이요, 구원의
길을 기초의 열여섯 권을 책으로 만들
어 너희들에게 내려보내며,
17 이제 그 모두를 담아 160권이라는 대

장정의 역사함으로써 너희들을 깨우
치고자 하는 것이 나 여호와의 뜻이니
라.
18 그러니 쉽게 깨우쳐 너희들이 모두를
보고 하늘에 오를 수 있도록 너희들에
게 다 같이 한 번의 기회를 주기 위하
여, 쉽고 편안하게 깨우쳐 이것이 하
늘에 오르는 길이요, 나의 뜻이요, 내
말이라 하여 지금 이와 같이 역사를
이루는 것을 너희들은 알아야 될 것이
니라, 사랑하는 나의 아들딸들아!
19 그리하여 내가 새로운 성경을 세상에
내려보내니, 이를 보지 아니하고 이를
너희들이 깨닫지 아니하면, 하늘에 오
를 수 없는 것이라는 것을 어찌 모르
느냐?
20 너희들이 지금 살아가는 그 삶이 무엇
인 줄 알겠느냐?
21 지옥 불을 향하여 지금 달려가는 그
삶이요, 한 번 가면 돌이켜 나올 수 없
는 길이요, 인간으로서 감내하기 어려
운 그 어렵고 힘든 길을 가는 백성들
에게 내가 무어라 말하느냐?
22 너희들이 가는 발길을 잠깐 멈추고 뒤
를 돌아다보고, 이 새로운 시대에 새
로 내려온 나의 성령이요, 너희들의
구원의 마지막 이 책인 '하나님! 말씀
하옵소서.' '하늘에 오르는 길'이란 이
것을 읽고 깨우쳐,
23 지옥 불로 떨어지는 그 벼랑을 향하여
달려가는 발길을 멈추고 다시 한 번
세상을 들여다보며 너희들 자신을 들
여다봐,
24 지옥으로 가는 발길을 하늘에 오르는
영광된 발길로 돌리도록 하라 하여 내
가 이 새로운 성경을 쉽고 간단하게
풀어 내리는 그 은혜를 어찌하여 저버
리고 간단 말이더냐?
25 너희들이 지금의 그와 같은 삶으로 살
아서 나에게 와 심판을 받았을 때, 너
희들은 정녕 하늘에 오르는 길을 올
수 있는 아름다운 의인과 같은 삶을
살지 못했다 하지 아니하였더냐?
26 그렇다면 그 결과는 무엇이더냐?
27 이는 하늘의 심판이요, 너희들이 심판
을 받고 그 대가를 치르는 것이 얼마
나 무섭고 두려운 것인지 모르기 때문
임을 너희들은 알아야 될 것이니라.
28 그러니 어찌하여 너희들이 죄를 짓고
용서를 받지 아니하며, 회개하지 아니
하고 마음을 비우지 못하며, 욕심이라
는 걸 아직도 버리지 못하고 그 모든
대가를 치르는 지옥의 길로 달려간단
말이더냐?
29 그러니 내가 나의 아들을 통하여 너희
들에게 가던 발길을 잠깐 멈추고, 너
희들이 지금 가는 길은 지옥 불로 달
려가는 것이니, 그리 가서는 아니 된
다,
30 그러니 '하늘에 오르는 길'이요, '하나
님! 말씀하옵소서.'라 내가 내리는
160권의 성경을 읽고 깨우쳐 구원을
받으라 내가 그리 말하는 것이니라.
31 내가 너희들에게 일찍이 무어라 말하
였느냐?
32 산 아래에 불을 지르니, 그 불길은 하
늘을 향하여 타올라 가며, 그 안에 있
는 짐승들은 그 불길을 향하여 나올
길이 없으니, 산꼭대기로만 달려간다
하였느니라.

33 그 속에서 불길을 뚫고 뛰쳐나오는 짐
승은 살 것이며, 그는 온갖 상처투성
이요, 생명의 위험을 무릅쓰고 저 스
스로 그 불길을 뛰어넘은 짐승이니,
34 오늘 나의 피조물 만백성 너희들도 그
와 같은 것을 뚫고 넘는 것이 구원의
길을 가는 것이니,
35 지옥으로 들어가는 그 발길을 멈추고
너희들이 거듭나는 것이 그와 같은 형
국이라 내가 말하지 아니하였더냐?
36 그와 같이 어렵고 힘든 길을 너희들이
한 번 거듭나는 역사의 영광을 얻지
아니하면, 너희들이 생명을 바쳐 나의
뜻을 따르고자 거듭나는 그 역사를 하
지 아니하면,
37 아무것도 볼 수 없으며 구원을 받을
수 없다 한 나의 뜻을 어찌하여 너희
들이 그리도 모른단 말이더냐?
38 내가 지금 '하늘에 오르는 길'이요, '하
나님! 말씀하옵소서.' 그 앞에 기록하
여 전한 이 내용들을 너희들은 깊이
음미하며 그 뜻을 깨우쳐 행하도록 그
리하라.
39 이제 나의 아들은 갈 것이니라.
40 누구도 갈 수 없는 그 고행의 길이요,
어려운 길을 그는 묵묵히 갈 것이며,
인간으로서 한 점의 부끄러움이 없는
그와 같은 삶을 살아갈 것이니라.
41 그러니 나의 아들을 따르는 제자 너희
들도 수도하는 사람처럼, 그리고 도를
닦기 위하여 풀뿌리와 벌레요, 생수로
써 그 생명을 이어 가며, 세상 것을 버
리고 바로 서려는 그와 같은 백성들보
다도 너희들이 더 바르고 곧은 삶을
이 세속에서 살아가야 되느니라.
42 너희들은 선생이요, 지도자이기 때문
에 이 세속에서 그와 같은 마음으로
살아, 소금과 빛이 되어 만백성을 구
하는 길을 다 같이 가지 아니하면 아
니 될 것이니라.
43 이제 나의 아들은 그리 갈 것이니, 그
제자들이 따라오고 안 따라오는 것은
너희들 각자에게 달렸음이니 그리 알
라.

11,479 번째 하나님 말씀

2004년 6월 7일 07시 07분

1 사랑하는 나의 아들아!
2 "네, 아버님! 말씀하옵소서."
3 내가 십계명처럼 너희들에게 하나의
가훈을 내림이니, 이는 내가 직접 씀
이니라.
4 '하늘을 향하여 한 점의 부끄러움이
없는 삶을 살라, 나의 아들딸들아!' 내
가 그리 기록하여 세상에 내렸음이니,
너희들이 바로 그와 같은 삶을 살지
아니하면 아니 되느니라.
5 그와 같은 삶을 살기 위하여 너희들이
모두를 다 바치며 모두를 거기에 투자
해야 됨을 알라, 사랑하는 나의 아들
딸들아!
6 그와 같이 내가 직접 친히 내린 그 친
필이요, 그를 너희들이 지키고 행하지
아니한다면, 아무것도 너희들이 얻을
수 없으며 이룰 수가 없음을 알라.
7 오로지 너희들은 그와 같은 삶을 살아
가는 것이 나로부터 선택된 백성 너희
들의 삶이니라.
8 사랑하는 나의 아들아!

9 지금의 모든 백성들이 나 여호와의 방
대한 그 계획이요, 그 뜻을 알고 가는
자가 있는가?
10 그와 같은 뜻을 모르고 가는 백성들이
오늘의 종교 집단의 지도자들이 되어
있음이니,
11 저희들이 하늘을 향하여 한 점의 부끄
러움이 없는 삶을 사는 그 기초요, 그
상식도 다스려지지 아니하였으며 그
기반도 서 있지 아니함이니라.
12 그러니 나의 아들을 따르는 제자 너희
들도 또한 그와 같이 바로 서야 됨을
알아야 될 것이니라.
13 그와 같은 삶을 살지 아니하면 너희들
은 나에게 오는 그 영광을 얻을 수 없
음을 이제 알아야 될 것이니라.
14 사랑하는 나의 아들아!
15 모든 종교 집단의 지도자요, 신도라는
그 백성들이 하늘의 계획이요, 방대한
나의 뜻을 알지 못하며, 세상에 이루
어지는 그 오묘하고 위대한 내가 이룬
역사를 그들은 감사할 줄 모르며, 그
위대한 의미를 알지 못하며 그를 깨닫
지 못하는 것이니라.
16 다만, 모든 것이 필요하기에 나 여호
와가 그저 그대로 세워 놓고 만들었으
며, 그 자리에 있으며 그와 같은 미물
과 동식물을 모두 만든 것이라 너희들
은 그 평범한 생각 속에서, 그저 그러
려니 하는 생각에서 벗어나지 못하고
있느니라.
17 그런 자연의 위대함이라도 너희들이
깨닫고자 노력한다면 하늘의 지혜를
얻을 수 있으나,
18 그러한 것을 들여다보는 마음 자세요,
매사에 감사하는 생각으로써 너희들
이 가슴 깊이 새기고 살지 않느니라.
19 다만, 인간 세상의 상식과 지식이요,
그리고 그 모두를 위대한 것처럼 그것
을 기초로 하여 모든 삶을 살아가는
오늘의 삶이 되다 보니,
20 너희들이 인간 세상에 살면서 사람으
로서 오류를 범하며, 너희들이 실수와
실수를 거듭하는 그와 같은 삶을 살게
되어 있느니라.
21 인간 상식의 지식과 그 모두를 기초를
두어 거기서 너희들이 이루고자 한다
면, 하늘의 뜻을 기초로 하여 이루는
그 백성과는 하늘과 땅의 차이가 있음
이니, 너희들은 그것을 깨우치도록 그
리해야 될 것이니라.
22 너희들이 그리하여 돌이킬 수 없는 길
을 가게 되며, 그와 같은 역사 속에서
는 너희들이 결코 하늘에 오르는 빛이
요, 그 영광을 얻을 수 없다는 것을 알
아야 될 것이니라.
23 그러한 나의 백성들은 작은 것 하나도
나의 뜻에 의해 삶을 살아갈 수 있는
백성이 되지 못함이니라.
24 너희들은 가장 작은 것도 내 뜻이요,
내가 원하는 삶을 살지 못하며, 인간
의 욕심에 의하여 너희들이 이루고 역
사한 것이 아무리 크고 크다 해도,
25 내가 바르게 살라, 내 뜻에 살라는 작
은 것 하나를 지키고 사는 그 영광이
요, 축복만 못 한 것이 너희들의 삶이
니, 이를 잊지 말도록 그리 전하라, 사
랑하는 나의 아들아!

11,480 번째 하나님 말씀

2004년 6월 7일 07시 15분

1 사랑하는 나의 아들아!
2 "네, 아버님! 말씀하옵소서."
3 지금 나의 피조물 만백성 너희들이 구
원의 길이요, 구원의 믿음이요, 하늘
에 오르는 길이라 지금 가고 있으나,
4 나 여호와가 새로운 성경에 기록하여
너희들에게 전하기를, 그 길이 잘못되
었으며 그 믿음이 잘못되었다 내가 증
거하여 기록하여 너희들에게 전하는
것을 어찌하여 그리 소홀히 받아들이
는가?
5 나 여호와가 나의 아들을 통하여 새로
운 성경 속에, 너희들이 오늘의 가는
믿음으로써는 구원을 받을 수 없으며
그 길은 잘못된 길이요, 내 뜻을 거역
하는 것이요, 나와 반대의 길을 간다
내가 책에 기록하여 너희들에게 가르
치고 전함이니, 이는 증거함이니라.
6 그러니 이와 같은 내용을 읽고도 너희
들이 스스로 지금 가는 길이 지옥의
길로 가는 백성으로서 살아가고 있는
가?
7 과연 믿음이 바른 것인가, 그리고 너
희들의 신앙생활은 나의 성경에 의한
삶을 살고 있는가?
8 그리고 너희들이 하늘에 오르는 그 은
혜를 받고자 한다면, 나의 아들 예수
가 하늘에 오를 수 있듯이 너희들이
그 삶의 발자취를 그대로 따라가고자
그와 같은 삶을 살고 있는가, 네 길이
지옥의 길인가, 다시 한 번 두드려 보
고 생각해 봐야 될 것이니라.
9 또한, 지금 구원의 길이라 하여 가는
그 백성 너희들이 정녕 구원의 길을
가고 있는가, 그렇지 않으면 어떠한
길을 가고 있는가, 너희들 스스로 두
드려 보고 연구하고 공부하여, 너희들
이 바른 선택을 하지 아니하면 결코
아니 됨이니라, 사랑하는 나의 아들딸
들아!
10 너희들이 지금 그 믿음을 어찌 가고
안 가는 것이 중요한 것이 아니니라.
11 나의 뜻에 의하여 가는가, 아닌가 너
희들이 알아야 될 것이니라.
12 지금의 믿음의 길을 가고 안 가는 것
으로써 구원을 받고 못 받는다는 잘못
되고 편협한 생각으로써 너희들이 지
금의 신앙이요, 믿음의 길을 가기에
잘못된 것이라 하였음이니라.
13 믿고 안 믿는 것에 연연하지 말며, 너
희들이 바른 삶을 사느냐 안 사느냐
여기에 너희 자신을 두드려 봐야 되는
것을 잊지 말라, 사랑하는 나의 아들
딸아!
14 너희들이 경험 삼아 모범적인 삶이라
하는 것, 그리고 남들이 가는 길이 구
원의 길이라 하는 것, 그와 같은 것을
상세히 세세히 들여다봐 분석하고 또
분석해서 너희들이 믿음의 길을 선택
하지 아니하면 아니 되느니라.
15 너희들이 충동적인 마음의 상태에서
구원의 길이요, 하늘에 오르는 길이라
하여 그 종교 집단을 함부로 선택한다
면, 너희들은 가장 불행한 돌이킬 수
없는 그와 같은 길을 가게 되며,
16 그 길은 너희들이 죽음을 향하여 지옥
에 가는 길을 위하여 모두를 다 바치

는 그와 같은 삶을 사는 것이요, 하늘
에 오르는 길이요, 나에게 와 거듭나
는 생명의 은혜를 얻는 그 길이 아니
니,
17 너희들이 얼마나 불쌍하고 가련한 길
이요, 너희들이 얼마나 억울한 길을
가는 것인지 아느냐?
18 너희들이 죽어 나에게 왔을 때는 그것
을 다 대가를 치러야 되며, 그 허무함
을 감당치 못하여 너희들의 조상의 뿌
리를 원망하며, 너를 가르친 목자요,
종교 지도자를 원망하나,
19 그들은 너희들이 쳐다볼 수 없는 고통
속에서 그 대가를 치르고 있음이니,
그를 원망할 수도 없으며, 그를 원망
한들 또 무엇하겠느냐?
20 그러니 지금 살아 있을 때 내가 말함
이니, 육의 삶의 행동을 바르고 곱게
살라, 저 높은 하늘을 향하여 한 점의
부끄러움이 없는 삶을 살라 내가 가르
쳤음이니,
21 하늘을 향하여 한 점의 부끄러움이 없
는 삶을 사는 나의 아들딸이 되라 그
리하는 것이 무엇이 사탄이고 이단이
요, 너희들에게 잘못 가르친다는 것이
더냐?
22 너희들이 하늘을 향하여 한 점의 부끄
러움이 없는 육의 삶을 살며, 너희들
이 성경 공부를 하며 성령을 받아들여
바로 살면 안 된단 말이더냐?
23 네 부모를 공경하면서 너희들이 믿음
의 길을 가면 안 된다더냐?
24 네 부모를 공경하기 위해 믿음이라는
것을 소홀히 하면 안 되며, 강론하고
설교하는 시간에, 너희들이 말하는 주
일이라는 시간에 하루만 빠져도 벌을
받는 것처럼 그리하니,
25 이것이 얼마나 모진 자들이요, 얼마나
사악한 자들이요, 나의 어리석은 백성
들이 얼마나 세뇌되어 있는가, 너희들
이 그것부터 들여다보도록 그리하라.
26 나 여호와가 너희들과 같이하지 아니
하는 것이 없으며, 이 세상에 모든 동
식물을 내가 내려 주지 아니한 것이
없으며, 너희들이 숨을 쉬고 모두를
살아가는 것도 내가 다 내려 준 것이
니,
27 너희들은 항상 내 품에 살아가는 백성
들이니, 너희들의 손으로 지은 교회만
이 특별한 것이 아니요, 내 품이요, 내
사랑 속에 역사하는 것이 아니라는 걸
알라.
28 내가 만든 것이 이 지상이요, 이 지상
에 사는 모두는 내가 역사한 내 손 위
에서 살아가는 것이 아니더냐?
29 그러니 너희들이 거기서 또다시 죄의
온상인 두꺼비집을 짓고 거기에서 울
고불고하는 것이 아니라,
30 스스로 내가 만든 이 아름다운 성전에
서 너희들이 나의 뜻대로 살며, 하늘
을 향하여 한 점의 부끄러움이 없는
그와 같은 삶을 산다면,
31 너희들은 내 품 안에서 나의 뜻을 거
역하지 않고 사는 훌륭한 백성이요,
사랑하는 백성이라는 이 이치를 너의
제자들은 이제 알 것이니, 우선 너의
제자들부터 그리 깨우쳐 주도록 하거
라.

11,481 번째 하나님 말씀

2004년 6월 7일 07시 21분

1 사랑하는 나의 아들아!
2 "네, 아버님! 말씀하옵소서."
3 네가 가야 할 길은, 예수가 육의 세상
에서 육을 가지고 살아갔던 가장 도덕
적이요, 아름다운 삶을 사는 것이 네
가 선택할 길이요, 그 길을 가는 것이
너이니라.
4 그러니 여기는 선택의 여지가 없으며,
그를 피해 가고 네가 더하고 덜하고
그와 같은 너 자신이 생각할 시간이
없음이니라.
5 다만, 너는 그보다도 더 아름답고 그
보다도 더 고고한 인간의 도리를 다하
고 살아가야 되는 것이 나의 아들 네
가 가는 길이니라.
6 사랑하는 나의 아들아!
7 너는 어쨌든 그 길을 가야 되며, 그 길
을 역사하는 것이 네가 살아가는 그
삶이니,
8 내가 그리하여 너를 거듭 살렸으며 죽
은 자 가운데 살렸으며, 내가 너에게
대명을 내렸다 함을 너는 어찌 모른단
말이더냐?
9 그러니 네가 너의 제자들이 너에게 무
엇을 고쳐 주기를 바라며, 네가 바르
지 못한 행동을 그들이 바라보면서 그
것이 변화되기를 바라는 제자들이 전
하는 말을 듣고, 네가 그때 그것을 고
치고 깨우쳐 가는 그와 같은 삶을 살
것인가,
10 제자들이 말을 할 수 없을 만큼 네가
스스로 먼저 앞에 가는 삶이요, 변화
된 삶을 살며, 하늘을 향하여 한 점의
부끄러움이 없는 그와 같은 삶을 살아
갈 것인가, 선택하는 것은 너에게 달
렸음이니라.
11 이제 사랑하는 나의 아들 너는 모든
제자들이 너에게 무엇을 고쳐 주며 네
가 잘못된 것을 그들이 바라보고 등돌
리고 떠나는 그와 같은 일이 있지 않
도록 너 스스로 갈 수 있을 것이며 갈
것이라는 것을 나는 알고 있음이니,
이제 내가 너에게 전함이니라.
12 너의 제자들로부터 잘못된 것을 듣고
네가 깨우치고 바로 가는 삶이 아니라,
13 그들이 너를 바라보고 하나도 고칠 것
이 없으며, 오로지 참진리요, 나 여호
와의 뜻에 의해 살아가는 완벽한 사람
이라는 그 인상이요, 그 믿음을 주는
것이 네가 잘하는 길이요, 잘못하는
길인가,
14 그리고 네가 그와 같은 삶을 스스로
가는 것이 나 여호와에게 기쁨을 주는
것이며, 나 여호와의 뜻을 거역하지
아니하는 삶인가, 그것은 네가 이제
알 수 있으며 깨달았을 것이니라.
15 그러니 너 스스로 그와 같은 삶을 선
택하여, 너의 제자들이 너를 감히 말
하지 못하며, 너를 따라오기에 그들이
정신이 없는 그와 같은 삶을 살도록
하는 것이 네가 더 행복하고 가기 쉬
운 길일 것이니라.
16 제자들이 이러고저러고 너에게 시시
비비하는 그와 같은 말을 들으며 네가
뉘우치고 깨우쳐서 변화되는 그와 같
은 나태한 방법으로 가지 말라.
17 네가 어찌 살아가야 될 것이며, 어찌

가야 인간 세상에서 가장 도덕적이요,
아름다운 삶을 사는가, 그 길을 네가
먼저 연구하고 먼저 생각하면,
18 내가 너에게 지혜를 내려 그 누구도
따라올 수 없는 길을 갈 수 있음이니,
네가 스스로 앞장서서 가는 그와 같은
길을 가라.
19 밀려가는 자는 힘들고 어려우며, 미는
자도 고달프며 밀려가는 자도 고달픔
이니라.
20 그러나 네가 스스로 앞에서 가며 나의
피조물 만백성이 네가 간 길을 따라오
도록 하면, 오는 백성이요, 그 제자들
도 편안하며 평화로울 것이며,
21 너 자신도 마음이 편안할 것이며 평온
한 자세로써 기쁨으로 하늘에 오르는
길을 인도자로서 갈 수 있기에, 내가
그리 깨우쳐 준 그 의미를 알겠느냐?
22 "네, 아버님! 알겠사옵나이다."
23 그렇다면 네가 그리 행하도록 하라,
나의 사랑하는 아들아!

11,482 번째 하나님 말씀

2004년 6월 7일 07시 25분

1 사랑하는 나의 아들아!
2 "네, 아버님! 말씀하옵소서."
3 모든 사람들이 돈이요, 재물을 모으기
위하여, 금화와 은화를 모으기 위하여
온갖 죄악을 죄로 인식하지 아니하며
부끄러운 행위를 부끄러운 줄 모르고
살아가는 그 백성들 속에서,
4 사랑하는 나의 아들이 그들이 갈구하
고 원하는 금화와 은화요, 돈이라는
재물이 네 몸에 있을 때, 버러지가 네
몸을 기어가는 그와 같은 것을 느낌이
니,
5 어렵고 불쌍한 자를 주기 위하여 네가
있는 것을 있는 대로 갖고 가 찾는 그
와 같은 마음이요,
6 그리고 네가 가지고 있는 금화요, 은
화를 떼어 던지는 것이 바로 네 몸에
있는 벌레를 떼어 던지는 것 같은 마
음으로 네가 어려운 사람들을 도울 수
있는 그 경지에 오르고 있음이니, 그
상을 내가 너에게 내려 준 것이 그것
이니라.
7 바로 무엇인 줄 알겠느냐?
8 제자들에게 떠밀려 가는 그와 같은 오
늘의 이 길을 가지 말며, 네가 제자들
을 끌고 가며 너를 따라오도록 하여
정신없이 달려오는 제자들의 삶이 되
도록 그리하라는 것이요,
9 그를 깨우쳐 네가 바로 갈 수 있도록
하는 것, 이것이 내가 너에게 내리는
상이요, 수도승보다도 더 바르고 곧게
고행의 길을 갈 수 있도록 네 마음을
내가 굳혀 줌이니라.
10 그것이 바로 내가 너에게 내린 상이
니, 바로 돈과 금화와 은화라는 것, 그
재물을 모으기 위하여 온갖 수단 방법
을 가리지 아니하며, 죄를 죄인 줄 모
르며 거짓을 거짓인 줄 모르고 살아가
는 그 백성들 중에,
11 그것이 벌레처럼 네 몸에 붙어 있는
것 같은 것이요, 그 벌레를 떼어 버리
는 즐거움을 느끼고 있는 너에게 준
상이니라.
12 사랑하는 나의 아들아!
13 네가 변하고 변해 갈수록 나 여호와가

너에게 더 크고 큰 상을 줌이니, 네가 악습을 버리는 데 도움을 될 것이며, 그 악습을 하나하나 제거해 줄 수 있는 그 지혜를 줌이니,
14 네가 받을 수 있는 상은 그와 같은 상을 받는 것이 가장 행복하고 기쁨을 너는 알 것이니, 내가 너에게 그와 같은 상을 줌이니라.
15 네가 벌레와 같이 보는 것, 그것이 재물이요, 황금 덩어리를 벌레처럼 보는 네 깨달음의 경지의 상이니라, 사랑하는 나의 아들아!
16 그러기에 나의 기쁨이 있으며, 네가 상을 받을 수 있어 상을 내림이니 그 누구도 거기에 항변하지 못함이니라.
17 네가 머리가 하얗게 되기 전에 그와 같은 길을 터득하여 감이니, 이는 사탄이요, 천사도 너를 보기를 두려워할 것이며,
18 그리고 네가 가는 길을 그들도 감히 막지 못할 것이며, 그들도 따라오기 어려운 길을 너는 거침없이 갈 수 있으며 가고 있음이니, 내가 너에게 내리는 상이니라.

11,483 번째 하나님 말씀

2004년 6월 7일 07시 29분

1 사랑하는 나의 아들아!
2 "네, 아버님! 말씀하옵소서."
3 믿음에 한평생을 바치며 그 길을 달려가는 모든 백성들, 그리고 너희들이 이방인이라는 그 백성들도 모두 다 나의 피조물 나의 사랑하는 아들딸이니, 인간 최대의 목표는 무엇이더냐?
4 너희들이 죽어 극락세계를 가고자 하는 자, 그리고 천국을 가고자 하는 자, 너희들이 그 죽음에서 벗어나는 것, 그리고 거듭나는 영광을 얻고자 하는 것은,
5 어떠한 종파요, 잡신을 믿는다는 백성들까지도 최대의 목표는 다 같을 것이며, 오로지 그를 갈구하고 살아가는 것이 너희들이 아니더냐?
6 그러니 그 모두를 하나로 만들어 보면, 너희들이 나에게 오르는 길이요, 하늘에 오르는 길을 찾고자 하며, 그 길을 찾기 위하여, 그 길을 가기 위하여 너희들이 모두를 바치고 살아가는 것이 아니더냐?
7 사랑하는 나의 아들딸들아!
8 너희들이 그 길을 위해서 살고 그 길을 위해서 온다면, 우선 사탄의 유혹에 넘어지지 않는 굳은 의지가 필요한 것이니라.
9 그러니 사탄의 유혹에 넘어가지 않는 그 굳은 의지는 바로 무엇이더냐?
10 너희들이 어떠한 것이 진리요, 어떠한 것이 비진리인지를 먼저 깨우쳐야 되는 것이니라.
11 그래서 확실한 진리의 길을 찾았을 때 만큼은 너희들은 절대 악에게 넘어지지 아니하며, 그 악을 넘을 수 있는 것이니라.
12 그러니 악과 대항할 수 있는 힘을 너희들이 길러야 되며 그 깨달음을 얻어야 될 것이니,
13 오늘의 성경이요, 오늘의 믿음의 길로써는 그를 기를 수 없으며 찾지 못함이니라.

14 그리하여 내가 새로운 성경을 내림이
니, 너희들이 160권의 이 새로운 성경
을 읽고 깨우쳐야만, 그리고 정독할
때만이 너희들이 참진리의 길을 알 수
있으며,
15 비진리의 길이요, 잘못된 믿음이 무엇
인가 구분할 수 있는 지혜를 얻음이니
라.
16 너희들이 인생 최대의 목표인 구원의
길을 어디에 두고 있어야 되느냐?
17 나의 160권의 새로운 성경을 읽고 안
읽고 그대로 행하고 아니하는 것, 거
기에 모두를 둬야 될 것이며, 거기에
너희들이 매달려야 될 것이며,
18 그것을 너희들이 행하지 아니하면 아
무것도 볼 수 없다 함을 전하라, 사랑
하는 나의 아들아!

11,484 번째 하나님 말씀

2004년 6월 7일 07시 32분

1 사랑하는 나의 아들아!
2 "네, 아버님! 말씀하옵소서."
3 나의 피조물 만백성 너희들이 살아가
면서 가는 세월을 원망하며 가는 세월
속에 너희들이 초조함을 느낌이니라.
4 그리하여 너희들이 세월이 왜 이리 빠
르며 세월이 거침없이 흘러가느냐 그
리 말하느니라.
5 그러나 내가 나의 성경에 기록하여 전
했듯이, 세월은 가지 아니하며 흐르지
아니하며 그 자리를 지키고 있는 것이
니라.
6 너희들이 만든 모든 것이 하루하루 지
나는 것이 세월이 가는 것이요, 시간
이 흘러가는 것처럼 그리 생각하나,
7 너희들이 인생의 삶을 그대로 한 발짝
한 발짝 걸어가는 것이니라.
8 내가 너희들을 세상에 태어나도록 했
을 때, 너희들이 살아갈 수 있는 그 생
명의 시간을 정해 주지 아니하였더냐?
9 그러니 너 스스로 그 생명의 시간을
찾아 한 발짝 한 발짝 네 운명을 짊어
지고 가는 것이지, 세월은 너희들에게
가는 것이 아니요, 너희들을 가게 만
드는 것이 아니니라.
10 세월은 항상 오늘 아침에 태양이 뜨고
내일 또 뜨듯이, 그리고 바람이 불어
너희들에게 생명의 공기를 지원해 주
듯이, 모두는 다 가지 아니하며 제자
리를 지키고 있으며 흐르지 아니하느
니라.
11 너희들은 세월이 빠르다, 세월이 흘러
가는 것을 한탄하며 그를 원망하는 그
와 같은 소리를 하지 말라.
12 네가 네 인생의 삶을 걸어가는 것이
요, 스스로 네 종착역을 향해서 걸어
가는 것이니라.
13 다만, 너희들이 그 종착역으로 걸어가
면서 어떠한 마음 자세요, 어떠한 행
동으로써 걸어가느냐 하는 것,
14 그 종착역에서 너희들이 심판을 받게
되어 있는 간단한 하늘의 이치요, 세
상의 이치를 너희들이 깨우치면 될 것
이니라.
15 이제 나의 아들을 따르는 제자들이요,
나의 새로운 성경을 읽고 깨우친 만백
성, 너희들은 알라.
16 세월이 가는 것이 아니요, 네 인생이
정해진 그 시간을 향해 네가 한 발짝

한 발짝 그 종착역으로 달려간다는 그
와 같은 생각을 하라.
17 그 종착역을 향하여 걸어가는 네 삶의
발길이 어떠냐에 따라서 네가 나에게
오를 수 있는 길이요, 거듭나는 영광
을 얻는 것이요,
18 그 발길이 험악하고 추하고 더러운 시
간을 네가 흘려보낸다면 그 아름답고
소중한 시간은 너희들이 죄의 사슬을
만드는 시간이 되는 것이요,
19 선하고 아름다운 것은 너희들이 나에
게 오를 수 있는 그 은혜를 쌓는 시간
이니,
20 그것을 선택해서 행하는 것은 너희들
에게 달렸다는 그 깊은 의미를 나의
사랑하는 그 백성들에게 전해 주며,
강론으로써 심어 주도록 그리하라, 사
랑하는 나의 아들아!

11,485 번째 하나님 말씀

2004년 6월 7일 07시 41분

1 사랑하는 나의 아들아!
2 "네, 아버님! 말씀하옵소서."
3 너희들이 나를 경배하고 사랑한다면,
어찌 살아가야 되며 어떠한 믿음의 길
을 가야 하는 것인 줄 알겠느냐?
4 인간 세상에서도 서로가 사랑하는 사
람이요, 서로가 귀중한 사람이라면,
그 사람이 겪고 있는 고통과 슬픔이
요, 그 아픔을 대신해 주고자 하는 것
이요,
5 대신해 주고자 하는 그와 같은 마음이
생기는 것이 바로 사랑하는 마음이요,
너희들이 사랑하며 아끼는 소중한 사
람에 대한 마음이 아니더냐?
6 인간 세상에 살아가는 너희들도 사랑
하는 사람이요, 소중한 사람이라면 어
렵고 힘든 것을 대신해 주며, 그 기쁨
과 영광은 그에게 돌리고자 하는 것이
너희들이 사랑하는 사람들과의 그 마
음의 상태가 아니던가?
7 그러니 사랑하는 나의 백성 너희들은
들어야 될 것이니라.
8 너희들은 거듭나는 길이요, 영원히 다
시 태어나는 그와 같은 삶을 가도록
나 여호와가 너희들에게 모두를 다 내
려 줌이니,
9 너희들은 그를 갖고 감사한다며 나의
뜻에 의하여 살아가는 삶을 살겠다 울
고불고 광란의 짓을 하고 있으나, 진
정으로 너희들이 나를 사랑하며 나를
경배하는 삶을 살아가는가?
10 너희들이 나 여호와를 경배하며 나를
사랑한다면, 너희들은 나 여호와의 뜻
에 의하여, 갈 수 없고 어렵고 힘든 길
이라 해도 너희들이 정녕 그 길을 대
신하며 그 짐을 짊어지고 갈 수 있는
것이 나를 경배하며 나를 사랑하는 것
이 아니더냐?
11 나 여호와를 대신하여 고통의 길을 갈
수 있는 것, 내가 만백성에게 참진리
를 전하며 천사와 같이 아름다운 마음
으로 살아갈 수 있도록 바라며 그 길
을 원한다면,
12 너희들은 그와 같은 삶을 살아 주는
것이 나를 사랑하는 것이요, 나를 경
배하는 것이 아니더냐, 사랑하는 나의
아들딸들아!
13 너희들이 나를 경배하고 사랑한다면

서 인간 세상에도 사랑하는 것은 그
사람의 고통이요, 시련을 대신해 주
며, 그 기쁨을 위하여 무엇인가 하는
것이 진정한 인간관계의 사랑이라 하
였음이니라.
14 더욱이 아들과 딸이요, 자식인 너희들
과 나 사이에서 아버지를 존경하며 아
버지를 사랑한다면,
15 내가 너희들을 위하여 더욱이 너희들
의 구원을 위하여 친필로 직접 써 내
린 나의 십계명대로 살 수 없다 말하
며, 인간이기 때문에 이를 지킬 수 없
다 그리 말을 할 수 있겠는가?
16 그것은 인간 세상에서 사랑하는 사람
을 위하여 고통과 모두를 인내하며 고
통을 대신 짊어지고자 하는 그와 같은
마음 자세만도 못한 것이 너희들이 나
를 경배하며 사랑한다는 의미가 아니
더냐?
17 정녕 너희들이 나를 사랑하며 경배한
다면, 내가 직접 친필로 그것도 불로
써 내린 나의 계명을 놓고 너희들이
시시비비를 할 수 없는 것이니라.
18 그러니 너희들이 나를 사랑하는 것이
아니요, 나를 경배하는 백성이 아니니
라.
19 그러니 나를 사랑하고 경배하는 백성
이라 할 수 없는 것이 너희들이 아니
더냐?
20 이와 같은 의미를 너희들은 깨달아야
될 것이니라.
21 나를 사랑하며 경배하고 감사한다면
서, 너희들은 과연 어떠한 삶을 살고
있는가?
22 이제 나는 믿음의 길을 가는 모든 백
성들에 대해서는 시시비비하지 아니
하며 더 이상 무엇인가 말을 하고 싶
지 않으니라.
23 다만, 내가 선택한 너를 따르는 제자
들이요, 나의 성령을 읽고 깨우친 백
성 너희들이 과연 어떠한 마음 자세로
살아야 될 것인가?
24 너희들은 과연 내가 내린 새로운 성경
대로 이를 지키고 살 수 있다 없다는
그 이유를 댈 수 있으며 이와 같은 변
명을 할 수 있는 것인가?
25 그와 같은 변명이요, 이유를 대는 백
성이라면, 인간이 서로 사랑하는 만큼
도 너희들이 나를 경배하지 아니하며,
나를 사랑하지 아니하며,
26 너희들이 거듭나는 영광을 얻는 것이
너무나 귀하고 소중한 것이거늘, 너희
들이 금화와 은화를 한 닢을 만드는
것만큼도 귀하고 소중하게 생각하지
아니하며, 그만한 노력도 경주하지 아
니하면서 너희들이 나를 사랑하며 나
에게 오르는 길을 오겠다 말하는,
27 입으로써만 모두를 다 이루며 행동으
로써는 행하지 않는 어리석고 불쌍한
너희들의 삶을 여기에서 바로 서고 깨
우치지 아니하면 아니 됨이니라.
28 정녕 인간이 인간을 사랑할 때 그의
고통이요, 시련을 대신해 줄 수 있는
그와 같은 마음을 갖고 살아가듯이,
29 너희들이 나 여호와를 사랑하며 나의
아들딸이요, 전지전능한 아버지요, 너
희들이 나를 믿음으로써 거듭나는 영
광을 얻어 그 길에 소원을 빌고 비는
진정한 마음이요, 진정으로 울고불고
하는 기도라면,

30 너희들은 내가 내린 계명이요, 새로
내리는 새로운 성경을 두말없이 묵묵
히 지키고 행하는 그와 같은 삶을 살
지 아니하면, 결코 너희들이 바라는
그 소원은 이루어질 수 없음을 알라
그리 전하라.

11,486 번째 하나님 말씀

2004년 6월 7일 07시 57분

1 사랑하는 나의 아들아!
2 "네, 아버님! 말씀하옵소서."
3 너희들이 사랑하는 사람이라면, 그가
가지고 있는 것을 너희들이 즐기기 위
하여 그로부터 무엇인가를 뺏어 오며
달라 하는 그와 같은 행위는 하지 않
는 것이 인간 세상에 사랑하는 사람
과의 마음이 아니더냐?
4 그러니 너희들이 사랑한다면 모든 것
에 대하여 또한 봉사와 희생을 했다
해도, 아무리 귀하고 소중한 것을 너
희들이 주었다 해도, 그 대가를 바라
지 아니하는 마음이 사랑하는 마음인
것을 너희들은 알고 있지 않으냐?
5 인간 세상에서도 그와 같이 살아가는
것이 사랑하는 사람의 관계이니라.
6 받은 만큼 되돌려 준다 해도 그를 양
보하며 받아들이려 하지 아니하는 것
이 사랑하는 마음이요,
7 준 것은 준 것대로 기쁨이 있으며, 준
것으로써 모두를 끝내며, 그러면서 거
기에서 너희들이 행복을 얻는 것이요,
되돌려받으려 하지 아니함이니,
8 더 큰 것을 얻고자 하는 그와 같은 마
음이 있다면 그것은 사랑이 아니요,
거짓이요, 너희들이 사기극을 벌이는
것이 아니더냐, 사랑하는 나의 아들딸
들아!
9 준 것을 되돌려받으며, 준 것보다 더
얹어 받고자 한다는 것은 장사요, 거
래요, 그것은 사랑이 아니라 욕되는
행위를 하고 있는 것이요,
10 도둑과 같은 자만이 그와 같은 행위를
할 수 있는 것이 인간 세상에서 너희
들이 하는 것이 아니더냐?
11 이는 곧 인간 세상에 그 귀하고 소중
한 사랑이라는 것을 위장하여 남을 이
용하는 사탄들의 행위라는 것을 너희
들은 알아야 될 것이니라.
12 지금의 믿음의 길을 가는 백성 너희들
은 과연 나를 사랑하며 나를 경배한다
면서, 그리고 구세주요, 창조주요, 구
원의 아버지라 말하면서, 너희들이 나
에게 받은 모든 것에 대한 감사의 뜻
으로써 그를 얼마나 감사하며, 그 감
사한 뜻으로써 무엇을 나에게 주고자
하는가?
13 그리고 나에게 무엇을 주고자 하는 그
와 같은 나를 사랑하는 마음으로 살아
왔는가?
14 너희들은 나를 사랑한다면서, 나에게
주고 나에게 감사의 은혜를 표시한 것
이 없음이니라.
15 그저 너희들이 나를 사랑하며 나를 경
배한다는 그 말의 의미 뒤에는 너희들
의 소원을 이루어 달라는 것과 너희들
이 역사하고자 하는 것, 더 높은 직위
요, 더 많은 부귀와 영화요, 재물을 쌓
고자 하는 것이요,
16 심지어는 가정에 자식들의 모든 면까

지 이루어 달라는 것, 그것만 바라는 것이요,
17 그러면서도 과연 너희들이 나를 사랑하는 사람의 자세요, 사랑하는 사람의 마음이라 말할 수 있단 말이더냐?
18 인간 세상에도 아무리 귀한 것도 사랑하는 사람에게 주는 것은 소중하지 아니하며, 주었다 해도 그 대가를 되돌려받지 아니하며, 희생과 봉사로 사랑하는 것을 더 거둬들이려 하지 아니하며, 준 것보다 더 뺏으려 하지 아니하는 것이 인간 세상에 사랑하는 고귀한 마음이라 하였거늘,
19 너희들은 그저 달라, 이루어 달라, 나에게 없는 것, 있는 것 뺏어 가려고만 하니, 그것이 과연 나를 경배하고 사랑하는 백성들의 삶이요, 행동이라 말할 수 있겠느냐?
20 그러니 나는 너희들로부터 진정한 사랑을 받은 적이 없으며, 아들딸에게 아버지로서 공경함을 받은 것도 없으며, 내 뜻에 의해 따라가며 나로부터 유산을 받고자 하는 자식이 하나도 없다 함이니,
21 그러니 너희들이 나에게 온 백성이 없다는 그 무서운 의미를 알겠느냐?
22 그러니 너희가 나를 사랑한다는 것, 나를 경배한다는 것은 모두 거짓이요, 사기극을 벌이기 위한 너희들의 위장된 행동이라는 것을 알아야 될 것이니라.
23 인간 세상에서 너희들이 말로 사랑이라는 위장이요, 거짓된 것을 앞에 내세워 상대방으로부터 준 것을 배로 거둬들이며, 몇 배의 이익을 추구하고자 접근하여 사랑한다는 말을 한다는 것은 얼마나 추하고 더러운 자가 하는 짓이요, 그 행동이 거짓된 것인가 너희들은 알 것이니,
24 그 소중하고 귀한 사랑 자체를 추하게 말하며 악용하는 자들이요, 악한 곳에 써먹는 자들이니,
25 너희들이 나를 경배하고 나 여호와를 사랑한다면서 무엇을 달라, 이루어 달라 기도하는 것은 나를 욕되게 하는 것이요, 나를 가장 추한 곳에 쓰는 자요,
26 너희들은 나를 기만하는 자요, 나를 창조주 아버지라 생각하지 아니하는 자가 하는 행위임을 알라 그리 전하라.

11,487 번째 하나님 말씀

2004년 6월 7일 08시 01분

1 사랑하는 나의 아들아!
2 **"네, 아버님! 말씀하옵소서."**
3 나의 피조물 만백성 중에 가장 어리석은 백성이 무엇이더냐?
4 자신이 가고 있는 그 믿음에 대하여 내부를 들여다볼 줄 모르며, 그 내부를 들여다봐 분석하지 못하는 백성들이 가장 어리석은 백성임을 너희들은 알아야 될 것이니라.
5 너희들이 가고 있는 그 믿음이 진정한 참진리인가 아닌가, 그리고 지도자는 과연 나로부터 명받은 지도자인가, 그와 같은 것을 들여다볼 줄 모르는 백성이 가장 어리석고 불쌍한 백성이니라.
6 세상에서 가장 귀하고 소중한 것, 무

엇과도 바꿀 수 없는 그 위대함이 무
엇이더냐?
7 너희들이 바른 삶을 살다 나에게 와
구원을 받는 것이요, 너희들이 아름답
게 살다 죽어 나로부터 구원을 받아,
너희들이 말하는 천국에 와 죽고 사는
그 고통이요, 시련이 없는 아름다운
세상에서 영원히 너희들이 존재하고
사는 것을 가장 원하고, 그것을 위해
모두를 살아가지 않더냐?
8 그와 같은 길을 얻기 위하여 그 길을
보는 백성들, 너희들이 오늘 가고 있
는 믿음이요, 그 내부를 들여다보는
현명함을 얻지 못하는 백성, 자신의
신앙생활에서 정녕 그 내부를 들여다
볼 수 있는 현명함이 없는 그 백성,
9 그보다 더 어리석고 불쌍한 백성이 없
음을 너희들은 알아야 될 것이니라.
10 너희들이 자신을 들여다보지 아니하
며, 너희가 가고 있는 길이 진정한 하
늘에 오르는 길이요, 참진리인가 아닌
가 그것을 따지며 알려고 하지 않는
자,
11 그 백성은 자기 자신의 가치를 잃어버
린 자요, 자기의 소중함을 잃어버린
자이니라.
12 자기 자신을 그저 헌신짝같이 버릴 수
있는 자, 자기 자신을 그저 발부리에
치이는 돌부리만도 못하게 집어던질
수 있는 어리석은 백성들이니라.
13 그러니 너희들이 자기 자신을 잃어버
리고 산다 해서 그것으로 끝나면 되나,
14 너희들이 그와 같이 자신을 버려 버리
고 자신을 가치 없이 마음대로 휘둘려
쓰고 살다 온 그 죄를 너희들이 치러
야 된다는 그 무서운 사실 앞에,
15 너희들의 오늘의 삶이 얼마나 잘못되
고 잘된 것으로써 그 은혜를 받고 못
받으며 구원을 받고 못 받는 것이니,
16 그 얼마나 무서운 것인가, 이를 너희
들은 절실히 느껴야 될 것이니라.
17 그러니 너희들은 너희 자신의 신앙생
활이요, 지금 가고 있는 내부를 들여
다보고, 잘못되었을 때는 과감히 수술
하는 그와 같은 용기 있는 백성이 아
니고는 너희들이 거듭나는 은혜요, 영
광을 얻을 수 없다는 것을 알도록 그
리 전하라.

11,488 번째 하나님 말씀

2004년 6월 7일 08시 21분

1 사랑하는 나의 아들아!
2 "네, 아버님! 말씀하옵소서."
3 사랑하는 나의 아들딸 너희들은 알아
야 하느니라.
4 너희들은 나 여호와에게 모두가 평등
하다는 것을 먼저 알도록 그리하라.
5 그리고 나 여호와는 너희들을 누구는
사랑하고 사랑하지 아니함이 아니라,
6 나 여호와가 사랑하는 아들딸 너희들
을 똑같이 사랑하고 있다는 것을, 그
리고 누구나 다 나에게 올 수 있는 그
문을 열어 놓고 있으며 내가 너희들을
기다리고 있다는 것을 알아야 될 것이
니라.
7 그러니 나 여호와가 너희들을 똑같이
사랑하며 똑같이 평등하게 기다리고
있다는 그와 같은 내 마음을 아는 그
삶 속에서 너희들은 희망과 용기를 얻

을 수 있음을 알게 될 것이니라.
8 그러니 너희 자신은 버려진 자식이요,
너희 자신은 기억하지 않는 자식이라
그리 생각하지 말라, 사랑하는 나의
아들딸들아!
9 너희들이 인간 세상에서 열 손가락을
깨물어 아프지 아니하는 손가락이 없
다 했으니, 그 아픔의 진통은 같다 하
지 않더냐?
10 그러니 열 자식을 둔 부모가 사랑하지
않는 자식이 어디 있단 말이더냐?
11 나 여호와가 나의 피조물 만백성 너희
들을 평등하게 사랑하며 너희들을 내
가 기다리고 있음을 알아야 될 것이니
라.
12 그와 같은 마음과 자신을 가질 때, 너
희들이 희망이 있으며 삶의 용기가 있
을 것이며, 거듭나는 그와 같은 길에
들어설 수 있다는 것을 잊지 말라.
13 사랑하는 나의 아들딸들아!
14 반성하고 거듭나는 기회와 선과 악에
서 자신을 지킬 수 있는 용기도 너희
들이 얻게 될 것이며, 그와 같은 자신
있는 삶을 살 수 있는 것을 너희들은
알아야 될 것이니라.
15 그러니 누구도 나 여호와가 버리지 아
니하였으며, 모두를 사랑하며 너희들
은 모두가 평등한 자격을 가지고 있음
을 그리 알라.
16 재물을 가진 자, 권력이 있는 자, 부귀
영화를 누리는 그와 같은 백성들과 너
희들은 차별화가 있으며, 평등하지 않
게 내가 너희들을 사랑한다 그러한 생
각을 버리도록 그리하라.
17 어떠한 길을 가든 너희들이 길거리에
걸인이요, 얻어먹는 자든, 남에게 어
떠한 삶을 살든, 당당한 삶을 살지 못
하든, 네 직업이 어렵고 힘든 그 길을
간다 해서,
18 네가 육신의 오늘의 삶이 고달프고 힘
들다 하여 나 여호와의 사랑이 평등하
지 못하며 고르게 사랑하지 않는 것이
아니라는 것을 잊지 말라.
19 모두를 다 똑같이 사랑하며 평등하게
내가 너희들을 기다리고 있다는 것을
알라, 사랑하는 나의 아들딸들아!
20 다만, 너희들이 용기로써 악을 버리고
선을 선택하는 그와 같은 삶을 사는
백성을 내가 기다리며, 너희들이 나에
게 오를 수 있는 자격이 있다는 것뿐
이지,
21 내가 너희들을 똑같이 사랑하는 마음
은 변함이 없으며, 너희들이 나에게
모두 평등한 아들딸이라는 것은 어떠
한 형태든 변함이 없음을 알라.
22 너희들이 죽어 나에게 심판을 받아 떠
날 때, 그때는 내가 어찌할 수 없으나,
23 그전까지 너희들이 나를 찾을 수 있으
며 회개할 수 있으며 거듭날 수 있는
기회가 존재하는 육의 세상에 사는 너
희들을 내가 모두를 똑같이 사랑함이
니, 내 마음을 너희들은 알도록 그리
하라.

부 록

【하나님께서 가르쳐 주신 운동】

천재지변이 일어날 때, 동물이나 미물들은 미리 알고 대피하지만, 인간은 알지 못하고 큰 화를 당합니다. 하나님께서 인간에게 가장 높은 지혜를 주시고 완벽하게 창조해 주셨기에 동물들보다 더 잘 알 수 있지만, 욕심으로 마음이 혼탁해져서 한 치 앞을 보지 못하는 것입니다.

마찬가지로, 인간은 누구나 스스로 필요한 운동을 해서 건강을 지킬 수 있도록 하나님께서 만들어 주셨습니다. 우리의 머리에서 우리 몸에 필요한 동작을 해 달라고 끊임없이 신호를 보내지만, 인간이 혼탁하게 살아서 그 신호를 알아채지 못합니다. 그러니 자연스럽게 자기 몸이 원하는 그 신호를 따라서 운동하는 것이 하나님께서 가르쳐 주신 운동 방법입니다. 바로, 우리의 영이 육을 이끄는 운동입니다.

▶ 하나님 운동법

1. 눈을 감고, 발을 어깨너비로 벌리고 바르게 선다.
2. 몸에 힘을 풀고, 허리를 숙이면서 손과 머리를 아래로 내린다.
3. 허리를 펴고 싶을 때, 천천히 펴면서 하고 싶은 동작을 하면 운동이 시작된다. (사람마다 다르다.)
4. 멈추지 말고, 어떤 동작이든지 자기 몸의 느낌대로 계속 이어서 한다.

▶ 참고 사항

① 눈을 감은 상태로 아무 생각 하지 않고, 자기 몸의 느낌대로 움직입니다.

② 마음을 비우고, 욕심을 버리고, 지난날의 잘못을 반성하면서 몇 차례 시도하다 보면, 자기도 모르게 하고 싶은 동작이 끊임없이 생깁니다.

③ 운동 장소는 방 안이든 운동장이든 관계없으며, 걷거나 달리고 싶을 때는 눈을 떠도 됩니다.

④ 매일 40분 이상, 주 4회 이상, 3개월 이상 하면 음식 조절에 들어갑니다.
- 음식으로 생긴 병은 음식으로 치료하게 되며, 어떤 음식을 먹어야 하는지 스스로 알게 됩니다.
(자기 몸에 필요한 음식만 먹고 싶어집니다.)

⑤ 사랑하는 사람과 함께 운동하면 서로 치료해 주기도 합니다.

⑥ 운동을 하다가 몸의 어느 한 부분을 계속 손으로 자극한다면 그쪽에 이상이 있는 것이니, 의사에게 상담을 받고 적절한 치료를 받으면 됩니다.

⑦ 다이어트 및 기타 건강관리에 효과적입니다.

⑧ 꾸준히 운동하여 영이 맑아지면, 자신의 과거와 미래를 스스로 보게 됩니다.

누구나 스스로 하실 수 있습니다.

간행사

《새로운 성경》은:

· 새로운 성경은, 하나님께서 선량하고 선한 자를 선택하여 십계명을 암송하도록 하시고, 십계명을 암송한 다음에 음성으로써 들려주시는 말씀을 듣고 그대로 카세트테이프에 녹음해서 받아쓴 책입니다.

· 90분짜리 녹음테이프 700여 개에 달하는 말씀으로, 1999년 8월부터 2004년 7월까지 총 160권(권당 288쪽)을 완성하였으며, 그 이후에도 현재까지 계속 말씀을 내려 주고 계십니다.

· 새로운 성경은 "하늘을 두루마리 삼고 바닷물을 먹물 삼아 쓰고 써도 다 못 쓴다"는, 끝없이 방대한 하나님의 말씀이 두루마리로 직접 내려오는 것입니다. 이러한 새로운 성경은 구약과 신약을 폐하려는 것이 아니라 "인봉된 성서의 비유의 뜻"을 상세히 설명하여 완성하고자 하나님께서 직접 내려 주신 말씀입니다.

《새로운 성경》의 구성:

· 제 목: 2013년, 160권 모음집을 발간하면서, 본 도서의 제목을 "하나님! 말씀하옵소서"에서 《새로운 성경》으로 명해 주셨습니다.

· 단행본: 각 권당 288쪽(신국판) 책이 160권까지 시리즈로 출판됩니다.
(모음집은 단행본을 16권씩 묶어서, 총 10부로 구성됩니다.)

《새로운 성경》의 성경적 근거:

· 신약 성경 [요한복음] 16장 13절에 "진리의 성령이 오시면 그가 너희를 모든 진리 가운데로 인도하시리니 그가 자의로 말하지 않고, 오직 듣는 것만을 말하며" 하신 말씀처럼 하나님의 음성을 들은 것만 기록하였으며,

· "장래 일을 너희에게 알리시리라" 하신 말씀과 같이 개인, 나라, 인류의 "장래"일을 하나님께서 알려 주시는 것만 기록하여 책으로 만들었습니다.

《새로운 성경》의 기록 방법:

· 1999년 8월부터 하나님께서 저에게 들려주시는 음성을 기록하였습니다. 처음에는 제가 들은 말씀을 불러 주면 저의 아내가 기록하여, 2000년 1월 29일에 1권 초판이 세상에 나왔습니다. 2000년 4월부터는 주시는 말씀을 받아 녹음기에 기록하기 시작하였습니다.

· 녹음을 시작하면서 하나님의 말씀을 받는 데 가속도가 붙었고, 2001년 5월 3일에 1부(1~16권까지)를 인쇄하여 출판하였으며, 2004년 7월까지 총 160권 분량의 말씀을 받아 기록하였습니다.

하나님께서 저에게 주신 것은:

· 첫째, 만백성을 상대로 내려 주시는 "기도", 둘째, 수시로 내려 주시는 "묵상", 셋째, 개인의 과거, 현재, 미래를 알려 주시는 "개인 기도", 넷째, 개인의 건강을 위해서 내려 주시는 "음식 처방", 다섯째, 하나님께서 가르쳐 주신 "운동"등이 있습니다. 이 중에 첫 번째, "기도"를 책으로 편찬하였습니다. 사람의 생사, 개인의 미래에 관한 천기는 수록하지 말라 하셨습니다.

강론 안내:

· 하나님께서는 지금도 매일 저에게 새로운 하늘의 비밀의 말씀을 내려 주고 계십니다. 수시로 내려 주시는 말씀을 정리해서 제자를 육성하라는 말씀에 따라 매주 강론을 하고 있습니다. 누구나 무료로 들으실 수 있습니다. (book160.com)

《새로운 성경》을 읽는 분들에게 드리는 선물:

· 개인 기도: 개인의 과거, 현재, 미래에 관하여 말씀을 내려 주십니다.

· 음식 처방: 사람은 음식을 먹고살다가 건강을 잃으니, 음식과 운동으로 건강을 되찾는 방법을 알려 드립니다. 단, 하나님이 계심을 믿고, 십계명을 지키겠다고 진실로 서약하는 분들께 알려드립니다.

《새로운 성경》의 은혜와 기적:

· 새로운 성경 전160권은 16권씩 묶어서 총 10부의 모음집으로 구성됩니다. 모음집 한 부를 읽고 깨우치는 자에게 하나님께서 다음과 같은 기적이 있다고 하셨습니다.

· "첫째, 그가 죽어 하늘에 갔을 때 그의 죄를 묻지 아니하며, 구원을 받는 위대한 은혜가 있으며, 둘째, 그의 소원과 소망이 이루어지고, 셋째, 죽은 자(부모, 형제, 자식, 사랑하고 은혜 입은 분)의 이름으로 구입한 책을 읽고 누군가 한 사람이 깨우칠 때, 그 죽은 자가 지옥에서 천국으로 구원을 받게 되며, 넷째, 유산, 중절 수술 등으로 태어나지 못한 아이를 위하여 구입한 책을 보고 한 명이 깨우쳤을 때, 그 아이가 사람으로 다시 한 번 태어나는 은혜를 받는다."

· "새로운 성경"을 3회 이상 정성을 다해 정독하는 자, 성서의 비밀을 알게 되고, 세상의 이치를 알게 되며, 세상을 지배하고 통제할 수 있는 지혜를 다 얻게 된다고 하셨습니다. 이 책은 만백성이 정독하고 이웃에게 전하여, 평생 가슴에 묻은 슬픔과 고통의 짐을 벗고 미래를 위한 힘찬 삶을 살아가도록 하는 책입니다.

끝으로

· 하나님께서는 흰 눈이 세상을 덮듯이 새로운 성경을 온 세상에 전하라고 하셨습니다. 《새로운 성경》을 각국어로 번역해서 온 인류에게 구원의 길을 깨우쳐 주고, 그 수익으로 가난하고 어려운 백성을 구제하여, 만백성의 영과 육을 함께 구원하는 선지자의 임무를 수행하라고 저에게 명하셨습니다.

· 하늘에서 내려 주신 말씀의 보화를 만백성에게 나누어 주는 것이 선지자의 임무라고 하셨습니다. 새로운 성경을 통해서 얻는 재물을 사용할 곳도 하나님께서 일일이 명해 주십니다. 모든 재물은 저의 자의로 쓸 수 없고, 하나님께서 명하시는 대로만 쓰여집니다.

· 어떤 명분으로든 십일조나 각종 헌금을 거두어들이지 말라 하셨으며, 국내뿐 아니라 각국에 성전과 단독 서점을 운영하며, 한국의 많은 젊은이들을 전 세계에 지도자로 내보내라고 하셨습니다.

· 우리는 세계적으로 새로운 성경을 보급하며 어려운 이들을 돕는 역사를 해 나갈 것입니다. 지금까지 비록 몇 명 안 되는 제자들과 함께 이러한 일을 역사했지만, 앞으로도 계속 하나님께서 기뻐하시는 일들을 해 나갈 것입니다. 부족한 저희에게 여러분들의 지혜와 성원을 보내 주시기를 바랍니다. 많은 분들의 참여와 도움을 간절히 기다립니다. 감사합니다.

한국어로 내려온 《새로운 성경》 단행본을 출간하며
2016년 4월 10일

발행인 **김 용 철**

한국어로 내려온

새로운 **성 경** · 10부 · 제151권

지은이 하나님 말씀
대역자 김용철

초판인쇄 1쇄 2017년 2월 1일
2쇄 2017년 6월 21일

펴낸 곳 도서출판 하얀마음
등록번호 제 10-2107호 (2001년 2월 14일)
주소 서울시 노원구 덕릉로86길 5, 2층
전화번호 02) 313-1114
팩스 02) 393-5554
전자우편 book160@hanmail.net
편집위원 조나영 김미향 이석교
제작지원 김서영 이상빈

도서상담 1600-7527
ISBN 978-89-5875-251-6 (04230)
978-89-5875-100-7 (세 트)

값 10,000원
잘못된 책은 구입하신 곳에서 바꾸어 드립니다.

※이 책은 10부로 제작되며, 각 부 16권씩 총160권으로 구성됩니다.※

1부	2부	3부	4부	5부	6부	7부	8부	9부	**10부**
1권	17권	33권	49권	65권	81권	97권	113권	129권	145권
2권	18권	34권	50권	66권	82권	98권	114권	130권	146권
3권	19권	35권	51권	67권	83권	99권	115권	131권	147권
4권	20권	36권	52권	68권	84권	100권	116권	132권	148권
5권	21권	37권	53권	69권	85권	101권	117권	133권	149권
6권	22권	38권	54권	70권	86권	102권	118권	134권	150권
7권	23권	39권	55권	71권	87권	103권	119권	135권	151권
8권	24권	40권	56권	72권	88권	104권	120권	136권	152권
9권	25권	41권	57권	73권	89권	105권	121권	137권	153권
10권	26권	42권	58권	74권	90권	106권	122권	138권	154권
11권	27권	43권	59권	75권	91권	107권	123권	139권	155권
12권	28권	44권	60권	76권	92권	108권	124권	140권	156권
13권	29권	45권	61권	77권	93권	109권	125권	141권	157권
14권	30권	46권	62권	78권	94권	110권	126권	142권	158권
15권	31권	47권	63권	79권	95권	111권	127권	143권	159권
16권	32권	48권	64권	80권	96권	112권	128권	144권	160권